周蓓 主編

『民國專題史』叢書

盖平 周守一 著 河南人民出版社

華盛頓會議小史

作者留學美國期間，利用所見之美國政府公報、歐美及日本的報紙雜志作爲資料，對華盛頓會議的緣起、内幕、各國協約、國際關系及其對中國之影響等諸多問題做了詳細叙述

圖書在版編目(CIP)數據

華盛頓會議小史 / 盖平, 周守一著. —鄭州 : 河南人民出版社, 2016.4(2017.1 重印)
(民國專題史叢書 / 周蓓主編)
ISBN 978-7-215-10028-2

Ⅰ. ①華… Ⅱ. ①盖… ②周… Ⅲ. ①華盛頓會議(1921)-史料②山東問題-史料 Ⅳ. ①D819②D829.12

中國版本圖書館 CIP 數據核字(2016)第 077604 號

河南人民出版社出版發行
(地址：鄭州市經五路 66 號　郵政編碼：450002　電話：65788063)
新華書店經銷　　河南新華印刷集團有限公司印刷
開本 710 毫米×1000 毫米　1/16　印張 25.25
字數 370 千字
2016 年 4 月第 1 版　　2017 年 1 月第 3 次印刷

定價：167.00 圓

出版前言

中國現代學術體系是在晚清西學東漸的大潮中逐步形成的。至民國初建，中央政治權威進一步分散和削弱，加之新文化運動帶給國人思想上的空前解放，新學的啓蒙，新知識分子的産生，民國學術如草長鶯飛，進入一個自由而蓬勃的時代。中國傳統學科乃中國學術之根基與菁華所在，民國學人采用『取今復古，别立新宗』之方法，引入西方的學術觀念，積極改造，使史學、文學等學科向現代學術方向轉型。此外，大力推介西方社會科學的新學科和自然科學，在學習、借鑒乃至移植西方現代學術話語和研究範式的過程中，逐漸建立中國現代學科，使中國的學科門類迅速擴展。一時間，新舊更迭，中西交流，百花齊放，萬壑争流，開創了中國現代學術的源頭。

伴隨知識轉型和研究範式轉换而來的，還有學術著作撰寫方式的創新。中國古代的著作向來以單篇流傳，經後人整理匯編後，方以成册成集的面目出現并持續傳播。直到十九世紀末，東西方的歷史編撰體裁不外乎多卷本的編年體、紀傳體和紀事本末體等，章節體的出現標志着近代西方學術規範的産生和新史學的興起。章節體具有依時間順序，按章節編排；因事立題，分篇綜論；既分門别類，又綜合通貫的特點。以章、節搭建起論述之框架，結構分明，邏輯清晰，較傳統的撰寫體裁容量大、系統性强。它的傳入，使中國現代學術體系從内容到形式被納入了全球化的軌道。民國時期專題史的研究、譯介、編纂、出版恰恰是在這樣的背景下欣欣而發，是學術的實驗場，也是歷史的記録儀。編選『民國專題史』叢書的初衷正是爲了從一個側面展示中國學術從傳統向現代過渡的歷史進程。

專題史是對一個學科歷史的總結，是學科入門的必備和學科研究的基礎，也是對一個時代艱深新鋭問題的解答，是學術研究的高點。民國專題史著作中，既包含通論某一學科全部或一時代（區域、國别）的變化過程的，又囊括對一時代或一問題作特殊研究的，還有少部分是對某一專題的史料進行收集的。原創與翻譯并重，翻譯的底本大多選擇該學科的代表著作或歐美大學普及教本，兼顧權威性和流行性，其中日本學者的論著占據了相當比重。日本與中國同屬東亞儒家文化圈，他們在接納西方學術思想和研究模式時，已作了某種消化與調適，從思維轉換的角度看，更便于中國借鑒和利用，他們的著作因而被時人廣泛引進。

與當代學術研究日趨專業化、專門化、專家化的『窄化』道路迥乎不同的是，中國傳統學術崇尚『學問主通不主專，貴通人不尚專家』的通識型治學門徑，處于過渡轉型期的民國學術在不同程度上保留了這種特徵。民國學術大師諸學科貫通一脉，上千年縱橫捭闔之功力自不待冗言，外交家著倫理政治史、文學家著哲學史、化學家著戰爭史等亦不乏其人，民國專題史研究呈現出開放、融通、跨界撰述的特點。與此同時必須看到，自晚清以來，中國的命運就在外侮屢犯、内亂頻仍的窘境中跌宕彷徨，民族存亡仿若命懸一綫。這股以創建學科、總結經驗、解決問題爲指歸的專題史出版風潮背後，包裹着民國學人企望以西學爲工具拯民族于衰微的探索精神，及以學術救亡的愛國之心。梁任公曾言：『史學者，學問之最博大而最切要者也，國民之明鏡也，愛國心之源泉也。』這種位卑未敢忘憂國的歷史使命感和國民意識是今人無法漠視和遺忘的。

『民國專題史』叢書收録的範圍包括現代各個學科，不僅限于人文社會科學，學科分類以《民國總書目》的分科爲標準，計有哲學、宗教、社會、政治、法律、軍事、經濟、文化、藝術、教育、語言文字、中國文學、外國文學、中國歷史、西方史、自然科學、醫學、工業、交通共19個學科門類。本叢書分輯整理出版，内不分科，單本發行，方便讀者按需索驥。既可作爲大專院校圖書館、學術研究機構館藏之必備資源，也可滿足個人研讀或興趣之收藏。

與目前市場已有的一些專題史叢書相比，『民國專題史』叢書具有規模大、學科全、選本精、原版影印的特點。本叢書選目首重作者的首創、權威和著作影響力，尤其注重選本的稀見性。所謂稀見，即建國後没有再版，且多數圖書館没有收藏，或即便有收藏，也是歸于非公開的珍本之列予以保存，普通讀者難以借閲。部分圖書雖有電子版，但作爲學術研究的經典原著讀本，紙質版本更利于記憶和研究之用。本叢書精揀版本最早、品相最佳的原版圖書作爲底本，因而還具有很高的版本收藏價值。

『民國專題史』的著作是民國學者對于那個時代諸問題之探究，往往有獨到之處，無論其資料、觀點短長得失如何，要之在中國現代學術史的構建與發展進程中，自有其開宗立論之地位。

再版序

日進不息的遠東問題，在這本小史脫稿以後已竟顯出許多的新發展發生許多的新現象，這種新發展及新現象有和本書直接相關不能獨立的，有爲本書省略應該加入的還有爲本書討論所及可做加添的證據的。所以我乘着再版的機會來作這篇序文把他們簡單寫將出來！

在這六個月的短期中，中日兩國關於魯案脊後特組的聯合委員會已根據在華盛頓所訂山東條約將兩部細目協定弄出簽字！我們試翻閱六月二十九日開幕後兩部委員會的會議史（第一部五十次，第二部二十一次）無處不含有日本的陰謀鬼譎。償價問題，日本最初提出：公產二千一百五十三萬元；鹽田七百八十萬元；鐵路五千五百萬元，──較實際所值相差一半。日本實行這樣講虛價的政策，一方面是擾亂中國交涉員的腦海陰謀實際的利益，一方面是預佈讓步的張本以便後首鼓動歐美的視聽！果然雙方爭論結果中國交涉員一一墮其圈套，而日本還向列强以善意自誇。保留之公產日本起初提出五十六處，最後雖減至十九處，然以領事館而佔用房屋八所眞是東西各國所未有！膠澳土地問題，日本一味拿「永久租借」來相要求比九十九年的租借還要利害；現在雖成爲懸案，但將來國民仍當誓死力爭！此外膠濟路線的兵營和戰時中國所受損害之賠償，均因日本主張頑固移歸外交部處理，前途如何也只看中國國民及外交當局的奮鬥！總而言之，政治上日本雖然已竟退出山東，經濟上日本不但絲毫未動而且要利用既得的勢力繼續進取；在外交上講經濟勢力卽是政治勢力，空談政治不顧經濟除了糊塗人是沒有的。我們將來要解脫日本的羅網，消極方面當嚴防日本的土匪政策和他種陰謀，積極方面當合全國的民力去治理靑島管理膠濟鐵路。如我們自己不知要强，坐令收回的東西陷於荒蕪不治的狀態，不但對於歐美不能維持數年來奔走呼號的面子，而且必要被日本人利用去作爲拒絕歸還滿蒙利益的口實。一隅的成敗關係全國將來收回國權的運動，同胞們——尤其是山東的同胞們——切不要忽略了！

舉國痛心疾首的二十一條經過巴黎和華盛頓兩次會議都沒有移動分毫！國民方面雖根據臨時約法第三十五條『條約須經國會同意』之規定不認爲有效，但政府方面而因爲政治的關係却不能作這樣法理的主張。所幸衆議院已於十一年十一月一日一致通過張樹森等取銷二十一條的決議案，國民們卽當奮起以求貫徹從來的主張。

最初應該督促因議長流產不能開會的參議院採取衆議院同樣的步驟，然後再催促政府照會日本將一九一五年五月二十五日在北京簽字之中日新約作廢。條約不經合法的批准不能生效是國際法上公認的原則，而各國因條約未經合法批准不負義務的更不少先例，（如美國對於威爾塞條約，法意現在對於華盛頓各種條約）但在宣布二十一條無效的同時，我們還應當據一八九八年中俄原約運動於本年三月二十五日將旅順大連收回。不然宣布二十一條無效是毫無意義，旅大租期展至一九九七年仍是照舊進行的！所以說取銷二十一條和收回旅大是一事兩面，二十一條不取銷本年不能收回旅大，本年不能收回旅大卽是二十一條未取銷。不過偌大的問題不是容易辦的，日本在華盛頓會議裏實弄陰謀施展手腕原爲這一點；自從衆議院通過取銷二十一條的決議後日本舉國議論沸騰更有躍躍欲試之概！

再看他們反對的理由，大致可分作三派：（一）外交派——謂二十一條在華盛頓會議已得列強之承認，主張此說的爲首相加藤，外相內田及軍閥派機關新聞萬朝報等；（二）法理派——謂中日新約經中國政府正式簽字毫無取銷之理由，如片面的主張取銷實違反國際法理，主張此說的為東京日日新聞，讀賣新聞及中央新聞（政友會系）及時事新報等；（三）事實派——謂中國無鞏固的政府，交還旅大必起紛擾，或謂中國衆議院是否合法亦一問題，前者主張之者為朝日新聞，日本時郵報（日人自營之英文報，英名 Japan Times and mail）後者提出之者為中外商業新聞。 拿現在政治不統一，軍閥不用命的中國，去抵制這樣猛烈的一致的反對，不消說是一定不中用的。 我們若想達到取銷二十一條和收回旅大的目的，非全國同心協力，拿本書第十章所說的社會力和經濟力來對付不可！ 時機到了，同胞奮起罷！ 今後國民對外當以此問題為中心，繼續的去運動，目的不達是不能休止的！

裁撤客郵問題，中日兩國代表因為南滿鐵路附屬地的日本郵局發生了爭執。 十一年十二月九日簽定之中日郵政協約，日本僅允將北京，山東，福建，廣東，江蘇，江西，浙江，湖北，湖南，直隸各地日郵，及東三省內奉天大西關，奉天大北門，牛莊，遼陽城，鐵嶺西門，長春城，吉林，哈爾濱，新民府，鳳凰城，安東縣舊市街，龍井村，頭道溝，局子街，琿春十五局撤退，鐵路附屬地的日局則移歸外交上解決。 我們試研究民國十年十二月十二日華盛頓會議所通過關於中國客郵的決議，（本書二四四及二四五頁）實在不敢說日本的主張有何等理由。第一日本守法議上『條約特別規定者』七字來代表鐵路附屬地的郵局，照日本原來要求加入這七字的作用是可以的，但依照條文的正當解釋卻十分不妥；因為『特別』二字是指為許郵特定之條款而言，中俄原約僅有架設鐵路所用電線的規定，並無關於設立郵局的明文。第二日本拿一八九六年九月八日中國政府和道勝銀行所訂合同第六款『該公司在此項土地上有絕對且獨占的行政權』一語，去支持繼續維持鐵路附屬地郵局的行動，也是牽強附會；因為此處『行政權』三字乃指業務管理權非指政治上的行政權，況且一個鐵路公司無論公法人或私法人，也沒有承受及行使政治上行政權的資格及權能。關於此點我可以拿一九〇九年十一月六日美國國務卿因俄國在哈爾濱行政問題所發表的意見來證明：

『合同第六款規定鐵路公司對於其租借地之行政權，僅指「建築」「開發」及「保護」鐵路所必要之營業行政權而言，因該條款曾明言此係中國許可該土地之目的也。……第六款第一段法文原文如下：「La Societe' aura le droit absolu et exclusif de l'administration de ses terrains」關於 administration 一字之意義，有不能不特為說明者，即英文上 administration 一字常用以指示營業行政上一切事項，而在法文上及華文譯文上見常用以指示營業及非政府的行政權是也。」

將來外交當局應即根據此項理由提出嚴重的交涉；我們若默許日本的主張即是容認日本在南滿的政治權利，將來一切事件更不易解決了！ 況且俄日卜芝茅條約第七條又規定日俄兩國以商工業目的經營滿洲鐵路，不許別懷野心呢！

我在本書第九章裏曾拿『英美攜手』及『日法聯合』八個字去寫照今後的遠東國際政局；就半年來英美種種協作及日法各方親交上觀察，益使人深信弗疑。一九二一年十月十五日金山晉察報星期增刊上載有萬德璧 Cornelins Vanderbilt Jr. 的一篇論文，文中有云：『余可以最高當局最近所得柏林之情報為讀者告曰，柏林外交部已發見日法間所締結之成文協約，其中法國蓋受許多之厭處也。』這一段話更給本書添一佐證。

『外交上自主與自助』是本書第十章前半篇的標語，我最近觀察對俄問題益使我自信這種政策實行之不可緩！ 附記越飛A.A.Joffe抵北京之初，北京知識階級開會歡迎，席間恭維俄國無所不至，甚至明言俄國是中國的師法；當時抱反對態度的西報如字林報，日本誌錄報，日本廣知報等均作文譏評中國知識階級，甚或加以嘲笑。後來越飛因長春會議決裂歸至北京，竟明言不能歸還庫倫，日本佔據庫頁島北部的苦痛他是完全忘却了！　遠東共和國和紅俄合併以後，越飛騰氣益豪，已秘密的計畫占據東省鐵路。　事實上俄國既強占海參崴東省鐵路的倉庫，囤聚紅軍十萬預備進取，書面上越飛還向中國聲明『俄國無履行一九一九年及一九二〇年兩次宣言的義務，』和『該宣言並無放棄東省鐵路之語意。』　我們詳考一九一九年及一九二〇年俄國宣言，純係自動的性質，並沒有拿放棄一切權利爲要求締約通商的條件；俄代表以中國未履行條件爲口實而自解無履行之義務，道德法理俱所不容。　又一九二〇年三月二十六日俄國宣言有云：『蘇維埃政府不索何等賠償將東省鐵路及沙政府，克林斯基政府，哈爾瓦特，謝米諾夫，克爾恰克與俄國前將軍商人，資本家所掠奪之讓與權，採礦權，森林權及金鑛權等一並歸還中國國民。』　現在俄代表拿原來宣言沒有放棄東省鐵路語意來相搪塞，其缺乏誠意陰謀侵略和歸俄政府如出一轍！波蘭的殷鑒不遠，中國國民若再迷信『親』字政策，不知嚴防紅俄的新式共產帝國主義，中國北邊是不堪問了！

本書排印因道路太遠未能親手校勘，所以不免少有錯誤，現在加入正誤表一紙，閱者可照表自行更正！關於魯案兩部細目協定及附件，附屬了解及未決問題之照會我也集印起來作爲再版附錄。

民國十二年一月十六日周守一於美國奧鋭根省

華盛頓會議小史弁言

「在現有政治組織及經濟組織下之國家，凡有國際會議之倡議，非特不能鏟除民族之自私心，且常不脫分贓之窠臼。華盛頓會議雖競競以世界和平相號召，實不過一二强國企圖達到其自私之目的耳。如此謀和平，終無實現眞正和平之一日。巴黎會議之前車未遠，愛和平之中國國民愼勿再爲虛聲所惑，以政治上雖稱民主，經濟上實係專制之國家爲可恃也。」

這是我民國十年七月十一日日記的一段，那天美國新聞紙正與高彩烈第一次傳佈華盛頓會議的消息，我竟發這樣不識時務的悲觀，實在是煞風景了！我當時的心理也不希望我的話切中時弊，那知大會開幕後，種種的把戲，都不幸和我所說相差不遠。召集國當局的一切行動，既在於滿足自身的私願，被邀與會的二三野心國家，更施展陰謀，去維持以前的罪惡。限制軍備問題，舌劍唇鎗，爭持許久，僅僅將主力艦的限制辦成，還不知出了多少代價。遠東問題，一味講究空泛的原則，不公平不安寧的現狀，還是依舊保持着。我天天從新聞雜誌上觀覽這種黑暗的影片，我心裏的感觸愈法加多！

新年休沐，曾計畫作幾篇關於華盛頓會議的文章，寄回國內發表。我的朋友韓隆毅君從旁極力鼓吹我多搜集些材料作一本小史。他曾說：『華盛頓會議閉幕後，國內不免發生一陣狂熱的愛國運動，時過境遷，熱度怕不易保持。如果有一本寫實的書籍，大家看了，總算是一種興奮劑。』又說：『華盛頓會議對於世界和平雖沒有效果，對於國際政治卻發生許多影響。將來研究國際政局及遠東問題的人，未嘗不需要一種參考的資料。』韓君的意思非常誠懇，但我自覺學力不足，又因爲校課太忙，一時不敢決定。後來韓君累次慫恿，甚至說：『山東是你祖宗邱墓的所在，奉天是你自己生長的地方，止就山東奉天兩大問題說，你也有犧牲的必要，何況還關係全國呢！』我受了良友忠告，乃決意破一些工夫來作這本書。我將軍備及遠東問題合在一起討論，一方而是因爲兩者已竟弄得互相牽連不可分立，一方而是要表現各國事事懷着私心，並沒有謀和平的誠意。我原來希望五月裏作完，只因爲校課太忙，直至昨天纔脫稿，——這一層是我很抱歉的。

我作這部書，拿美國上院公文第一百二十六號（Senate Document, No. 126, 67

th Congress, Second Session（限制軍備會議）作中心的材料，另外還參考以下各種新聞雜誌：

美國方面　紐約時報 New York Times，紐約世界報 New York World，紐約講壇報 New York Tribune，[illegible]報 Philadelqhia Evening Public Ledger，芝加哥每日講壇報 Chicago Daily Tribune，基督科學勸導報 Christian Science Monitor，華盛頓晚星報 Washington Evening Star，金山記錄報 San Francisco Chronicle，金山審察報 San Francisco Examiner，亞細亞雜誌 Asia，大西洋月刊 Atlantic Monthly，時史雜誌 Current History，現意雜誌 Current Opinion，獨立雜誌 Independent，文[illegible]雜誌 Literary Ligest，紐約國家雜誌 Nation，新共和國雜誌 New Republic，外觀雜誌 Outlook，太平洋評論 Pacific Review，評論之評論 Review of Reviews，世界事功雜誌 World's Work，日本廣知報 Japan Advertiser（東京）密勒評論報。（上海）

英國方面　倫敦泰晤士報 London Times，滿切斯特保護報 Manchester Guardians，湯倫多寰球報 Toronto Gtobe，（坎拿大）日本記錄報 Japan Chronicle

（神戶），倫敦國家雜誌 Nation，旁觀雜誌 Spectator，新政治家雜誌 New Stateman。

日本方面　大阪每日新聞，大阪朝日新聞，東京國民新聞，東京讀賣新聞，東京時事新報；金山新世界，太陽實業之日本。

關於各國的條約，公文，報告，記錄，年鑑，和學者的著書，我共參考了五十餘種，只因爲名目繁多，不詳述了。本國的新聞雜誌及學者著書，我也參考不少，但總計起來，却不及全體參考書百分之十。　甚至年鑑還得參考外國替我們編的，我國著作界的現狀說來眞是可憐哩！

這本書的著述，多虧韓君鼓吹的力量，我很感謝他。　至於書中的謬點誤點，還請讀者指正！

民國十一年七月二日　周守一於北美加省大學

華盛頓會議小史目錄

華威頓會議小史

周守一著

第一章　華盛頓會議之緣起及其倡議之經過

一、戰後之國際政局

八十年來的國際關係紛紛擾擾實在複雜到極端了；但冷眼觀察，這不過是私利主義所演的惡果，而代表私利主義的便是近代的帝國主義（和羅馬時代的帝國主義有別）。近代帝國主義降生在工業革命以後；彼時歐洲文化起了一種劇烈的變化，以前宗教和道德的信條，差不多都被極強固的『愛財富』或『愛權力』的心理所掩蔽。各國的資本家不但在國內厲行資本主義，虐待無告的勞工，而且把資本主義應用到國際主義上去蠶食無辜的外國人。各國政府當局認定了『商業利益為政治利益之最大者』——錢伯倫(Clamberlain)的話——對於他們對外的經濟活動不但不加約束，而且運用政治上的勢力，鼓吹他們開發殖民地，建設保護國，或在武力較遜的國家創設租借地及勢力範圍，給他們幫忙。他們得着政府的扶助，自然要獨霸一方，努力的吸收原料，開拓商場及投放資本。　他們的政府爲維持他們既得的勢力或獨占的地位，以鞏固本國的權力起見，復不惜重大經費去練兵造艦和他國抵抗；於是國際間遂發生極大的衝突。　衝突的結果逐漸演出南非，近東，遠東三大問題；英德爭霸既勢不兩立，俄法對於德奧也各不相下，此外英俄，俄日，美日也因爲權利和政策的相反鬧出支離的現象。　後來中歐三角同盟及英法，俄法，英日各種協約或同盟相繼成立，國際政局遂變爲對抗的均勢。　然而波瀾重疊迄無甯日，波士尼亞（奧皇太子遇害地）鐵彈一聲，竟惹起一九一四年空前的大血戰。

大戰終局，國際情勢發生極大的變化，向來英德俄三強對抗的世界，一變而爲英美日三強角逐的世界。　美國從來以愛和平的國家自誇於世，但因爲厲行國際資本主義的緣故，對內雖還講門羅主義，對外早已變成帝國主義的國家。　所以一方面對於英日競爭國際貿易和海外投資，一方面努力軍艦的建造和軍事教育的實施。　日本在戰中不但未受實際損失，而且把國內工業振興得蒸蒸日上。　同時還利用俄德在東方失勢和英美無暇東顧的時機，單獨侵蝕中國，把持西比利亞，一意要造成心目中的東亞門羅主義。　這種野心主義的創造最足妨碍美國在東方經濟的發展；美日兩國國交在戰後愈趨險惡，除了移民問題而外，多半造因於此。 但日本是不肯悔禍的，他敢於建造八八艦隊，就可以看出他的用心了！

英國戰後瘡痍未復，也要抖擻精神從經濟的發展上謀元氣的恢復。 因此，他原來在遠東的地位和勢力足以幫助經濟發展的，都要設法保持。 要保持原來在遠東的地位和勢力，便不能開罪日本；要不開罪日本，又不能維持對美的感情。 所以英日續盟問題，英國外交家和政治家不知費了多少心血，絞了多少腦汁。 照美國的國勢發展和商業擴張說，英國心存忌妬，固然不必十分向美國討好；但太平洋戰雲密佈，一旦美日間發生戰爭，英國雖嚴守中立，也怕沒有什麼利益。 況且英國戰後經濟奇絀，很想求美國幫忙，而種族的關係和傳統的政策，又不許得罪美國。 於是大西洋的潮音，乃吹來太平洋會議的提議。

二、華盛頓會議的緣起

一九二一年六月，倫敦開帝國會議，討論英日續盟及其他外交國防各問題。 南非首相斯末芝 Smuts 及坎拿大首相梅因 Meighen 因為美國反對英日同盟，力主取銷，澳大利亞首相許士 Hughes 則因為國防的關係，贊成續盟。 各方面意見紛歧，討論多日尚無結果。後經梅因的提議，和喬治寇仁 Curzon 及巴爾福的籌商，乃有所謂「太平洋會議」的計畫。英國關於太平洋會議的計畫，是拿太平洋限制軍備，陪襯英美日三角同盟。三角同盟的作用在於結歡美日兩國，藉以維持本國在遠東及太平洋的地位。限制軍備固然是請美國上鈎的一種手段，英國爲維持海上地位起見，心裏也非常贊成。喬治在帝國會議開會時即說：「如美國建議限制軍備，吾人當與之討論之。」七月四日以前，外相寇仁即開始向中美日三國駐英大使或公使徵求各國關於太平洋會議的意見；不久英國駐美大使又向美國國務卿提議太平洋會議之召集。至英國的提議，是請美國出首召集，還是自己要召集，外交上的秘密却不容易窺破。照英國防備美日兩國懷疑上看，似乎英國秘請美國召集；照後來英國力主預備會議和事前自向中日兩國接洽看，又似乎英國要自己召集。關於此點學者的推論極不一致；我想英國把兩面並爲一談也未可知！

美國共和黨政府，自從一九二〇年總統選舉將民主黨的國際聯盟戰敗後，久想作點點綴和平的事業以迎合國民心理而鞏固黨勢。波拉 Borah 限制軍備案通過以後，哈定 Harding 即決定拿限制軍備爲媒介，實行此項政策。英國既提議太平洋會議，遂將計就計向中英日法意五國提議在華盛頓開六國會議，討論限制軍備，太平洋及遠東問題。美國提議的目的有五：

一．對外關係之改善；

二．限制軍備藉以減輕課稅；

三．破壞英日同盟；

四．整頓門放開放政策，藉以擴充在華投資及貿易；

五．耶浦問題之滿意解決。

美國政府遵五大目的不但可以得和平的美名，且可得經濟的實利，如果告厥成功，下屆國會選舉（一九二二年十一月）和總統選舉（一九二四年十一月）是大有希望的！至美國所以將英美日三國會議，改作中美英法意日六國的原因，不外：

一．中國對於遠東問題必作不平之鳴，美國藉此可以打擊日本，實現限制軍備計畫，及整頓門戶開放政策。

二．法國在遠東也有經濟及屬地關係，又法國外交政策與英國常相衝突，法國到會可以掛制英國之陰謀；

三、意爲五强之一，意國到會可以和緩各方面之空氣，且可支持美國。

英國是首先倡議開會的國家，美國既有提議，是當然贊成的。七月十一日，喬治在下院演說會說：「吾人以無上之熱誠，歡迎美總統明達之提議」英政府的當局歡喜可想見了。

從上邊所說的看來：這次華盛頓會議表面上雖拿「世界和平」「人類福祉」作招牌，裏面完全以私利主義爲主動。從國家的見地看去，不過是英美帝國主義的結晶；從政黨的見地看去，不過喬治和共和黨鞏固地盤的方法罷了！

三、美國倡議之經過

英美兩國的接洽極爲秘密，費城公言報 (Philadelphia Pubic Pledger) 僅於七月六日發表英國提議三國協商一次，美總統哈定便於七月八日指令國務卿許士向各國非正式提議華盛頓會議，七月十一日各國報章乃遍載此項消息矣！外交上的陰謀秘作，實在令局外人無從揣測。英法意三國對於美國非正式的提議，答覆得很快。中國對於大會的內情雖非常模糊，但因爲愛和平的緣故，也無保留承認參加。惟獨日本，事前雖有風聞，內容總不詳細，美國提議書交到東京以後，朝野振恐，讀賣新聞—憲政會機關報—竟至說日本將作被告到會受人裁判—其情形可想見了。日本所以恐慌的原因只是怕英美攜手處理一切，本國在華所得的贓品都要危險。但英美兩國既已合議妥協，日本也沒有拒絕參加的餘地；況美國拿『保持世界和平』的大招牌高高壓下，更沒有拒絕參加的理由。若日本拒絕參加，英美輿論必宣告日本無意和平，日本立刻陷於外交上孤立的地位。所以幾次內閣會議，外調會議，樞密會議的結果，僅贊成限制軍備；對於遠東問題都主張先令駐美大使幣原喜重郎向美國國務卿許士打聽討論性質及範圍，然後籌謀對付的方策。美國起初拒以『美國亦爲與會之一國，美國無權規定會議之範圍』後經幣原氏再四交涉，美國始定一標準如左：

一、就各國對於太平洋及遠東之主義及政策定一總則；

二、特殊國間之問題凡有礙此項總則之實行者一律提出大會公議；

三、關於與會各國全體之事項全部提出大會公議。

日本接到此項標準又開閣議及外調會議數次，並將決定的政策統與美國駐日代使交換妥當，至七月廿七日始正式答覆。原文有云：

「日本帝國政府知美國政府提議討論太平洋及遠東問題，純因此等問題與限制軍備問題有密切之關係。至限制軍備問題仍爲此項會議之主題，太平洋及遠東問題之討議不過求一主義及政策上之共同了解而已。……爲使此次會議成功起見，帝國政府認爲議案應以上列之原則爲準據。凡問題之關於任何特殊國家者，或已成爲既定事實者，當審慎免除其加入。」

日本這樣巧妙的覆文，內裏隱約含有兩層意思：（一）中美兩國人民都主張拿遠東問題爲解決軍備問題的鎖鑰，若果見諸事實，日本在華所主張的特殊勢力及利益必要危險，所以一再聲明遠東問題爲輔位止討論抽象的主義或政策，以爲將來爭持的地步；（二）文中所謂特殊國家暗指中日兩國，既定事實暗指山東耶浦兩問題，日本的意思是不願在會議裏解決這些問題的。但美國新聞紙說「中日間的問題是世界和平的問題；」又說「中國沒有在威爾賽和約上簽字，美國也沒有承認耶浦島的處置，所以山東耶浦兩個問題都不能算作既定事實。」不知日本更何以自解！

在日本答覆的前後，英國雖提議事前在倫敦開一遠東問題的預備會議，先謀一英美日三國的共同了解。英國的意思是乘參與帝國會議那些殖民地長官沒有回任，給他們一個出席的機會．本國好從中操縱一切達到三角同盟的目的． 英國此等主張於日本有益，所以日本極力贊成英國的意思。 但美國恐怕英國施展圈套，妨礙本國一切計畫的進行，故出於堅決的反對。 後來美國爲敷衍英國的面子改爲事前非正式交換意見，英國見事不可爲，也就藉此下臺了。 關於開會的時期和地點，英法美三國間也略有爭議，但中日意三國對於美國提案並無異議，而美國復堅持原議，所以仍定於一九二一年十一月十一日第三休戰紀念日在華盛頓開會。

一九二一年八月十一日美總統哈定發出華盛頓會議的正式請帖，其文有云：

『（上略）現今生產的勞力已爲經濟上重大之負擔所動搖，計惟有努力削減浩瀚之公費而已。 社會之安定，正義之保持，和平之確立已爲不經濟及不生產之支出所侵害而進步之合理的希冀亦歸失敗。 夫軍備競爭之重大支出乃振興企業增加國富所需經費之大部，此種可以節約之冗費非特無經濟上之理據，且對於世界和平之維持成爲永久之脅威。……本大總統深信列強會同討論本問題之時機已至。 至限制軍備之討論，固以海軍問題爲第一步。 但其他軍備問題亦不能除外。又爲人類利益計，凡新式戰鬥器之使用亦均擬加以相當之限制。（中略） 關於太平洋及遠東問題之討論，美國政府不欲設法劃定範圍，第願留此爲開會前交換意見之題旨，庶友誼精神及掃除一切爭議原因之熱誠，得以促成最後之協定。（下略）』

註——上段是照美國給英法意日四國公文節譯的，其致中國之請帖刪除限制軍備一段。

各國對於哈定總統正式請帖的正式答覆，以法國爲最早，意大利爲最遲。中國是八月十八日答覆的，文中有兩大著眼點：第一，認太平洋及遠東問題爲關係世界和平之問題；第二，希望與各國平等參與大會。日本的答覆仍是堅持原來『限制軍備爲主，遠東問題爲賓』的主張，其心是不可問了！荷蘭比利時及葡萄牙因爲本國或在太平洋或遠東有屬地，或在中國有經濟的關係，都在這時節要求加入太平洋及遠東問題之討論。美國以三國振振有詞，無法拒絕，曾於十月四日發電邀請他們與會。於是由三國協商產生的六國會議，又變爲九國的會議。俄國和這種會議本有切膚的關係，但因爲大改造的結果，莫斯科，赤塔兩政府尙未經各國承認，而布爾扎維主義又爲美國資本家所厭惡，所以雖要求加入，終被拒絕！

九月二十一日美國國務院因爲歐洲政治家企圖在華盛頓會議提議歐洲經濟問題，特將擬定的議事程序Agenda公佈於世，華盛頓會議的範圍遂確定了。議事程序如下：

關於限制軍備問題者

(一)軍備之限制

(甲)限制之基礎

(乙)限制之範圍

(丙)限制之履行

(二)管理新式戰鬥器之條規

(三)陸上軍備之限制

關於太平洋及遠東問題者

(一)關於中國之問題

(甲)原則

(乙)實施

(子)領土完全

(丑)行政完全

(寅)門戶開放——商工業機會之均等

(卯)租借權，獨占權或經濟優先權

(辰)鐵路之發展及關於東省鐵路之計畫

(巳)特殊的鐵路運費

(午)現有各種成約之地位

(二)西比利亞問題(細目同前)

(三)委任統治各島嶼(如事先解決便不列入)

(四)太平洋電氣交通

註一——(午)『成約之地位』一語，照原文的註釋，是指牽涉中國對於外國成約之未決問題，及此種成約的性質及範圍。

註二——(四)是十月十二日加入的。

第二章　華盛頓會議之開幕及其組織

一　花團雲錦的第一幕

華盛頓會議原定於一九二一年十一月十一日第三休戰紀念日開會，臨時因為美國當日舉行無名英雄安葬禮，全國放假；又因為英國代表團十一日纔到紐約，所以改於翌日十二日開會。開會地點在美國革命女大陸紀念館 (Continental Memorial Hall of Daughters of the American Revolution)，該館是捐建海牙和平宮 (Peace Temple) 那位鋼鐵大王卡那基 Andrew Carnegie 出資建築的，在世界上很負盛名。開會那天早晨，該館左近，車馬交馳，人山人海，男婦老幼，都等着瞻仰各國外交家的丰姿。鐘打十下，該館開門，不多時，戴高帽穿早禮服的人們都絡繹入場。會場裏點綴得花團雲錦似的，中央有一馬蹄形（U形）的長桌，用綠色桌毯鋪就，—那便是會議的公案。桌的背方有中英美法意日比荷葡九國的國旗，微風從窗子吹入，將旗子吹得亂動，好似勸帝國主義的國家速謀眞正和平似的！

十點半鐘到了開會時刻，各國代表及旁聽人逐相繼就坐。英美兩國代表坐在馬蹄桌的橫頭，英國在左，美國在右，馬蹄桌的左邊坐的是英國殖民地代表和意大利代表；馬蹄棹的右邊坐的是法日兩國代表；中葡兩國代表坐在日本代表的隣近，和美國代表遙遙相望；荷比兩國代表團在意大利代表團的下邊，對着英國代表。旁聽的人物：上院議員坐在左面包箱，下院議員坐在右面包箱，外交團的人們坐在正面的包箱，其餘各國代表團的顧問秘書都在各本國全權代表的身後，新聞記者分散於左右兩廊。

現在爲便利讀者起見，先將各國全權代表姓名列出，然後再圖示其席次：

一．中國全權代表—駐美公使施肇基(3)，駐英公使顧維鈞(2)，大理院長王寵惠(1)。

二．美國全權代表—國務卿許士 Charles Evans Hughes (20)，上院外交關係委員會主席共和黨領袖洛基 Henry Cabot Lodge (21)，上院議員民主黨領袖恩德五 Oscar W. Underwood (23)，前國務卿路特 Elihu Root (22)。

三．英國全權代表—大不列顛樞密院長巴爾福 Arthur J. Balfour (19)，海軍大臣李義 Lord Lee of Fareham (18)，駐美大使蓋德士 Sir Auckland Geddes (17)，前坎拿大首相鮑登 Sir Robert Borden (16)，澳大利亞國防大臣皮爾詩 George Foster Pearce (15)，新錫蘭大理院推事沙樂孟 Sir John Salmon (14)，印度總

督諮議官沙思退 V.S. Srinivasa Sastri (13)。

四、法國全權代表—國務總理白里安 Aristide Briand (24)，前國務總理魏斐亞尼 Rene Viviani (25)，殖民總長沙樂 Albert Sarraut (26)，駐美大使紐思朗 Jules Jusserland(27)。

五、意大利全權代表—徐呂齊 Carlo Schanzer (12)，參議院議員阿白蒂尼 Luigi Albertini (10)，駐美大使李思 Rolando Rici (11)。

六、日本全權代表—海軍大臣加藤友三郎(30)，貴族院議長德川家達(28)，駐美大使幣原喜重郎(29)，外務次官埴原正直(31)。

註—埴原原以日本代表團秘書長資格來美，嗣因幣原染外交病，乃由日政府添派為第四代表。

七、比利時全權代表—駐美大使德卡提愛 de Cartier de Marchienne (9)

八、荷蘭全權代表—外交大臣第二兩國際聯盟會長柯尼別克 Jonkheer Van Karnebeek (8)，外交部政治司長前駐華公使白勞克倫 Jonkheer Van Blokland (7)，殖民部秘書莫樂斯柯 Moresco (6)。

九．葡萄牙全權代表——駐美公使達爾台 Viscount d'Alte （4），殖民部外務司長法斯康斯羅 Captain Vasconcellos。

大會席次

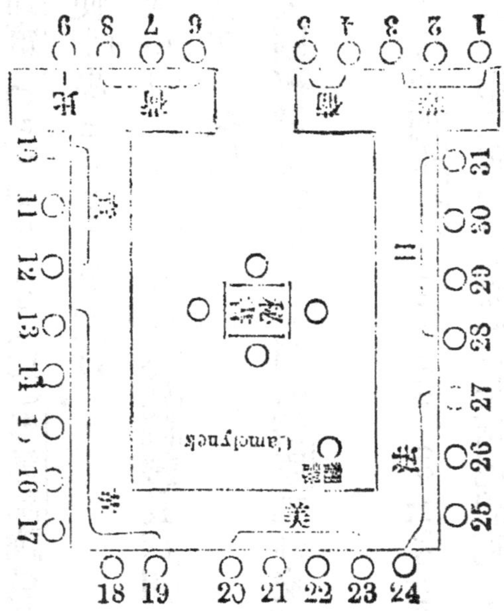

劇本編好，角色配齊，華盛頓會議遂從此開演了！ 第一齣是華盛頓浸禮會牧師阿布奈思 W.S.Abernethy 的祈禱；上帝的神力不能洗淨外交家的野心，這位老牧師後來怕也背地太息罷！ 第二齣是美總統哈定的演說，節譯如後；

「（上略）此會之重要不難為人過譽。 但如謂此會將來之結果對於人類進化——

世界幸運一必有極顯著之影響，實無夸言之處，卽對於未與會而表示極高敬意之各國亦毫無貶抑也。　此地之會余深信爲廿世紀文明之良心的覺悟……此會非他，不過世界各國相聚一堂表人性之改善及國際關係上過失之減少而已。……世人之渴望和易樂知。　制勝之光榮，成功之欣忭，愛自由愛國家，厭棄憂思債務及災害之數者皆人情之常也。……大戰以還，新信念及新希望發生不少。　前此爲大破壞所振撼之「人道」行將使此等破壞之原動力漸行減少。　試思無限之戰費及重擔之軍費，凡有思想者孰不望限制軍備之實行及戰爭之弭止耶！　舉世數萬萬平時納稅戰時死國之生民所望於其當局者不外易破壞之消費爲建設之消費而已，其目的蓋在於生者及來者之福利也。……與會諸君！　美國以非自私之熱誠歡迎諸君。　吾人不懷貶心，不謀私利，不疑人爲我敵，不謀有以制人，我所有者自沾自足，屬於人者無所覬覦。　吾人所謀者無他，與諸君協作一二國家所不能獨作之高尙事業耳。……尊榮無所屈，國光無所抑，惟願衆志協合，共努力於戰爭之減少與和平之增進而已。……余謹代表美國更進一言。　一萬萬芸芸生民皆渴望軍備之縮減戰爭之消弭。　吾人自信無卑鄙之企圖，更以同樣之心理信賴全世界。　……余深望得一保障和平之了解，及減輕負擔改善現狀之協約。(下略)』哈定對於這次會議，極力矯正威爾遜在巴黎的錯誤，所以演說以後即時退出，並不參加討論。一陣春雷似的掌聲送哈定出場了；許士乃宣告英法兩國語言爲大會的公用語。英語在巴黎和會以前本不成爲外交語，自從巴黎和會以後乃與法語分庭抗禮。法國對於這件事非常痛心，法國代表聽了哈定的演說，自然要請翻譯譯成法語了。不料在法國未說話以先，許士竟以『總統演說已譯成法文印送各國代表，爲節省時間起見，似可省譯』爲辭，向白里安要求許可，白里安碍於情面，遂不得不勉強答應。這時節素以奸滑著名的英國七十五歲老外交家巴爾福起立發言，謂『不自揣謹代到會全體代表請國務卿許士擔任大會主席』，並且提議各種委員會如許士參加，即以許士爲永久主席。這種建議根據國際慣例，大家當然鼓掌表示贊成。許士一面鞠躬就主席的座位，一面宣讀已經預備好的演說，茲譯其演說要點如下：

『……世人咸望此會之實現人道，並消弭因軍備競爭而起之負擔，美國政府以爲吾人應先應付此等熱望，不稍稽延。因此特請本會即行開始關於限制軍備之討論。但此種辦法非使遠東問題之考量延期也，遠東之重大問題亦有即行解決之必要。……限制軍備之議非新事實也，二十三年前俄帝已首倡之矣。……德意志政府當時極力表示反對限制軍備之意，而俄帝復有如討論限制軍備問題便不派遣代表之威嚇。……職是之故，第一次海牙會議雖對於和平爭議之解決有高尙之貢獻，但未能討論限制軍備之一問題。……已往之事實，固予吾人以極大之敎訓，戰爭之失意經歷，固使吾人生一反動，但尤不止此也，卽經濟上之要求亦有督促吾人之處。……倘吾人對於經濟之困難及合理之希冀不加否認，且更注意人民之向上而欲減輕其負擔，則軍備競爭宜卽中止矣。……徒爲決議之時期已過，有責之列强應卽考慮限制軍備問題，此非今日最顯著之事實乎？　吾人不宜再從事於考察，統計，報告及調查，時機至矣，本會非爲決議而召集，蓋爲實行而召集也。……第一事之應行考慮者：海軍競爭實屬最難之點，欲實行正當之海軍限制，則海軍競爭應卽中止。中止海軍競爭之方法，不能於競爭繼續中求之，蓋競爭之繼續，足礙管理之實行也。……茲於美國大總統訓令下，代表美國代表團，爲諸君進一關於海軍限制之具體的建議。……此種建議係美國單獨依據完全合理及實用之標準而製成者，各國之正當利益已加保護，國家之安全及防禦亦復加以維持焉。」

許士說到這兒，會場裏的空氣遽變，到會的人都聚精會神側耳往下聽他的提議；於是許士先發表四大原則：

一．已實行或核議中之海軍主力艦建造計畫全行停止。

二．舊有之軍艦拆毀一部。

三．有關係各國現有海軍力應爲相當之注意。

四．以主力艦噸位爲計算海軍力之標準，補助艦亦以此爲比例。

許士的聲浪吹入會衆的耳鼓，拍掌的聲音遂發作了。領頭的是新聞記者席裏美國前國務卿卜立嚴 W. J. Bryan，繼之者便是各國代表。掌聲既過，許士繼續發表他的具體計畫，大致是：

一．美英日三國應拆毀已成之舊主力艦及未成之新主力艦六十六艘，共一百八十七萬八千零四十三噸。

二．法意兩國海軍容後再議。

三．美英兩國主力艦各減爲五十萬噸，美國十八艘，英國二十二艘；日本主力艦減爲三十萬噸，共十艘。

四．此項計畫實行後，十年內各國不得添造主力艦。

許士發表海軍計畫既畢，又提議（一）組織海軍問題及遠東問題委員會；（二）以葛雷特博士 Dr. John W. Garret 充任大會秘書長，便要宣布散會了。忽然東西兩包廂裏大喊『白里安』『白里安』『演說』『演說』許士知道是兩院議員的要求，不得已乃請白里安演說。白里安對於許士的提案還未十分明瞭，所以僅僅說了一篇望和厭戰的門面話。白里安演說以後，許士以為可以閉會了，那知兩包廂裏呼聲又作，起首是喊法國代表魏斐亞尼，後來知道喊錯了，又連呼『意大利』『意大利』許士沒法，又請意大利總代表徐昂齋演說。徐氏演說既畢，『令日本代表發表意見』的聲浪揚揚盈耳，又將許士的意思厭倒。於是許士續請日本代表德川演說。德川雖是日本幕府的嫡裔，却是英國劍橋大學的學生，所以迴用不甚流利的英語演說。他的演說辭裏有『吾人之齊集為解決糾紛非創造糾紛』兩語，很好貼在中日親善的招牌上。在德川以後，還有中比荷葡四國總代表演說，始由洛基動議散會。中國施代表的演詞如左：

『中國政府對於本會之召集願誌其感謝之意。目前實一大好時機，使太平洋各國之政治及經濟利益協和一致。至本會之倡議出於美國，本會之開幕行於美京，尤令中國國民有深感焉。中國國民及政府敎當協力於本會之事業，俾得一圓滿之結局。吾人深盼有益於世界之結果必使本會事業告厥成功。主席先生在閣下指導下之本會，吾人深信必可達到此等標鵠也。』

二、大會組織之大綱

第一次公開大會散會後，即依照許士的建議，由五國總代表許士，巴爾福，白里安，徐昂齋及加藤，組織限制軍備程序及手續委員會；又由九國總代表施肇基，許士，巴爾福，白里安，徐昂齋，加藤，德卡提愛，柯尼碧克及達爾台組織太平洋及遠東問題程序及手續委員會，討論進行各種事宜。十一月十四日兩委員會報告大會，大會決定：（一）由英美法意日五國全權代表組織限制軍備問題總委員會，擔任研究關於限制軍備之問題，並遴選小委員會討論特別問題；（二）由中美法意日比荷葡九國全權代表組織太平洋及遠東問題總委員會，擔任討論關於太平洋及遠東之問題，並遴選小委員會研究特別問題。於是大會的組織乃分作兩大部分，即——

一、限制軍備問題總委員會；

二、太平洋及遠東問題總委員會。

後來因爲處理各種特別問題，臨時選選小委員會若干。 其中屬於限制軍備問題總委員會者爲：

一、限制海軍小委員會

委員——許士，羅斯福 Roosvelt，孔思兹 Coontze（美國）巴爾福，李義，蔡特斐爾 Chatfield（英國）沙樂，組思貝，德彭 De Bon（法國）徐昂蕭，阿伯諾尼，阿克頓 Acton（意大利）加藤友三郎，加藤寬治，末次信正（日本）

二、潛艇決議起草小委員會

委員——路特（美國）盜德士（英國）德彭，卡莫雷 Kammerer（法國）李思（意大利）埴原正直（日本）。

三、海軍噸位小委員會

委員——泰洛爾 Taylor，蒲來特 Pratt（美國）蔡特斐爾，史坦蕩 Stanton（英國）傅勞德 Frochot，笛皮地湯 Dupuy-Dutemps（法國）阿克頓，路斯鮑里 Ruspoli（意大利）山梨田夫（日本）。

四、海軍專家小委員會

委員—羅斯福（美國）貝鐵 Beatty（英國）德彭（法國）阿克頓（意大利）加藤寬治（日本）。

五、飛行小委員會

委員—毛飛德 Moffett 米齊爾 Mitchell（美國）錫金士 Higgins 雷金 Requin（英國）樓潑 Roper（法國）馬周 Moizo 長野（日本）。

六、戰鬥法規小委員會

委員—威爾孫 Wilson（美國）馬爾金 Mallkin（英國）付羅馬斜 Fromageot（法國）巴哥立諾 Pagliano（意大利）館氏（日本）。

七、毒瓦斯小委員會

委員—斯密士 Smith 付米士 Fries（美國）巴邏樓牛 Bartholomew 慕樓 Moureau（英國）梅耶 Mayer（德國）潘提爾利 Pentimalli（意大利）原口（日本）。

屬於遠東問題總委員會者：

一、中國關稅問題小委員會

委員—恩德五（美國）；德卡提愛（比利時）；鮑登（英國）；顧維鈞（中國）；沙樂（法國）；阿伯諦尼（意大利）；埴原正直（日本）；白勞克倫（荷蘭）；法斯康斯羅（葡萄牙）。

二.外國在華郵局問題小委員會

委員—洛基（美國）；藍德士（英國）；施肇基（中國）；魏斐亞尼（法國）；埴原正直（日本）。

三.郵局問題特別起草委員會

委員—莫克馬銳 MacMurray（美國）；朱爾典藍溥森 Lampson（英國）；刁德仁（中國）；木村銳市長野（日本）。

四.領事裁判權問題小委員會

委員—洛基（美國）；德吾退 de Wouters（比利時）；皮爾士 Pearce（英國）；王寵惠（中國）；沙樂（法國）；李思（意大利）；埴原正直（日本）；柯尼碧克（荷蘭；）法斯康斯羅（葡萄牙）。

五.東省鐵路小委員會

委員——卜爾 Poole 德瓦芝 de Warzee（美國）；蘭漢森（英國）；嚴鶴齡（中國）；卡莫雷（法國）；巴哥立諾（意大利）；松平恆雄（日本）；恩格立諾 Engelino（荷蘭）；法斯康斯羅（葡萄牙）。

六、起草小委員會

委員——路特（美國）；德卡提愛（比利時）；藍德士（英國）；顧維鈞（中國）；魏斐亞尼（法國後改沙樂）；李思（意大利）；埴原正直（日本）；卡尼碧克（荷蘭）；達爾合（葡萄牙）。

第三章 大會之黑幕及各國之態度

一、寡頭政治與秘密外交

從來國際會議裏邊，常有兩種令人不平的現象，互相繚繞。第一種是國際寡頭政治，第二種便是秘密外交！這兩種黑暗的惡魔在維也納會議及柏林會議鬧得很兇；最近在巴黎會議也大顯奇能。華盛頓會議的發動雖然夾雜英國許多的色彩，畢竟是以民治主義及愛他主義自誇於世的美國出首召集的，從理論上講當然不許這兩種現象再行出現。但從事實上觀察三個月的會議，沒一天沒有寡頭政治及秘密外交的空氣。幾百年前一位英國外交家叫做王堂 Sir Henry Wotton 的曾給『外交家』三字下一定義，說是『一位最誠實的人派至海外爲本國的利益撒謊。』像這樣不幸的現象，是外交的罪孽，還是外交家的罪呢？蕭伯訥 Bernard Shaw 於魏爾士 H. G. Wells 來美參與大會的時節，屢受朋友勸告終不肯來。他說：『華盛頓會議決無公開外交之可言；』又說『與會之外交家尚未覺悟戰爭之罪惡。』事後看來，眞令人佩服這位老文豪識見的高超了。

華盛頓會議裏的國際寡頭政治以美英日三國作支柱，恰好和巴黎和會的英美法三强先後娩美。巴黎和會的重要事件大都取決於喬治，克禮門梭，威爾遜三頭；華盛頓會議的一切機要也歸許士，巴爾福，加藤，三頭把持。限制海軍問題其初止牽涉他們所代表的三國，由他們私下處決還不打緊。如美英法日四國協約，既是相互間平等的條約，最初三國同意加入法國的時候，便應請法國參加討論起草各項事宜。那知一直到條約的草案告成纔通知法國請其加入，法國代表僅得四十八小時的光陰和政府電商便通告承認。這樣寡頭政治的餘威，連號稱一等國的法國還須忍受，其他武力不敵的國家更不堪聞問了！遠東問題號稱關係中國，中國却處於被動的地位，個中運命仍操於三頭之手。中國提出十大原則以後，三頭先開秘密會議，英日兩國總代表要不溯及既往的空泛原則，許士便令路特提出四大決議。山東問題日本堅持反對提出大會，許士和巴爾福也嫌麻煩，後來三頭遂合設圈套，拿『周旋』的美名，愚弄中國直接交涉。此外各種特別事實問題也都拿强國的意思爲意思，加藤回國在歡迎會上演說，曾明說『日本代表之言論常爲討論之中心』，個中黑幕可見一斑了！

說到秘密外交，更是千變萬化不可捉摸。三頭的寡頭政治固然拿秘密外交作背景，即各種委員會議也是銅門深鎖，不許新聞記者參觀。海軍問題及遠東問題兩總委員會雖常有公文發表，然均略而不詳，且不可靠。七次公開大會不是演說簽約便是報告各種條約或決議，除了令大家看看把戲拍拍手兒，簡直毫無用處！魏爾士說得好：『秘密之鬼祟匿於秘密條約及秘密了解中……委員會之秘密協商未見何等之反對，民衆惟於大會時一聆協商及討論之結果而已。』波拉論得更痛快：『全體事件無非討論各國應自中國獲取富源或原料若干而已，如此自易於閉門會議中行之也。』但是讀者還有應當注意的，便是這種閉門會議並不是其他陰謀國家代造的，乃是美國自製的。美國當局製造閉門會議無非防備輿論的攻擊，恐怕於本國利益及本黨利益都有不便罷了！

各種特別問題的討論，也含有秘密外交的色彩。四國協約秘密交涉，秘密簽字，結果還發生兩種秘密了解！第一種是關於應用範圍的了解，中國被包括在內了。第二種是英美間的了解，無非要共同對待日本。這裏邊的黑幕，等到下一章再詳細討論，且不必細說。現在還有應當指明的便是英日間及法日間及美日間的秘密了解。

英日同盟因一延再延的結果，到華盛頓會議期中還未取銷。照同盟條約之規定，兩國對於遠東問題本已有互相維持的義務；而且大會未開會時，兩國還互相照會鄭重申明，（赫師德 Hearst 派報說英日間有秘密了解意卽指此。）果然開會後，英國對於山東問題滿洲問題緘口不談，日本對於西藏問題也隻字不提！中國力竭聲嘶，日本有恃無恐，這豈是偶然的事實！另外還有在歐洲陷於孤立的法國，因爲對俄問題陸軍及潛航艇問題，也和日本結有秘密了解，對於遠東問題替日本說話。反過來日本則盡力維持法國一切政策的實施。美國對於日本本沒有什麼交情，但因爲維持海軍比率，圓滿解決耶浦及移民各項問題的緣故，遂不惜犧牲中國，默示承認日本原有在華——尤其是東三省——的勢力。美總統哈定雖向議會聲明藍辛石井協定，已爲九國條約所勝，但這種不成文的秘密了解比藍石協定還要利害呢！

二、各國自私自利的態度

第一章已經說過，華盛頓會議的召集純粹造因於一二國家自私自利的政策，和平人道不過是外交上一種假面具。所以會議進行中，除了眞愛和平的國家外，都是爾虞我詐各懷心事。日本要求增加海軍比率的時節，美國新聞界都說日本作「契約的競爭」其實議場像商場一般，無二帝國主義的國家那國不發揮野心商人的手腕，圖謀便宜呢？　先就美國說：

美國的唯一目的，只在大會成功，以便達到第一章所述各種目的。因此對於海軍問題特別注意，而對於遠東問題除了未來的門戶開放外處處敷衍。五、五、三比率提出以後，許士堅持原議一步不放。許士的心中明知（一）英日兩國財政困難均有停止海軍競爭的意思（二）五、五、三比率實行可省經費每年一萬萬元，對於國民當然可以買得歡心；（三）辦成限制軍備可以博得維持和平的美名。後來日本提出十、十、七的修正案，許士不惜拿中國的權利，如滿洲問題及移民問題作交換，使日本撤回。這種犧牲中國維持海軍案及本國利益的手段，比威爾遜犧牲山東維持國際聯盟還要酸辣。威爾遜對於山東其初還很堅持；許士對於中國各項問題在開會時便未懷好心。許士所以這樣作的只因爲（一）美國所要的不過商業的機會門戶開放既辦成，中國地大物博何處不可活動；（二）若美國幫助中國必得罪日本，其結果不但易使大會破裂甚或促成美日戰爭，美國決不肯替中國犧牲。許士這種手段爲本國利益打算固然對了；爲共和黨利益打算更對了！但四萬萬中國人民雖不望美國正義的幫助，也不當憑空作美國的禮物，無代價送給日本呀！　再看英國：

英國以締結替代英日同盟的新條約鞏固原有的地位和勢力爲宗旨。英國代表的外交手腕非常靈活非常陰險。他們有特別組織的宣傳機關，在華盛頓散布流言，聳動美國的視聽；他們還利用大會的秘密外交供給有關係各新聞特別消息（他國代表團每日延見新聞記者一次，英國除由巴爾福延見一次外，還由李迭爾 Lord Riddle 代見兩次。李氏是喬治的好友，此次拿英國報界代表的資格來美，替英國代表團宣布秘密消息。法國要求增加海軍的消息，即是李氏首先傳出的，法國因此曾向李氏抗議）使新聞紙攻擊他國，然後從中取利。他們因爲美國海軍案於本國有益無損，不但可以照舊維持海上女王的資格而且可以省些經費，所以首先買好美國表示贊成。他們因爲畏懼潛航艇攻擊商船，所以對於法國的主張堅持反對。他們要弄成英美日的新同盟，又要保持在華的舊勢力，所以和日本聯成一氣，百方愚弄美國，欺凌中國。像這樣聲東擊西兩面利用的政策，除了英國外交家恐怕沒人能想得出來！往下再看日本：

日本的目的一方面要節省經費，協商有利的軍備限制，一方面要續行侵略，保持在華既得的贓品。一九二一年七月廿七日答覆美國，主張以限制軍備爲主題，止求遠東問題主義及政策之共同了解便是這種意思。美國正式請帖發出以後，日本即根據這種目的開始活動。第一步先拿同盟及秘約的關係，和英法接近，約定互相維持不相侵害。第二步支出國帑三百萬元購買美國報紙，宣傳(一)日本熱心太平洋和平無意繼續軍備競爭；(二)日本在中國只要商場及原料，極力贊成門戶開放。第三步宣傳中國內部不統一，拿國際共管威嚇中國外交當局。開會以後，白髮斑斑的澁澤榮一帶領實業團體，到美國各城市作國民外交的運動；衆議院議員如政友會的松岡俊山，川原茂輔，憲政會的望月小太郎，國民黨的植原悅二郎，無論平素贊成政府反對政府，也都出來從事宣傳。至於到會的五十一名新聞記者，更極力從口頭上或筆墨上誇揚日本的正大，譏諷中國的腐敗。四面的布置既這樣的周到，全權代表四人遂顯出大和魂，運用陰謀爭持一切。美國和中國的提案從來不明言反對，只說原則上『贊成』。等到議案移交小委員會，便藉口國家安全或既得利益或中國內亂，設法支吾。支吾的結果，不是將議案延宕到閉會鬧得毫無結果，便是將重要的問題掩過，使中國無法再提。偶爾因爲敷衍輿論，稍稍放鬆一點，也不過是些虛名，是些小利，實惠仍不肯撒手。這是日本對待中國的態度！對於美國呢？日本一味拿門戶開放向美國討好。美國要維持五、五、三的比率，他故意提出十、十、七的要求。弄來弄去，移民問題和耶浦問題都解决了；太平洋防備限制已達到了；山東案到會外交涉去了；原在東三省及東部內蒙的既得贓品也保持住了！這種手段和巴黎和會拿贊成國際聯盟交換人種案及山東案一般無二。赫師德派報紙曾說日本拿愚弄威爾遜的故智，愚弄許士，實在不假！日本豈止利用美國的機會，山東問題直接向北京運動，何嘗不是利用中國的機會呢？

法國所持的態度也是要維持現狀。他維持現狀的目標有二：（一）維持安南及在中國的勢力；（二）維持戰後在歐洲大陸的地位。前者有日本的協作，並不感十分困難；後者爲各國視線所集，却要設法努力。在華盛頓會議以前，法國完全用多額軍隊監視德國行動，強迫德國賠償，來維持這種局面。華盛頓會議開會後，白里安曾藉口限制陸軍問題，秘向美國提議經濟同盟，企圖變更舊日的政策。不料美國不肯吃虧，法國遂仍舊保持八十萬的陸軍，而且要求多額的主力艦，潛航艇及補助艦。因此之故，又和英國發生了衝突。英國因爲商業關係從來是反對法國再破壞俄國及德國的，而且爲政治利益計，也不願歐洲大陸政治歸一國獨占。於是兩國以軍備問題爲導線，竟鬧到幾至決裂的程度，法人身陷重圍確也有些可憐！意大利和中國沒有特別關係，所以對於遠東問題並沒有一定的政策。關於軍備問題，他知道法國要牽入歐洲經濟問題，因此代表人物多選派財政專家，總代表徐昂齋即是財政上有名的人物。大會中法國要求維持陸軍，他也要求維持陸軍；法國要求增加海軍，他也要求同樣的比率。這皆因兩國利害衝突，各不相下，宛如英法互相嫉妒似的！至於比利時荷蘭及葡萄牙都爲爭持國際地位要求與會，除了表示贊成而外，並沒有一定的態度。

總而言之，列強都要利用和平的虛名，營求各樣的實利。愛他主義在華盛頓會議中，完全被爲我主義壓倒了！中國雖認定維持和平不在組織聯盟，不在限制軍備，而在廢除國際糾紛的原因，苦口婆心去提議；但曲高寡和，只有被帝國主義者竊笑罷了！

第四章　英日同盟與四國協約

一、英日續盟問題

英日續盟問題是華盛頓會議的導線，第一章裏已經約略說過。本文爲敍述四國協定成立之線索，所以對於該問題再作一番較詳之討論。英日同盟的成立造因於兩國帝國主義之聯合，換言之，便是兩國企圖排斥俄德平分在華的勢力。第一次同盟條約於一九〇二年一月三十日在倫敦簽字，當時伊藤博文極力拿聯俄恐嚇英國，英國明知日本意在聯英抗俄，但因爲忌嫉俄國在華勢力的澎漲，所以互相利用成就了東西洋兩島國的同盟。第二次同盟條約是一九〇五年八月十二日簽字，這次約文和第一次不同的地方，便是英國默認日本吞併朝鮮，反過來日本承認印度爲英國領土不加侵害。第三次同盟條約是一九一一年七月十三日簽字，這次約文和上兩次比較有兩個不同的地方：第一，上兩次條約專爲對俄，此次將德國加入對待之列；第二，英國因爲美日猜忌日深特要求加入『兩締盟國之一方如與第三國締有總括的仲裁裁判條約時，在該仲裁裁判條約有効期中，對於締盟國他方不負本約所規定與第三國交戰之義務，』一條。一大戰結局俄德兩帝國相繼崩潰，這種同盟本來已經喪失繼續之原因。但一九二一年七月十二日條約滿期，英日兩國爲什麼又聲明繼續有効一年，遲遲疑疑不肯作廢呢？原來大戰以後日本國勢澎漲已經有獨覇東亞的形勢，英國若放棄同盟不但舊日在華的勢力不免被日本侵蝕，卽印度的領土權也岌岌可危，——這是英國遲疑的原因。至於日本，若繼續同盟則對於中國可以和英國狼狽爲奸，不致受他國的猛烈反對，對於美國可以孤美國之勢使英美不得聯合，所以特意把皇太子弄出去作運動的工夫。

但英日續盟美國以利害衝突反對甚力，英國要和日本繼續同盟立刻傷了美國感情。拿戰後經濟狀況說：英國疲弊萬分，只想求美國幫忙，絕不敢得罪美國；拿種族和外交政策說：英美同種同文畢竟血厚於水，況且英國傳統的外交政策又是拿不傷美國感情爲第一要義。所以一九二一年六七月間的倫敦帝國會議，對於英日續盟問題討論多日尙不知何去何從。後來喬治，寇仁和巴爾福等費盡心血纔想出一種『兩而討好從中取利』的政策，——這就是英美日三國太平洋會議的起源也是華盛頓會議的導線。這時候英國已經決定拿英美日三國協定作取銷英日同盟的代價了。哈定總統發起華盛頓會議的第二天——一九二一年七月十一日——英相喬治在下院演說，有『日本爲吾人之舊同盟二十年之盟約不特有益於彼我雙方，且有益於遠東之和平。中國尊重英華雙方之友誼者頗不乏人，吾人極願助成其利益。美國現今國民之目的及思想與吾人極稱協和，吾人深願與之協商及協作……吾人第一要義即係與美國爲友誼的協作，……其次即維持對日之親交與協作。』一大段話，便是這種兩而討好政策的正式宣言。華盛頓會議開會以後，英國代表團極力發輝這種政策的手腕。他們一方而組織宣傳機關散佈流言，說英美商業及海權如何衝突，美日國交如何危險藉以暴露美國國際的孤立。一方而使日本代表德川出頭提議三國協約，暗中更和日本代表團協力圈籠美國。他們所用的手段簡單說只是拿英日續盟作運動新協約的工具，美國不贊成這種新協定，他們便要繼續同盟。

二、美英法日四國協約之成立

美國的外交向來不及英國狡黠，即較之日本也有不機警的地方，如今處在英日兩國施展陰謀的中間自然擺脫不開。況且美國盼望英日同盟之取銷比大旱望雲霓還切，自不得不容納英日兩國的意見開始締約的交涉。參加這種交涉的只許士，巴爾福和加藤三頭，內部進行很是秘密，第一次消息還是日本時事新報傳出的。許士對於締約交涉聽說抱定了一種冷靜的態度，先看英日態度然後纔決定去取。第一次約文草案是巴爾福提出的，巴爾福的草案據安德生 Jane Anderson 女士說是依照喬治的政策在大西洋舟中和秘書長共草的。巴爾福的原案是一個英日同盟的放大，不但包含太平洋諸島，而且包含中國，不但要使用外交上的勢力而且要使用海陸軍的勢力，包含中國，使用武力，是英日同盟的舊色彩；包含太平洋諸島不過給美國點利益，請他入甕罷了！同時自己還得着澳大利亞和新西蘭的保障。許士對於巴爾福的原案，認爲與美國傳統的政策及大會的方針不合，主張：

一．中國問題另結九國條約，此次協約止限於太平洋地方各國之島領島屬；

二．遇有問題發生無使用海陸軍之義務；

三．加入法國改爲四國協約。

許士這三大主張，對外是防備英日兩國的秘密聯合，對內是免除國內的攻擊，用意是很周到的。但英國既怕減少條約的拘束力危及在華的舊勢力，又怕法國拿歷來相反的政策和自己衝突，所以用反對的態度向各方運籌。運籌的結果，雖沒有達到屏除法國的目的，但維持原來在東方的勢力一層，確得着相當的保障。這種保障即是篇末所說的秘密了解，不過那秘密了解的內容還須那國際偵探去刺探罷了！日本對於許士的三大主張並沒有什麼反對。 背因他所希望於這種協約的只是默認他在東亞的盟主資格，得以在中國橫行。 許士的主張能減少協約的拘束力，更使他有在中國橫行的機會，他怎能反對！ 法國是他的秘約國，只能幫忙，不能反對，他怎能不歡迎！ 所以許士發表主張以後，便由幣原氏參酌英國原案和美國的主張，作一修正案，提出三頭會議。 幣原的修正案經三頭會議通過，通過後，纔由許士通知法國，請其加入。 後來由美英法日四國代表根據幣原修正案作成四國協約如左：

美利堅合衆國，英帝國，法蘭西共和國及日本，爲保持一般和平，及維持本國在太平洋地方所有『島領』『島屬』之權利起見，決定結一完成此種目的之條約。因此特派全權代表（代表名單略）互示其全權委任狀，經認爲良好妥當，遂議定條款如左：

第一款

最高締約國互相約定，尊重彼此在太平洋地方所有島領島屬之權利。

如最高締約國間因太平洋問題發生爭議，並牽涉上述權利，不能得外交上圓滿之解決，且似於目前相互間一致之協和有妨時，爭議國應邀請其他最高締約國開一會議謀全事件之考量及處理。

第二款

如上述權利為其他任何國家之侵略行動所脅迫，最高締約國須互相為完全且懇摯之照會，謀一聯合或分別執行之最有効手段之了解，以應此特別情勢之危急。

第三款

本條約有効期間定為十年自有効時算起，經過上述期間後仍可繼續有効，但屆時各最高締約國有權以十二個月前之預告廢止之。

第四款

本條約須從速依照各最高締約國憲法上手續批准之，俟批准書在華盛頓交換後，即開始有効，有効時一千九百十一年七月十三日英日兩國在倫敦所結之協約應即作廢。

合衆國政府當將批准書之認證謄本分送各簽約國。

本條約以英法文作成，存儲於合衆國政府之檔庫，其認證謄本須由該政府分送各簽約國。

上列代表以誠意簽字本條約。

一千九百二十一年十二月十三日作於華盛頓。

這四國協約是一九二一年十二月十日第四次公開大會宣布的。當日英國代表喜色洋洋自慶外交上的最大勝利；日本代表也眉飛色舞自慶東亞盟主資格的確定此後可以自由蠶食中國。惟獨中國三代表雖以與太平洋最有關係之國家要求加入，竟因爲武力不逮被入擯斥相形之下能勿減色。該約於公布後三日在美國國務院前廳簽字，簽字時仍是嚴守秘密不准新聞記者到場參觀。美國代表簽字的時節會加了兩條保留，這兩條保留都是對日本發的，——第一條關涉耶浦問題，第二條暗指移民問題及土地法問題。保留書的譯文如下：

美利堅合衆國，英帝國，法蘭西及日本簽字本條約之際，聲明各簽約國之了解及意向如左：

一、本條約適用於太平洋委任統治諸島，但本條約之訂定不得視爲美利堅合衆國承認該委任統治，且不得妨碍美利堅合衆國與委任統治諸國關於委任統治諸島之協定。

二．本條約第一款第二節所述之爭議，不得包括在國際法理上認爲純屬於各國內國法權上之問題。

一九二一年十二月十三日，華盛頓。

四國協約的成立完全因襲歐洲的秘密外交甚至簽字時也用秘密進行的手段因此秘密了解之發生，自是意中難免之事。據赫師德 N.R.Hearst 派報紙說，美英法日四國對於條約實行的範圍，已有秘密的了解。據日本駐英大使林權助說四國協約乃英日同盟之放大，仍舊適用於中國。又據美上院議員波拉所發表之克拉瓦斯 Paul D. Cravath（紐約瓦爾街 Wall street 之名律師，現充毛根公司之法律顧問）秘密演說，英美對於日本之行動已有共同對待之秘密協定。（詳見第九章）另外再就英國起初反對許士的三大主張，後來承認幣原的修正案一段事情觀察，大概可以斷定：

一．四國協約仍舊適用於中國，美英法日已有秘密的了解；

二．英美對於太平洋問題將聯合對付日本。

中國與國上下所反對的英日同盟取銷了，換一個默認日本爲東亞盟主仍舊適用於中國的四國協約，我們應當贊成嗎！

四國協約既是英日同盟的替代品約文中『島嶼』二字自然照英日同盟的辦法把日本本土包括在內。所以該約公布以後，紐約時報即載英代表巴爾福談話說『島嶼』二字包括日本本土，哈定總統因爲反對派注目此點，痛加攻擊，特使用手段日向往訪之新聞記者聲明該約並不包含日本本土。許士利用總統的談片遂與日本代表交涉將日本本土除外日本代表起初是要求包含日本本土的，此時爲顧全國家的體面卻不得不俯就。因此，大會閉幕的時候，美英法日又簽定一副約。約文如下：

美利堅合衆國，英帝國，法蘭西及日本經由各本國代表之手約定以下列之規定，爲一九二一年十二月十三日簽字之四國協約之副約：

上述條約所用『島嶼』『島屬』二語適用於日本時，止包括樺太島（庫頁島之南部，臺灣，澎湖列島及在日本委任統治下之諸島。

本協定與其所副屬之原約有同等之効力。

上述一九二一年十二月十三日之條約，凡第四款關於批准之規定悉適用於本約，本約以英法文作成，存儲於合衆國政府檔庫，其認證謄本應由該政府分送其他各締約國。

各國全權代表以誠意簽字本協定。一九二二年二月六日作於華盛頓。

三、四國協約之批評

四國協約是英國外交史上的新紀元，英國皇室的歡喜從巴爾福授爵酬勳的事蹟可以看得出來。而喬治五世在國會演說所述『本條約取英日同盟而代之，余所喜者英日兩國長期之協和依然如昔，同時吾人對於美國之關係乃益進於密切的友誼』一段話，更是一種鐵證。首相喬治屢次表示英國外交的大成功，他的機關報倫敦日誌（London Daily Chronicle）的社論有云：『吾人對於該約可分四層批評之：第一，英帝國—包含澳大利亞及新錫蘭—在太平洋上擁有種種易被侵害之利益，該地方軍國主義及競爭之泯滅，英帝國獲益良多；第二，新協約以外各國如荷蘭等非特毫無所失，且因新約之成立有所裨益；第三，吾人完全贊同巴爾福所述吾人對日之良善關係，更深謝此等關係未曾斷絕，且擴充範圍加入其他諸友邦；第四，對美所生密切且確定的協作之新氣象，實與英國本土及屬領之民治主義的政治本能相符和。』很能表現他個人的意思。此外倫敦太晤士報，倫敦日郵報，倫敦晨郵報及倫敦日電報也都作論贊助該協約。而西寺公報（Westminster Gazette）所說『英日同盟既已取銷，此後英國對於美日兩國之糾紛實占重要之地位。英美間之關係當更進益，英日間之關係依然無恙』一段話，更足以代表一般英國人的心理。

日本從這種條約正式取得東亞盟主的榮銜，中國以四萬萬民衆的大國還不能置喙於太平洋問題，日本六千萬人民自然要手舞足蹈。所以總理大臣高橋是清說『新協約足以宣揚日本人民之責任，增進日本在東亞之地位』外務大臣內田康哉說：『四國協約為華盛頓會議之第一成功，日本之國際地位有加無已』此外最有勢力之三大新聞如每日，朝日，時事也作論慶祝日本國際地位之增進，東亞盟主資格之養成。

惟反對派報紙不問本國所得利益怎樣多，仍舊拿攻擊政友會政府的心理發種種的謬論。憲政會機關報讀賣新聞說：『就日本權利之喪失及國步發展之限制言之，吾民實不覺有何成功。吾人竊以為日本所受權利利益之損失，或且較中日戰爭時三國干涉為巨』——這簡直喪心病狂了！巴黎時報（Le Temps）說得好：『以四國協定代替英日同盟，日本並無何等犧牲。英日同盟使日本輩儕於列強之間，華盛頓條約益鞏固日本之地位。』—願日人三復斯言！

美國上院和輿論界大多數是贊成這種條約，但反對的聲浪也不謂薄弱。先就新聞界說：新聞王赫師德一派報紙，都拿反對國際聯盟的舊態度，出來反對這新條約。該派的報紙雖然沾染黃色，但對於外交上的論斷很有獨到的地方。紐約亞美利加報（New York American）是該派的領袖報，四國協約公布後該報首先宣戰。當時該報社論有云：『四國條約乃一製造戰爭之具，非製造和平之具……與國際路賊結合是直變爲擄掠品之保險人，換言之，即於正當所有人設法取還原物時，以吾之海陸軍力及財力助賊是也。』—長槍大戟，鋒銳實不可當。又該派各報派駐華盛頓之主筆記者卜雷芝賓 Arthur Brisbane 說：『此小條約降生矣。排演者止四人，英法日美是也。舞臺爲太平洋。中國不得入，然中國固未嘗有自誠樸之土人竊取太平洋島嶼之陰謀也。掠奪島嶼於此等土人，是直自嬰兒手中奪取糖飴耳。新四強奪取糖飴殆將盡矣。今乃摹仿紳士式之路賊，相約勿因贓品而互相戕害其咽喉。』—莊諧並用，更寫盡了四國協約的價值。另外爲民主黨的報紙和社會黨的報紙，或因黨派關係，或因主義的關係，也都作極猛烈的抨擊。紐約警鐘報（New York Call）—社會主義派的報紙—說：『此等協定不過使亞洲之帝國主義，與西方之帝國主義，結合俾免於孤立耳。』—這更說得透徹啊！ 定期出版物上對於這種協約也有極深刻的批評。 新共和國 New Republic 說：『日本利用英日同盟樹立政治經濟及軍事的前鋒於亞洲大陸，新協約斷難制止此等侵略之發展。……本條約第二弱點卽不包含中國使享相當利益及責任。』美國多數記者都昧於東方情勢，該誌這一段評論眞是獨具隻眼。 又杜威博士以下諸學者對於四國協約也頗有議議，限於篇幅，不再介紹了。

上院方面在協約公佈之初，計算有六十人贊成，反對者不過二十六七人 但反對派的人數雖少，反對派的理據—門羅主義—可是極占勢力。 這班反對的人以共和黨的『非調和派』(irreconcibles)波拉和民主黨的李德 Reed 作中堅，攻擊的鋒火在協約未簽字前卽行開始。 一九二一年十二月十二日，波拉在上院演說說：『締約國雖無用兵之義務，然締約國有權陷美國於用兵之途。 此之所謂「陷」非締約國有權使美國國會出於用兵之謂。 吾之所謂「陷」卽前大總統威爾遜論國際聯盟規約第十款時所謂道德上義務較重於法理上義務之意。』—這是反對礮的第一聲！ 等到四國條約由哈定移交上院請求批准，共和黨的約翰孫 Johnson 付來德 La

Follete，付蘭石 France，民主黨的李德魯濱孫 Robinson 都出來發表言論力肆攻擊。約翰孫說：『吾人從未向此法求安全，亦未見此法有安全。吾將投票反對本條約以其危及本國安全之真精神也。』付來德說：『四國協約不啻放棄本國之安全，該約有國際聯盟之惡無國際聯盟之善。』付蘭石說：『余反對此協約，以余反對共和國與實行帝國主義之國家同盟也。國際聯盟是否為一同盟尚屬疑問，惟謂四國協約為一同盟則決無舛錯。』李德說：『使此條約為聯合四強國而保持太平洋之和平，自不免使吾人負擔一種義務，此種義務非特余反對之，否認同盟者久已反對之矣。』魯濱孫說：『四國協約為一防禦同盟，足以發生內國問題之糾紛。』在反對演說中還有最驚人的兩句話，—那便是李德所說『四國協約未注意俄日將來在西比利亞之戰爭；』利渡拉所說『中國已覺悟本協約之障害。』但反對派雖喊破喉嚨，不過喊出一條消極的保留案，四國協約已於一九二二年三月廿四日以五十七對二十七之三分二以上大多數通過矣。保留案如左：

『美利堅合衆國了解本條約序文或條文中之記述，並無使用武力之成約，無攻守之同盟，更無聯防之義務。』

四國協約之通過使美國對外關係及對外政策發生極大的變化，傳統的門羅主義是不能完全維持了！　以前拿門羅主義攻擊威爾遜國際聯盟的共和黨議員如今都投票贊成四國協約；即以非調和派自命的人，也都爲黨利主義所軟化，投反對票的不過波拉，約翰孫，付來德和付蘭石四人。　其實國際聯盟規約第十條『行政院應籌議使國際義務得以履行之方法』一語，和四國協約第二款『謀一聯合或分別執行之最有効手段之了解』一語，實質上畢竟有何區別！　約翰孫說得好：『若四國協約由威爾遜提交上院，共和黨反對者將由四人增至四十人』。　我聞此言，我爲政黨政治悲，我更爲威爾遜手造之國際聯盟惜。　威爾遜的國際聯盟雖不免强國把持，但小國還有機會參加；哈定的四國協約把小國屏除，簡直完全是國際富豪政治了。

第四章　英日同盟與四國協約

第五章　限制軍備問題

第一節　軍備競爭與軍備限制

一、日美英之海軍競賽

帝國主義的魔力使各强國政府消耗巨額經費從事軍備的競爭；軍備競爭的結果促成空前絕後大血戰——這是大戰以前的情形！　戰爭結局，多數人民雖想望世界永久的和平，野心國家却不肯放棄原來的帝國主義。　於是元氣斲傷較輕的美日和操海權牛耳的英國，又開始海軍的大競賽。

日本海軍，從中日戰爭以後纔樹立根基；俄日戰後更有八八艦隊的新計畫。　但因爲陸海當局意見的疏隔，和財政的困難，遲遲數年終未得實行。　一九一四年障礙漸除，遂發布建造新戰艦三艘的命令。　一九一六年議會及一九一七年議會又陸續通過八四及八六艦隊的計畫。　迨至一九二〇年七月，八八艦隊計畫完全通過於第四十二議會。　依照此項計畫，日本於一九二八年三月可擁有新式戰艦八艘及新式巡洋戰艦八艘，需款一千兆日金。　所以大正十年度預算收入不過十六萬萬二千零三十八萬六千三百二十六元，海軍支出竟達五萬萬三千五百八十八萬五千零七十八萬元!

美國海軍計畫,在戰前每年只造主力艦兩艘,海軍勢力在世界第三位。德國潛航艇政策實行以後,美國議院態度大變,一九一六年八月廿九遂通過新海軍案,决定添造戰艦十艘,巡洋戰艦六艘。美國參戰結果,一九一六年計畫未能卽刻實行,但戰事終結遂開始進行。一九一八年至一九二一年之間,各艦艦骨均已安設妥當,一九二一年海軍經費驟增至四三三二七九,五七四美金。而海軍總署(General Naval Board)還提倡新三年計畫,打算再添造主力艦三艘。美國這樣偉大計畫明言是要『建設世界最大之海軍』;這不但使日本提心吊胆,卽英國海上覇權亦旦夕可危!

但英國五年大戰的結果,瘡痍滿目,實在沒有財力和美國作海軍的競爭。一九二〇年三月十七日英國海軍大臣郎氏 Long 在下院宣言,英國將放棄兩强標準的政策(戰前英國海軍政策以擁有他國兩國之海軍力爲標準)改採一强標準的政策。

一九二一年三月終因爲美國海軍澎漲的緣故,提出添造四大胡德艦 Hood 的預算於國會。雖然這樣,美國突飛猛進,英國財力究竟敵不上。一九二四年,美國可有主力艦三十三艘共一百十一萬七千八百五十噸;英國雖也可有三十三艘,但不過八十萬八千二百噸，日本彼時也可有七十艘，共五十四萬三千一百四十噸。美國一國海軍力可敵英日兩國，彼時英國海上女王的資格勢將無存，日本獨霸太平洋的野心也難如願了！這樣大規模海軍競爭，不但有礙戰後經濟的恢復，而且增加納稅人的負擔。美國上院既於一九二一年五月廿六日通過波拉限制軍備的建議案；日本衆議院議員尾崎行雄也有同樣的運動。美日兩國的主張大概早已不謀而同了！英國因為競爭美國不過，對於限制海軍更格外贊成。所以限制軍備問題雖然在巴黎和會沒有被威爾遜弄成，到了哈定手裏卻產生了一個華盛頓會議！

二、限制軍備觀

美國在華盛頓會議所提關於限制軍備問題的議案，可以分做（一）主力艦之限制，（二）潛航艇之限制，（三）補助艦之限制，及（四）新戰規之訂定諸大端。內中除了主力艦之限制可以說是完全成功，新戰規之訂定可以說勉強敷衍外，都是毫無結果。陸上軍備之限制則為法國大陸政策一溜烟吹到大西洋去了！

美國第一次提案規定英美日主力艦比率為五五三，照上段所述一九二四年的噸位觀察，英日不但不當反對，而且應當歡天喜地的接受。 但日本因爲要達到(一)保持原在中國的勢力(二)保留陸奧戰艦(三)限制太平洋防備這三種目的，所以故意提出十，十，七的要求。 後來目的完全達到，五，五，三比率也就欣然同意了！ 法國三十五萬噸的要求也是一種政策，其目的原在於潛航艇及補助艦。 所以許士五，五，三，一·七五，一·七五的比率，最後五強都加承認，而許士也撚髯自喜了！ 許士這種成功純粹是事實所造。 第一、現在每艘戰艦建造費多至美金四千萬元，長此競賽下去，日本勢將破產，英法意戰後疲憊決不可能。 第二、戰艦時代業已過去，競賽戰艦毫無意義。 中國所謂時勢造英雄，若拿威爾遜和許士比，許士實在是時勢所造的英雄了！

潛航艇問題是華盛頓會議中辯論焦點之一，這皆因各國意見紛歧各懷心事的緣故。 英國在大戰中所受德國潛航艇的苦楚實在說不出來，因厭惡潛航艇的心理，遂反對潛航艇的存在。 法國沒有經費去添造戰艦，爲保持海軍勢力起見，所以要求九萬噸的潛航艇。 至於日本和意大利也都同此心理；美國爲防備日本起見也是不肯割愛。 鬧來鬧去，潛航艇的限制遂無形打消。 補助艦的限制，也同歸於盡。 後來美國雖然有限制潛航艇行動的決議，通過大會，將來能否實行實在有許多疑問。

斯限制也是一樣，英美各國現在正從事研究呢！ 發明李維斯毒瓦斯那位先生 Major Lewis 曾在大西洋月刊(Atlantic Monthly)上說：『美國既預行防止毒瓦斯戰爭矣，乃復於埃及屋 Edgewood 及馬里蘭 Maryland 為努力之試驗……此等缺乏誠意之現象，誠足危及原定之目的也。』

飛機限制美國並無誠意，雖有公法家會議的決議，恐怕終無結果。 現在各國正添造大批飛機飛艇，預備將來有事時使用。 據作者最近調查，一九二三年度各國飛行預算大致是：美國六千零四十萬元，英國三千萬元，法國一千八百七十一萬三千元，日本一千八百萬元（全係美金）。 而日本近來還延聘德國教師技師機士三百餘人，亟亟訓練呢！ 總而言之，將來的戰爭以潛航艇及飛機為骨幹，歐美軍事學者都同此主張，賽姆士 Admiral Sims 說：『戰艦已不復為海軍之骨幹矣，以其既不能防禦飛機，復不能抵制速率極高之飛機母艦故也。』費休 Lord Fisher 說：『飛行控制將來海陸之戰爭……海上防備飛行之法，唯有沉諸水底。』史高德 Sir Henry Scott 說：『水底船舶之發明，使浮游水面之船舶歸於無用。』美國航空界副主任米齊爾說：『吾國今日之航空事業如為相當之發展，則距美國海岸二百哩以內之敵艦，無論裝甲與否均可擊沉之。』德國沙爾將軍 Admiral Von Scheer 說：『完全之潛艇海軍足使較弱國家確立遠洋政策』。現在潛艇及飛機既沒有什麼限制，縱然限制主力艦也不過大家省幾個錢罷了，事實上和軍備無限制毫無區別！

況且和平是精神方面的事情，限制軍備是物質方面的事情，物質能促進精神，卻不能代替精神。所以華盛頓會議假令能限制一切軍備，也未必能實現永久和平。要實現永久和平，非消滅競爭軍備的動機不可。競爭軍備的動機便是私利的帝國主義，帝國主義不打倒，和平始終是沒有希望的！

三、五國海軍條約

美利堅合衆國英帝國法蘭西意大利及日本為致力一般和平之維持及減輕軍備競爭之負擔起見，決定締結限制各自海上軍備之條約，冀以達此目的，因此特派全權代表（代表名單略）互示其全權委任狀，經認為良好妥當，遂議定條款如左：

第一章　關於限制海上軍備之總則

第一條　締約國承認依照本條約限制各自之海上軍備，

第二條　締約國得保留第二章第一部特許之主力艦。其他所有美國，英國，日本已成或建造中之主力艦，除本條下列規定者外，並於本條約發生効力時，按照第一章第一部之規定處分之。

除第一章第一部特許之主力艦外，美國得造成並保留尙在建造中之西維幾尼亞 West Uirgivia 級艦兩艘。其北大高塔 North Dakota 達爾威 Delaware 兩艦，俟上述兩艘造成時，卽照第一章第二部之規定處分之。

英國得照第一章第三部之替換表建造新主力艦兩艘，但每艘不得超過三萬五千噸（三五五六〇法噸）之替換標準。其雷公 Thunderer 喬治五世 King George V 阿捷克斯 Ajax 及百夫長 Centurion 四艦，俟上述兩艘造成時，卽照第一章第二部之規定處分之。

第三條　除第二條之規定外，締約國應卽放棄其主力艦建造計畫，又除第一章第三部特許之替換艦外，不得建造或取求新主力艦。

其已照第一章第三部替換之軍艦，應依同章第二部之規定處分之。

第四條　各締約國主力艦之替換總噸位不得超過標準排水量：美國，五二五．〇〇〇噸（五三三．四〇〇法噸）；英國，五二五．〇〇〇噸，（五三三．四〇〇法噸）；

）法國，一七五・〇〇〇噸，（一七七・八〇〇法噸；）意大利，一七五・〇〇〇噸（一七七・八〇〇法噸）日本，三一五・〇〇〇噸（三二〇・〇四〇法噸。）

第五條　主力艦之超過標準排水量三萬五千噸（三五五六〇法噸）者，各締約國不得取求建造或於其法治區域內代他締約國建造之。

第六條　各締約國之主力艦不得載有十六吋（四〇六粍）徑以上之礮。

第七條　各締約國飛機母艦之總噸位不得超過標準排水量：美國，一三五・〇〇〇噸（一三七・一六〇法噸；）英國，一三五・〇〇〇噸（一三七・一六〇法噸；）法國，六〇・〇〇〇噸（六〇・九六〇法噸；）意大利，六〇・〇〇〇噸（六〇・九六〇法噸；）日本，八一・〇〇〇噸（八二・二九六法噸。）

第八條　飛機母艦之替換，須依第二章第三部之規定，但一九二一年十一月十二日以前所有或建造中之飛機母艦，得視為試驗的，並得照第七條所定之總噸位限制，不問艦齡如何，實行替換之。

第九條　飛機母艦之超過標準排水量二萬七千噸（二七・四三二法噸）者，各締約國不得取求建造或於其法治區域內代他締約國建造之；但所許可之飛機母艦總噸位如不超過，且止造兩艘以內，其每艦之噸位得增至三萬三千噸（三三·五二八法噸）又爲各締約國經濟計，得將已建造進行中之軍艦須依第二條之規定廢棄者兩艘，改充此項用途。凡超過標準排水量二萬七千噸（二七·四三二法噸）之飛機母艦，其武裝須依照第十條之限制，但除飛機射擊礮未超過五吋（一二七粍）不計外，如所載之礮有超過六吋（一五二粍）徑者，則載礮之總數不得超過八門。

第十條　各締約國之飛機母艦不得載有超過八吋（二〇三粍）徑之礮。除第九條規定及飛機射擊礮未超過五吋（一二七粍）徑以外，凡所載武裝含有超過六吋（一五二粍）徑之礮者，其礮之總數不得超過十門。如所載之礮未超過六吋（一五二粍）徑則其礮數不加限制。又如飛機射擊礮未超過五吋（一二七粍）徑，其礮數亦不加限制。

第十一條　除主力艦及飛機母艦外，凡軍艦有超過標準排水量一萬噸者，各締約國不得取求建造或於其法治區域內代他締約國建造之。其船舶之非視爲戰艦而建造者，或平時在政府管理下不供戰鬬用者，如用爲艦隊供役，或運送軍隊，或於戰艦以外之方法助成戰爭之執行，則不在本條限制之列。

第十二條　各締約國此後所建造之軍艦除主力艦外，不得載有超過八吋（二〇三粍）徑之礮。

第十三條　除第九條規定者外，凡本條約指定應行廢棄之船，不得改爲軍艦。

第十四條　商船平時不得安置武裝爲改充軍艦之預備，但爲搭載六吋（一五二粍）徑以下之礮起見得使甲板堅固者，不在此限。

第十五條　各締約國於其法治區域內替代非締約國所造之軍艦，不得超過本條約對於締約國所造或代締約國所造同樣軍艦所限之排水量或武裝；但代非締約國所造之飛機母艦絕對不准超過二萬七千噸（二七・四三二法噸）之標準排水量。

第十六條　如締約國有於其法治區域內代非締約國建造軍艦者，該締約國應即將契約簽字日期及艦骨架設日期通告其他各締約國；並須將關於第二章第三部第一節，(乙)，(4)及(5)各種詳情照會之。

第十七條　如締約一國從事戰爭時，該締約國不得將在其法治區域內代他國建造之軍艦，或已成而未交付之軍艦，作爲軍艦而使用之。

第十八條　各締約國承認不用贈與販賣或其他轉讓方法處分任何軍艦，致該艦成爲他國海軍之軍艦。

第十九條　美國，英國及日本承認自簽約時起，維持下列領土或屬地防備及海軍根據地之現狀：

(一)美國在太平洋上現有或將來取得之島領，但(甲)美國附近海岸，阿拉斯加巴拿馬運河地帶除阿綠天島(Aleutian Islands)，及(乙)檀香山(夏威夷)島不在內；

(二)香港及英國在太平洋上東經子午綫一百十度以東現有或將來取得之島領，但(甲)坎拿大附近海岸，(乙)澳大利亞及其領地，及(丙)新錫蘭不在內；

(三)下列日本在太平洋上之島領島屬：千島列島，小笠原羣島，奄美大島，琉球，台灣，澎湖列島及將來日本或在太平洋獲得之島領島屬。

上列維持現狀之規定，意在使特定之領土及屬地，不得再添設新防備或海軍根據地；不得因修繕或維持海軍力而設法增加現有海軍之便宜，並不得在上定之領土及屬地增加海岸防禦。但此項限制，並不妨礙平時海陸軍機關習見之舊軍器及舊軍械修繕及替換。

第二十條 第二章第四部所載算定排水量噸位之條規，須應用於各締約國之一切船舶。

第二章 關於實施本條約之條規—名詞之定義

第一部 締約國得保留之主力艦

依照第二條之規定，各締約國得保留本部特許之軍艦。

美國得保留之軍艦 馬瑞蘭 Maryland 三二·六〇〇噸；加里佛尼亞 California 三二·三〇〇噸；頓尼西 Tennessee, 三二·三〇〇噸；埃達歐 Idaho, 三二·〇〇〇噸；新墨西哥 New Mexico, 三二·〇〇〇噸；密斯失必三二·〇〇〇噸；阿利周哪 Arizona, 三一·四〇〇噸；本雪文義 Pennsylvania, 三一·四〇〇噸；歐拉後馬 Oklahoma, 二七·五〇〇噸；尼威塔 Nevada 二七·五〇〇噸；紐約二七·〇〇〇噸；塔吾沙 Texas, 二七·〇〇〇噸；阿幹薩 Arkansas, 二六·〇〇〇噸；外歐明 Wyoming, 二一·八二五噸；付老立塔 Florida, 二一·八二五噸；油塔 utah

二一•八二五噸，北大高塔，二〇•〇〇〇噸，達爾威，二〇•〇〇〇噸，一總噸位五〇〇•六五〇噸。

照第二條所定俟西維幾尼亞級兩艦造成，北大高塔及達爾威兩艦廢棄時，美國所保留之總噸位共五十二萬五千八百五十噸。

英國得保留之軍艦 皇權 Royal Sovereign 二五•七五〇噸，皇橡 Royal Oak，二五•七五〇噸，復讎 Revenge，二五•七五〇噸，決心 Resolution，二五•七五〇噸，臘米羲 Ramillies，二五•七五〇噸，馬來亞 Malaya，二七•五〇〇噸，勇毅 Valiant，二七•五〇〇噸，巴漢 Barham，二七•五〇〇噸，伊麗沙白 Queen Elizabeth，二七•五〇〇噸，厭戰 Warspite，二七•五〇〇噸，班豹 Benbow，二五•〇〇〇噸，印度皇帝 Emperor of India，二五•〇〇〇噸，鐵公 Iron Duke，二五•〇〇〇噸，麥泥鎮 Marlborough，二五•〇〇〇噸，胡德，四一•〇〇〇噸，振名 Renown，二六•五〇〇噸，逐北 Nepulse，二六•五〇〇噸，虎威 Tiger，二八•五〇〇噸，雷公，二二•五〇〇噸，喬治五世，二三•〇〇〇噸，阿捷克斯，二三•〇〇〇噸，百夫長，二三•〇〇〇噸，一總噸位，五八〇•四五〇噸。

照第二條所定，俟新建二艦完成，當以喬治五世，阿捷克斯，百夫長四艦廢棄時，英國所保留之總噸位爲五十五萬九千五百噸。

法國得保留之軍艦　布來堂 Bretagne，二三・五〇〇噸；勞倫 Lorraine，二三・五〇〇噸；鋪勞文 Provence，二三・五〇〇噸；巴黎二三・五〇〇噸；法蘭西，二三・五〇〇噸；麥巴 Jean Bart，二三・五〇〇噸；古爾卑 Courbet，二三・五〇〇噸；孔豆塞 Condorcet，一八・八九〇噸；笛德樓 Diderot，一八・八九〇噸；付爾泰 Voltaire，一八・八九〇噸；總噸位，一八二・八〇〇噸。

法國得照第三部第二節之規定，於一九二七，一九二九及一九三一年開工建造新艦。

意大利得保留之軍艦　安達道利亞 Andreo Doria，二二・七〇〇噸；開歐笛流 Caio Duillio，二二・七〇〇噸；孔笛卡務 Conte di Cavour，二二・五〇〇噸；吉流色沙利 Guilis Cesare，二二・五〇〇噸；流那達尚歲 Leonardo da Vinci，二二・五〇〇噸；但底阿體拜 Dante Alighiesi，一九・五〇〇噸；羅馬 Roma，一二・六〇〇噸；拿波里 Napoli，一二・六〇〇噸；威提料伊孟奈 Vittierio Emaunele，一二

·六〇〇噸；銳吉哪埃耶哪 Nigina Elena，一二·六〇〇噸——總噸位一八二·八〇〇噸。

意大利得照第三部第二節之規定，於一九二七一九二九及一九三一年開工建造新艦。

日本得保留之軍艦　陸奧，三三·八〇〇噸；長門，三三·八〇〇噸；比叡，三一·二六〇噸；伊勢，三一·二六〇噸；山城，三〇·六〇〇噸；扶桑，三〇·六〇〇噸；霧島，二七·五〇〇噸；榛名，二七·五〇〇噸；日向，二七·五〇〇噸；金剛，二七·五〇〇噸；——總噸位，三〇一·三二〇噸。

第二部　廢棄軍艦之條規

須照第二三兩條處分之軍艦，其廢棄應依左列條規行之。

一、應廢棄之艦，須使之達到不能再供戰鬪使用之狀態。

二、欲得上述之結果，應採取下列中任何方法：

(甲)軍艦之永遠毀沉；

(乙)軍艦之拆毀。　此種辦法須常包含破壞或卸除一切機關，汽鍋，裝甲，甲板，艦舷及艦底；

(丙)將軍艦改充目標艦專用。　在此種情形上，凡本部第三款之一切規定，除第六段使軍艦得用爲活動目標艦，並除第七段外皆須履行。　主力艦留供此項用途者，每締約國每次不得在一艘以上。

(丁)須於一九三一年或其後依照本約廢棄之主力艦，得由法國及意大利各留兩艘供砲兵或魚雷學校教練專用。　法國所保留之兩艘須爲姜巴級，意大利所保留者一爲但底阿禮冉一爲吉料色沙利級。　因保留之艦專供上述用途之故，法意兩國須將各艦之司令塔卸除並破壞之，並不得以該艦爲軍艦而使用之。

三、(甲)除第九條所含特例外，凡軍艦已屆廢棄時期，應卽執行第一步手續使該艦不能再供戰役。

(乙)凡軍艦已將下列各部分卸除上陸或在艦內破壞者，得視爲不能再供戰役：

(一)礮類及礮類之主要部分引火頂，及礮座旋台之廻轉部分；

(二)水動或電動之一切裝架機關；

(三)引火用具及射程測定器；

(四)砲彈炸藥及水雷；

(五)魚雷，實用頭部及魚雷發射管；

(六)無線電台；

(七)司令塔，艦舷裝甲或一切主要推進機；

(八)飛機起落台及其他一切飛行附屬品；

四、軍艦廢棄實行期如下：

(甲)凡第二條規定應行廢棄之軍艦，須於本約發生効力後六個月內，依照本部第三款將使軍艦不能再供戰役之工事辦竣，其最後之廢棄應於發生効力後十八個月內實行之。

(乙)凡第二條第二第三兩款及第三條規定應行廢棄之艦，須照本部第三款使軍艦不能再供戰役之工事至遲於代艦完成時開始，並於代艦完成六個月內辦竣。該艦須照本部第二款於代艦完成十八個月內爲最後之廢棄。倘新艦完成期有遲延者，其依照本部第三款使軍艦不能再供戰役之工事，須於新艦設骨四年內開始，並須於動工六個月內告峻；至舊艦依照第三款之最後廢棄，須於使軍艦不能再供戰役之工事開始後十八個月內實行之。

第三部 替換

主力艦及飛機母艦之替換，須依本部第一節之條規及第二節之表辦理之。

第一節 替換之條規

(甲)主力艦及飛機母艦自竣工日起算滿二十年者，除第八條及本部第二節有特別規定外，得以新造艦替換之，但須在第四第七兩條所定限度以內。新造艦之艦骨，除第八條及本部第二節有特別規定外，至早不得在舊艦竣工後十七年內架設，但主力艦，除第二條第三款及本部第二節特許之替換艦外，不得自一九二二年十一月十二日起十年以內動工。

(乙)各締約國須將左列事項立即通告其他締約國：

(一)將以新造艦替換之主力艦或飛機母艦艦名；

(二)替換艦建造命令發表日期；

(三)替換艦艦骨架設日期；

(四)將動工新艦之標準排水量噸位及法噸位，並主要容積，即水線上之長度，水線上或水線下之極度標準排水量上之平均拽力。

(五)新艦竣工日期及其竣工時之標準排水量噸位及法噸位並主要容積即水線上之長度水線上或水線下之極度標準排水量上之平均拽力。

(丙)倘主力艦或飛機母艦毀損或偶然破壞者應即時以新造艦替換之但須依照第四條及第七條所定噸位限度並須遵守本條約其他各種規定其普通之替換程序亦即視爲進行至該程度。

(丁)已保留之主力艦或飛機母艦不得改建但爲設計防禦飛行機及潛航艇之攻擊起見得照下列之規定締約國得爲該目的於現有軍艦上設備凸底或泡管或防飛機之甲板保護惟排水量之增加每艦不得超過三千噸（三・〇四八法噸）其艦舷裝甲礮徑主要武裝之數目及格式均不得變動但：

(一)法意兩國於所限之凸底內得增設裝甲之保護並增加現有之主力艦載砲之砲徑以十六吋(四〇六粍)爲限(二)英國得將振名艦已動工但臨時中止之改甲工程辦竣。

第二節　主力艦之替換及廢棄

美利堅合衆國

年度	動工艦	竣工艦	廢棄艦（括弧中為艦齡）	保留艦 前甲特艦	保留艦 後甲特艦
			麥因（二十），米燒里（二十），維幾尼亞（十七），諾布拉斯卡（十七），樓德島（十七），高幾亞（十七），紐傑色（十七），康奈提卡（十七），路西亞納（十七），威孟德（十六），坎薩斯（十六），米尼蘇塔（十六），新漢盤（十五），南高麗娜（十三），密西根（十三），華盛頓（〇），南大高塔（〇），印第亞納（〇），孟塔哪（〇），北高麗娜（〇），埃歐瓦（〇），馬薩諸涉（〇），來盛頓（〇），國憲（〇），星拱（〇），沙拉托剌（〇），蘭傑（〇），合衆國（〇）＊	十七	一
一九二二	……	甲，乙×	達爾波（十二），北大高塔（十二）……	十五	三
一九二三	……	……	……	十五	三
一九二四	……	……	……	十五	三
一九二五	……	……	……	十五	三
一九二六	……	……	……	十五	三
一九二七	……	……	……	十五	三
一九二八	……	……	……	十五	三
一九二九	……	……	……	十五	三
一九三〇	……	……	……	十五	三
一九三一	丙，丁	……	……	十五	三
一九三二	戊，己	……	……	十五	三
一九三三	庚	……	……	十五	三

一九三四	辛,壬	丙,丁	付老立塔(二三),油塔(二三),外歐明(二三)	十二	五
一九三五	癸	戊,己	阿幹薩(二三),塔哥西(二一),紐約(二一)	九	七
一九三六	子,丑	庚	尼威塔(二〇),歐拉後馬(二〇)	七	八
一九三七	寅	辛,壬	阿利周哪(二一),本雪文義(二一)	五	十
一九三八	卯,辰	癸	密斯失必(二一)	四	十一
一九三九	巳,午	子,丑	新墨西哥(二一),埃達歐(二〇)	二	十三
一九四〇	……	寅	顛尼西(二〇)	一	十四
一九四一	……	卯,辰	加里弗尼亞(二〇),馬瑞蘭(二〇)	〇	十五
一九四二	……	巳,午	西維幾尼亞級兩艘	〇	十五

※美國得照第二部第三款(乙)保留奥銳根 Oregon 意利諾 Illinois 兩艦供非戰鬬之用。

× 西維幾尼亞級艦兩艘。

註—甲,乙,子,丑等字代表在特定年度動工及竣工之標準排水量三萬五千噸主力艦。

英帝國

年度	動工艦	竣工艦	廢棄艦（括弧內為艦齡）	保留艦 前甲特艦	保留艦 後甲特艦
			民治國（十六），阿鈴姆囊（十三），无畏（十五），白朗東風（十二），聖萬山（十二），剽毅（十三），莊嚴（十二），海神（十），武神（十），無敵（十三），特莫萊（十二），新西蘭（九），獅子（九），皇公主（九），克敵（九），皇帝（九），澳大利亞（八），阿金嵜特（七），蕤林（七），建造中或設計中者四艘※	二一	一
一九二二	甲，乙×	……	……	二一	一
一九二三—四	……	……	……	二一	一
一九二五	……	甲，乙	喬治五世（十三），阿捷克斯（十二），百夫長（十二），雷公（十三）	十七	三
一九二六—三〇	……	……	……	十七	三
一九三一	丙，丁	……	……	十七	三
一九三二	戊，己	……	……	十七	三
一九三三	庚	……	……	十七	三
一九三四	辛，壬	丙，丁	鐵公（二十），灰尼鎮（二十），印度皇帝（二十），班豹（二〇）……	十三	五
一九三五	癸	戊，己	虎威（二一），伊麗沙白（二十），厭戰（二十），巴漢（二十）……	九	七
一九三六	子，丑	庚	馬雷亞（二十），皇權（二十）……	七	八

年度	動工艦	竣工艦	廢棄艦（括弧內爲艦齡）	保留艦 前甲特蘭	保留艦 後甲特蘭
一九三七	寅	辛，壬	復讎（二一），決心（二一）	五	十
一九三八	卯，辰	癸	皇樂（二二）	四	十一
一九三九	巳，午	子，丑	勇毅（二三），逐北（二三）	二	十三
一九四〇	……	寅	振名（二四）	一	十四
一九四一	……	卯，辰	驪米義（二四），胡德（二一）	〇	十五
一九四二		巳，午	甲（十七），乙（十七）	〇	十五

※英國得照第二部第三款（乙），保留考勞沙 Collosus 及考林武 Collinwood 兩艦，供非戰鬭之用。

× 標準排水量三萬五千噸之艦。

註—甲，乙，子，丑等字代表在特定年度動工及竣工之標準排水量三萬五千噸主力艦。

法蘭西

年度	動工艦	竣工艦	廢棄艦（括弧內爲艦齡）	保留艦 前甲特蘭	保留艦 後甲特蘭

年度	動工艦	竣工艦	廢棄艦（括弧內爲艦齡）	保留艦	
				前甲特種	後甲特種
一九二二—六	三萬五千噸			六	○
一九二七	三萬五千噸			六	○
一九二八				六	○
一九二九	三萬五千噸			六	○
一九三〇		三萬五千噸	姜巴(十七)，枯爾卑(十七)	五	(※)
一九三一	三萬五千噸			五	(※)
一九三二	三萬五千噸	三萬五千噸	法蘭西(十八)	四	(※)
一九三三	三萬五千噸			四	(※)
一九三四		三萬五千噸	巴黎(二十)，布來堂(二十)	二	(※)
一九三五		三萬五千噸	濮勞文(二十)	一	(※)
一九三六		三萬五千噸	勞倫(二十)	○	(※)
一九三七—四二				○	(※)

※ 在噸位限度內，艘數未定。

註—法國保留主力艦噸位分配之權，但絕對遵守每艦排水量不得超過三萬五千噸，及總噸位須在本約限度範圍內之一切制限。

意大利

年度	動工艦	竣工艦	廢棄艦（括弧內爲艦齡）	保留艦	
				前甲特種	後甲特種

年度	動工艦	竣工艦	廢棄艦(括弧内爲艦齡)	保留艦 前甲特艦	後甲特艦
一九二二—六	……	……	……	六	○
一九二七	三萬五千噸	……	……	六	○
一九二八	……	……	……	六	○
一九二九	三萬五千噸	……	……	六	○
一九三〇	……	……	……	六	○
一九三一	三萬五千噸	三萬五千噸	但丁阿禮再(十九)	五	(＊)
一九三二	四萬五千噸	……	……	五	(＊)
一九三三	二萬五千噸	三萬五千噸	流哪達萬歲(十九)	四	(＊)
一九三四	……	……	……	四	(＊)
一九三五	……	三萬五千噸	吉流色沙利(二一)	三	(＊)
一九三六	……	四萬五千噸	孔笛卡霧(二一)，弗歐笛流(二一)	一	(＊)
一九三七	……	二萬五千噸	安達道利亞(二一)	○	(＊)

＊在噸位限度內，艘數未定。

註—意大利保留主力艦噸位分配之權，但絕對遵守每艦排水量不得超過三萬五千噸，及總噸位須在本約限度範圍內之一切制限。

日本

年度	動工艦	竣工艦	廢棄艦(括弧内爲艦齡)	保留艦 前甲特艦	後甲特艦

			肥前（二十），三笠（二十），鹿島（十六），香取（十六），薩摩（十二），安藝（十二），攝津（十），生駒（十四），伊吹（十二），鞍馬（十二），天城（〇），赤城（〇），加賀（〇），土佐（〇），高雄（〇），愛岩（〇），設計中八艦尚未動工。※	八	二
一九二二—三〇	……	……	……	八	二
一九三一	甲	……	……	八	二
一九三二	乙	……	……	八	二
一九三三	丙	……	……	八	二
一九三四	丁	甲	金剛（二一）……	七	三
一九三五	戊	乙	比叡（二十），榛名（二十）……	五	四
一九三六	己	丙	霧島（二一）……	四	五
一九三七	庚	丁	扶桑（二三）……	三	六
一九三八	辛	戊	山城（二一）……	二	七
一九三九	壬	己	伊勢（二三）……	一	八
一九四〇	……	庚	日向（二三）……	〇	九
一九四一	……	辛	長門（二一）……	〇	九
一九四二	……	壬	陸奥（二一）……	〇	九

※日本得照第二部第三款(乙),保留敷島,朝日兩艦,供非戰鬭之用。

註—甲,乙,丙,丁等字代表在特定年度動工及竣工之標準排水量三萬五千噸主力艦。

適用於第二節各表之註釋

上列各艦廢棄之次序以艦齡爲準繩。但了解如依照上表開始替換時,各締約國得將廢棄之次序任意變更之;惟該締約國每年須廢棄上述之艦數。

第四部　定義

爲本條約便利計,下列各種標語,應照本部所下定義了解之。

主力艦

主力艦—指此後建造者言—係軍艦一種,與飛機母艦有別,其標準排水量在一萬噸(一〇・一六〇法噸)以上,載砲口徑在八吋(二〇三粍)以上。

飛機母艦

飛機母艦係標準排水量超過一萬噸(一〇・一六〇法噸)之軍艦,專以載運飛機爲目的而建製者。其建造須使飛機能起航能落下,並不得使所載武裝能超過第九條或第十條所設之限度。

標準排水量

船艦之標準排水量指工事完成，艤裝完全，機關完備，航海用具齊備後之排水量而言，包括一切武裝，彈藥，器械，輜重，軍糈，飲水，及擬於戰時搭載之各種倉積及用器，但燃料及艦上保留之罐水不在內。

本條約之『噸』字，除法噸外，應了解係指二千二百四十磅（一•〇一六公）而言。現下已成之艦，得照各該國衡量制度，保持其原來排水量噸位計算之方法。但用法噸表示排水量之國家，於實施本條約時，應視爲具有二二四〇磅爲一噸之同等排水量。

此後竣工之艦，須依本款所定標準，計算其排水量。

第三章　雜則

第二十一條　在本條約期中，如任何締約國自認情形之更易，實際上影響其國家安全所需要之海軍防禦者，各締約國得因該締約國之請求，開會重議本約諸款，並以協議修正之。

因工藝及科學進步之故，美國應於本約實行後八年，從速商准其他締約國，召集締約國全體會議，以便討論本條約有無因此進步須加變更之處。

第二十二條　無論何時，倘任何締約國從事戰爭，而自認戰事足以影響其國家安全之海軍防禦者，該締約國得於戰鬬期中，因已通告其他締約國之故，停止本約第十三條及第十七條以外各條之義務，但該締約國須將所遇危急不得不停止義務之勢，通告其他締約國。

其餘締約國此際應會商彼此有無臨時變更本條約之處。如會商結果未產出適合各自憲法手續之協定，締約國之一國，得於通告其他締約國後，停止戰鬬期中對於本約第十三條及第十七條以外各條之義務。

戰鬬終止後，各締約國應會議有無變更本約各條款之處。

第二十三條　本條約効力，繼續至一九三六年十二月三十一日，倘各締約國未於該日二年前通告有廢止本條約之意思時，本條約仍繼續有効，至締約國中一國發出廢止通告二年後為止，彼時即視為全體廢止。廢止之通告須以書面向美國政府行之，美國政府應即將通告書之謄本轉致各締約國，並通知其收受日期，該通告書卽於該日發生效力。如廢止之通告係由美國發出者，此項通告應交付其他各締約國駐在華盛頓之代表，該通告書自交付各該代表之日起發生效力。廢止通告書發出後一年內，全體締約國應開一會議。

第二十四條　本條約須依締約國各自憲法手續批准之，自全部批准書彙存華盛頓之日起發生效力。美國政府須將批准書彙存記錄之認證謄本，分送其他各締約國。本條約以英法文爲根據，其原本應卽保存於美政府之檔庫，美政府須將其認證謄本分送其他各締約國。

各全體代表以誠意簽字於本條約。

一千九百二十二年二月一日作於華盛頓。

第二節　限制主力艦問題

一、美國限制主力艦的原案

美國依據許士四大原則所提的海軍限制案，共三十條，其中關於限制主力艦的全文如左：

主力艦

美利堅合衆國

第一條　美國應廢棄建造中及行將竣工之新艦。　此中包含巡洋戰艦六艘，將從事建造之戰艦七艘，及已進水之戰艦二艘。（註—本條規定裁減建造中之新主力艦十五艘，共六十一萬八千噸，經費已消耗者共三萬萬三千二百萬元。）

第二條　美國應廢棄至期之舊戰艦，但達爾威，北大高塔不在內。（註—應照本條廢棄之舊艦共十五艘，計二十二萬七千七百四十六噸。　如是美國應廢棄之主力艦共三十艘，計八十四萬五千七百四十噸。）

英帝國

第三條　英國應停止四艘新胡德艦之建造。（註—本條規定裁減已投資而未動工之新主力艦四艘，竣工時共十七萬二千噸。）

第四條　英國除停止建造四新胡德艦外，尙須廢棄前无畏艦第二線戰艦及至期之第一線戰艦，但喬治五世級艦不在內。（註—本條包括計畫廢棄之主力艦十九艘，除已廢棄者不計外，共四十一萬一千三百七十五噸，英國須依本協定廢棄之甲艦共五十八萬三千三百七十五噸。）

日本

第五條　日本應取銷尙未着手之軍艦計畫，如紀伊，尾張，第七，第八各戰艦，及第五，六，七，八各巡洋戰艦是。（註一本條不包括已動工之各戰艦。）

第六條　日本應廢棄已進水之陸奥建造進行中之土佐，加賀二戰艦，並建造進行中之天城，赤城，及材料已備尙未動工之愛宕，高雄四巡洋戰艦。（註一本條規定裁減建造中之新主力艦七艘，竣工時共二十八萬八千一百噸。）

第七條　日本應廢棄前先畏艦，及第二線主力艦。除攝津外，其餘至期之戰艦均應廢棄之。（註一本條規定廢棄舊艦十艘，共十五萬九千八百二十八噸。總計應裁減之現有軍艦，已動工之新艦，及材料齊備之艦，共四十四萬八千九百二十八噸。）

法國及意大利

第八條　美國鑒於世界大戰影響，法意現有海軍力之特別情形，認爲此際尙非討論該兩國噸位限制之時期，故建議保留本件爲本會最後之討論。

一　其他之新建造

第九條　在本協定期中，除本協定所規定之替換噸位外，不得建造其他新主力艦。

第十條　本建議之條款經表決後，美英日三國應承認於協定成立後三個月內，將各自主力艦減至下開數目：

美國　馬瑞蘭，加里佛尼亞，頓尼西，埃達歐，密斯失必，新墨西哥，阿利周哪，本雪文義，歐拉後馬，尼威塔，塔哥沙，紐約，阿幹薩，外歐明，油塔，付老立塔，北大高塔及達爾威；——共戰艦十八艘，計五十萬零六百五十噸。

英國　皇權，皇橡，决心，臘米義，復讎，伊麗沙白，厭戰，勇毅，巴漢，馬雷亞，班豹，印度皇帝，鐵公，灰泥，鎮義，林喬治五世，百夫長，阿捷克斯，胡德，振名，逐北及虎威，——共戰艦二十二艘，計六十萬零四千四百五十噸。

日本　長門，比叡，伊勢，山城，扶桑，攝津，霧島，榛名，日向，金剛，——共戰艦十艘，計二十九萬九千七百噸。

新造及舊造艦之配置

第十一條　主力艦應照决議方法配置之。

替換

第十二條　（甲）主力艦替換之噸位基本如左。

美國　五十萬噸
英國　五十萬噸
日本　三十萬噸

(乙)主力艦自竣工時起滿二十年者得造新艦替換之，但新艦艦骨之架設不得於舊艦艦齡未滿十七歲前爲之。第一次替換艦不得於本協定簽字後十年內動工。

(丙)已用新艦替換之舊艦須於新艦竣工三個月內廢棄之，廢棄之手續須於新艦竣工後三個月內告竣；倘新艦竣工較遲者，則舊艦須於新艦艦骨架設後四年內廢棄之。

(丁)在本協定期中不得籌議建造三萬五千噸以上之替換艦。

(戊)凡算定主力艦之條規，須應用於參加本協定各國之一切軍用艦。

(己)參加本協定之各國承認立卽通告其他參加本協定諸國，以左列事項。

(子)將以新艦替換之主力艦艦名；

(丑)替換艦建造令發表日期；

(寅)替換艦艦骨架設日期；

(卯)將動工新艦之排水量；

(辰)新艦竣工之確期；

(巳)舊艦廢棄期及關於廢棄之事項。

(庚)在替換艦建造令發表以前，不得建造艤裝艦體，機關及戰砲。

(辛)倘主力艦受損害或遭意外之破壞，得依上述規則添造新艦替換之。

註一其餘十八條，參看第三節首段。

二、日本對於主力艦比率之爭執

美國的海軍案提出以後，英美報紙誇揚許士公正無私的頌屬不少！我們若止就粉飾太平的海軍限制上觀察，也不能不佩服許士計畫的面面俱到。假令他的計畫無討論一致通過，英美日也都有極大的利益，極大的方便。美國方面不消說可以減輕納稅人的負擔，買來維持和平的令名。英國一方面可以照舊維持海上女王的資格，不至二年後被美國奪去，一方面可以節省建造四大胡德艦的經費救濟國內經濟的困難。至於日本呢！假令忍着肚皮，將八八艦隊弄成，也得不着五對三的比率。況且日本海軍建造費原來依靠國庫賸餘金，今年賸餘金已經用完了，再繼續下去離破產相差不遠！　現在有這樣又省經費又得較高比率的機會，那能不暗暗的狂喜呢！

但是帝國主義的國家從來是抱定一種打獵的態度，華盛頓會議既被他們看作獵場，他們雖得梨花虎仍舊要尋找金錢豹呀！

英國對於主力艦噸位比率雖然特別滿意，但十年休假一層却不十分歡迎。　不過英國外交從來是深沉不露的；而且華盛頓會議裏邊他志在弄成英美日的新協約，更不好明言反對，給美國以不良的印象。所以第二次公開大會答覆美國提議時，巴爾福只說：『吾人贊成提案之精神及原理，吾人認爲由於政治家愛國心與堅忍力而生之軍備及戰備改革應以此爲根據。』　十年休假他只輕輕一提，並未表示眞正意見，結尾還力言要助成美國的計畫。　後來主力艦問題交到海軍專家小委員會，他卻緩緩的拿『免得工人失業，』『維持船廠及造船人材之經濟』種種理由和美國商議每一年或二年造艦一艘。　同時還令新聞紙發表言論，向美國社會上宣傳。　波拉氣憤不過，曾說：『英國的主張簡直是把十年休假變成不休假；』又說：『巴爾福應當想想，十年休假期滿，世界或不令造軍艦的船廠重新開業。』　那知巴爾福心裏只因爲戰後疲敝纔贊成美國的計畫，十年後或者還要打仗呢！

日本所爭執的是主力艦噸位比率問題。加藤在第二次公開大會上說：『國於大地必擁有維護國家安全之軍備此世人所熟知者。因此等需要之故各艦噸位之替換根據似宜少加變更。』隔了兩日，加藤又發表陳述書，謂『因地理上之關係，日本以爲其他有關係各國應承認日本一般噸位於百分六十以上再增加少許，方稱公允。至純屬於防禦性質之軍艦，日本希望與各大海軍國噸位相去不遠。』他這些表示，都是後來要求十十七比例的張本。但日本爲免除美國輿論攻擊起見，也學英國含而不露的態度慢慢進行。一方面授意國內新聞紙作論攻擊許士的比率，一面令在美國的宣傳員向美國國民開始運動。而東京同情軍閥的人們，還於十一月二十七日在芝公園開國民大會向美國示威。在海軍專家小委員會的日本委員加藤寬治——日本海軍大學校長——因此遂和美國委員開始辯論。第一步拿『國家安全』作理由，不久便被美國『日本止需一洋艦隊，美國須有兩洋艦隊』和『原案以現有海軍力爲標準』種種說法駁倒了。第二步又說美國計算方法的不確，特用六種計算方法證明英國海軍力爲一四七，美國一百，日本七十。日本這六種計算將二十年以上不堪用的舊艦都包括在內，未完全竣工的却不算數。美國專門委員說二十年以上的戰艦已經沒有戰鬬能力不能算入，又說未完全告成之艦如不算入，則美國所費三萬萬元付諸流水。但日本仍嘵嘵不休，美國索興用三種方法證明日本不但不當要求七十分的比率，即六十分的比率也很便宜。照美國第一種算法日本止得四十五分，照第二種得五十五分，照第三種得四十九分。其實日本心裏何嘗不了解這些事情，大阪每日新聞說得最有良心，『一九二四年美國三年計畫—第一次計畫—完成時，美日海軍力爲一百與四十六之比。以八年下之戰艦及巡洋戰艦言，美國二十五艘，日本九艘，止得一百與三十三之比。美國如無此次之建議，日本海軍力絕難得六十分之比率。』日本所以這樣作的，不過是一種交換中國及其他問題的手段，並不是眞正目的。巴黎和會日本以承認國際聯盟撤回人種案交換山東問題；日本這次的手段和人種案一般無二！

日本委員在海軍專家小委員會裏爭論雖不得要領，但延岩時間至半月之久，也算一種成功。十一月三十日加藤正式向大會要求十，十，七的比率，惹得歐美輿論極猛烈的批評。後經三頭會議多次，日本纔露出廬山眞面，提出左列的交換條件：

一、承認日本原來在中國的利益，遠東問題予日本以滿意的解決；

二、太平洋諸島防備維持現狀，不再增加；

三、保留新近竣工的陸奧戰艦。

美國對於第一種條件因爲已得着門戶開放的保障，耶浦及移民問題的滿意解決，自然不惜犧牲中國四萬萬人民生死利益予以承認！第二條件，美國因爲檀香山菲律濱，瓜囊的防備都不充實要求將該三處除外；英國也不承認坎拿大新錫蘭澳大利亞，新嘉坡各地中止增加防備。但日本一味說菲律濱和瓜囊再行增防，實在危及日本的安全。爭論結果，美國止保留檀香山諸島，菲瓜兩島完全讓步。菲律濱距日本六百哩，瓜囊距日本一千四百哩，一旦有事，日本不待美國軍艦駛至該處已實行占領矣！新嘉坡防備日本也特別爭執，直到本年一月間才表示讓步，英美可以利用的海軍根據地，在遠東方面，止剩這一點了！（北巖伯爵在北京演說曾主張將來有事英美公用該地）日本本土的防備，當時尙商議妥當不在限制之列；後來起草海軍條約第十九條的時節，日本竟要求將距日本五百二十哩的小笠原羣島算作日本本土。日本這種可笑的要求雖未成功，但延宕多日，竟令海軍部極力在該島增防直至增防手續辦完才告讓步。日本鈎心鬬角眞是無處不設法占便宜了！第三條件，不啻要求十十，十七的比率，許士因爲日本藉口美國保留新竣工的馬瑞蘭，雖力言陸奥在開會那天還未完全竣工，却不得不設法通融。於是一面使日本達到保留陸奥的目的，一面免英國再反對十年休假，而提出下列變通辦法：

一、日本保留陸奥，廢棄美國提議保留之攝津；

二、英國除應廢棄之十九艘外再增棄喬治五世級艦四艘，以新造三萬五千噸艦兩艘補充之；

三、美國將西維幾尾亞級艦兩艘繼續造成，然後廢棄原議保留之北大高塔及達爾威二艦。

三、五强主力艦比率之决定

日本對於美國的新案，心裏是非常滿意，因爲陸奥是世界上最大的超無畏艦，載十六吋徑砲八門，每小時可行二十三海里半（較馬瑞蘭快兩海里），既得保留，將來可以和他姊妹艦長門稱雄東亞了！但遠東問題尙在進行中，許士雖答應帮忙，臨時或發生變化；加上太平洋防備問題尙未十分確定，所以加藤仍舊取延宕主義，不肯早日承認。許士方面，急盼主力艦比率問題早得解决，藉博輿論的同情，他的心理和加藤適成一反比。恰巧中國代表正爲二十一條問題躊躇不敢提出，乃授意中國代表於勢力範圍問題下提出大會。果然二十一條提出之當日旁晚三頭會議四小時，許士竟用二十一條爲代價買得加藤對於五五三比率的同意矣。十二月十五日—二十一條提出的翌日—主力艦問題的解決辦法由大會公佈和美國原案相比，有左的差別：

一、原案規定日本主力艦噸位爲二九九七〇〇噸，應廢棄者爲四四八，九二三噸；新決議規定日本主力艦噸位爲三一三，三〇〇噸，應廢棄者爲四三五，三二八噸。

二、原案規定美國主力艦噸位爲五〇〇，六五〇噸，應廢棄者新舊艦各十五艘，共八四五，七四〇噸；新決議規定美國主力艦噸位爲五二五，八五〇噸，應廢棄者新艦十三艘，舊艦十七艘，共八二〇，五四〇噸。

三、原案規定英國主力艦噸位爲六〇四，四五〇噸，應廢棄者十九艘，計共五八三，三七五噸；新決議規定英國主力艦噸位爲五八二，〇五〇噸，（英國噸位比美國多出五萬餘噸，是因爲英艦皇權及伊麗沙白等艦齡太老的緣故）應廢棄者六〇五，九七五噸。

四、原案替換噸位，英美各五十萬，日本三十萬，新決議，英美各增二萬五千噸，日本增加一萬五千噸。

五、原案十年內絕對休假，新決議許英國於三年內建造新艦兩艘。

美英日三國主力艦比率問題解決的當天，法國代表正式向大會要求：（一）法國主力艦替換噸位應定爲三十五萬噸；（二）自一九二五年起法國得自由建造新主力艦十艘每艘三萬五千噸（後甲特蘭）。法國所持的理由是：

一、法國爲防備德國復仇，並維持領土及殖民地安全起見，需要較大的艦隊；

二、法國戰前有四艦隊，戰後止餘兩艦隊，其軍力以新法估量甚屬薄弱；

三、法國於一九一二年議定添造新艦，若未爲戰爭阻止，則一九二一年十一月法國可有主力艦五十四萬噸。　法國此次提議係實行戰前原定計畫。

法國要求所激起的反響，第一個便是外交政策常相衝突的英國。英國向來不願意歐洲大陸爲一强所獨覇，更不願地中海兩國的海軍力超過本國一國的海軍力。法國的計畫如果實行，則十年海軍休假滿期，法國可有超無畏艦十艘，意大利若堅持和法國平均主義，也可有十艘。　彼時法國不但要獨霸歐陸，愈將拿武力壓迫德國，而且法意兩國在地中海的軍力也勝過英國百分之四十，英國只有超無畏艦三艘。所以英國代表一面在海軍委員會裏抗爭，一面令宣傳員李迭爾發表法國的要求使英美輿論攻擊法國。倫敦每日新聞(London Daily News)當時曾說：『法國關於海陸軍之要求，不過欲以武力主宰歐洲政治之一種昏瞶政策耳，』這可見英國人的心理了！法國爲免除輿論反對計，本要求各國代表嚴守秘密。英國代表使李迭爾洩露秘密以後，法國氣憤不過，曾向李氏抗議，但事已敗了，而且還被李氏搶白了一頓！許士從來是祈禱大會風平浪靜的，法國的開花砲自然使許士認爲妨害自身的計畫。十二月十六日海軍問題總委員會辯論法國主力艦問題歷三小時之久，許士曾提出調和辦法，許給法意兩國各十七萬五千噸。許士的意見大致如下：

一、美日英三國海軍力各減百分之四十，法國現有無畏艦七艘共十六萬四千噸，如減去百分之四十，止得十萬零二千噸。今許給法國十七萬五千噸，非特未加削減，且照原有者增出一萬一千噸。

二、如各國繼續擴充海軍，則英美兩國不久便可有百萬噸之海軍，與法國相較得六與一之比，法國所謂希望較大之海軍，實難如願。

三、法國之要求如付諸實行須四萬萬元，以法國財政現狀觀察殊不經濟，不料許士的調和辦法，被沙樂拒絕了；許士不得已乃逕電白里安請其接受大會的建議。白里安彼時正在倫敦和喬治會商歐事，經美國大使哈威 Harvey 交涉的結果，覆電如左：

『……關於主力艦—卽攻擊用艦—之噸位，用款最鉅，余已以閣下所希冀之意思訓令本國代表矣。……至防禦的軍艦（輕巡洋艦，魚雷艇及潛航艇）則法國政府如欲免於國會投票之否認，殊難容認與主力艦相類之裁減，因吾人承認主力艦之裁減係基於此等正式保留，君固知之也……』

於是大家始知法國的要求不過是達到補助戰艦目的一種手段，法國自己也知道財力是辦不到的。十二月二十日，五强主力艦比率完全決定爲五，五，三，一·七五，一·七五。法意兩國且得着自一九二七年起動工造艦的許可，十年休假的計畫差不多完全破壞了！

第三節　限制補助戰艦問題

一、美國關於補助戰艦的提議—海軍案的一部

補助戰艦

第十三條　補助戰艦可分爲(一)水上補助戰艦，(二)潛航艇，及(三)飛機母艦與飛機三類。

(一)　水上補助戰艦

第十四條　水上補助戰艦包含巡洋艦(巡洋戰艦在外)領袖艦，驅逐艦及其他水上各種軍用艦之未經下條豁免者。

第十五條　現有之砲艦，及下條所述水上補助艦之在三千噸以下者，並燃料船，材料船，食料船，修理船，拖船，掃魚雷艇，及可與商船互用之船舶均不在本協定限制之列。

第十六條　新補助艦之超過排水量三千噸，速率十五海里，載礮在四五吋以上者，不得在本協定關於海軍限制之外自由建造。

第十七條　巡洋艦，領袖艦及驅逐艦之總噸位，應限制如左：

美國　四十五萬噸
英國　四十五萬噸
日本　二十七萬噸

參加本協定各國之水上補助戰艦，在一九二一年十一月十一日計算有超過所限噸位者，應將所超過之噸位在替換開始前廢棄之，庶彼時補助戰艦之總噸位適合上列限度。

新建造之限制

第十八條 (甲)凡補助戰艦已於一九二一年十一月十一日以前架設艦骨者，得繼續造成之。

(乙)除所規定之替換艦外，不得在本協定期中建造水上補助戰艦；但未達到所限補助戰艦噸位之國家，得建造至限度爲止。

舊建造之廢棄

第十九條 水上補助戰艦須依議定之方法廢棄之。

(二) 潛航艇

第二十條 各國潛航艇總噸位應限制如左：

美國 九萬噸

英國 九萬噸

日本　五萬四千噸

但參加本協定各國之潛航艇噸位，在一九二一年十一月十一日計算，有超過所限噸位者，應於替換開始前將所超過之噸位廢棄之，庶彼時各國潛航艇總噸位得減至上列之限度，

新建造之限制

第二十一條　(甲)凡潛航艇已於一九二一年十一月十一日以前架設艇骨者，得繼續造成之。

(乙)除所規定之替換艇外，不得在本協定期中建造潛航艇；但未達到所限潛航艇噸位之國家，得建造至限度爲止。

舊建造之廢棄

第二十二條　潛航艇須依議定之方法廢棄之。

(三)　飛機母艦與飛機

第二十三條　飛機母艦之總噸位應限制如左：

美國　八萬噸

英國 八萬噸

日本 四萬八千噸

但參加本協定各國之飛機母艦噸位在一九二一年十一月十一日計算，有超過所限噸位者，其超過之數應於替換開始前廢棄之，庶彼時各國飛機母艦總噸位得以減至上述之限度。

新建造之限制

第二十四條 (甲)凡飛機母艦已於一九二一年十一月十一日以前架設艦骨者，得繼續造成之。

(乙)除所規定之替換艦外，不得在本協定期中建造飛機母艦；但未達到所限飛機母艦噸位之國家得建造至限度爲止。

舊建造之廢棄

第二十五條 飛機母艦須依議定之方法廢棄之。

補助戰艦之替換

第二十六條 (甲)巡洋艦自竣工時起算滿十七年者，得建新艦替換之。

之架設，不得於所欲替換之艦未滿十五年以前實行。

（乙）驅逐艦及領袖艦自竣工時起算滿十二年者，得建新艦替換之。新艦艦骨之架設不得於所欲替換之艦未滿十一年以前實行。

（丙）潛航艇自竣工時起算滿十二年者，得建新艇替換之；但新艇艇骨之架設不得於所欲替換之艇未滿十一年以前實行。

（丁）飛機母艦自竣工時起算滿二十年者，得建新艦替換之，但新艦艦骨之架設不得於所欲替換之艦未滿十七年以前實行。

（戊）凡軍艦之載有八吋徑以上之礮者，不得藉口替換補助戰艦而造之。

（己）凡算定補助艦噸位之條規，應適用於參加本協定諸國之一切軍艦。

（庚）參加本協定各國承認立卽通告其他參加本協定諸國以左之事項：

（子）將以新艦替換之軍艦艦名及艦數：

（丑）替換艦建造令發表日期；

（寅）替換艦艦骨架設日期；

（卯）將開工新艦之排水量；

(辰)新艦竣工之確期;

(巳)舊艦廢棄日期及關於廢棄之事項,

(辛)在替換艦建造令發表以前,不得建造艤裝,艦體機關及戰礮。

(壬)倘此類軍艦受損害或遭意外之破壞者,得依照上述條規添造新艦補充之。

水上飛機

第二十七條　水上飛機不設限制　(註一水上飛機可供商業專用,故水上飛機之限制似不易實行。

註一美國所提三十條海軍案的首段,見第二節。　所餘三條:第二十八條爲『參加本協定各國須自行約束,不得使任何類軍艦變爲他國海軍之軍艦,並不得自他國取求戰艦』。　第二十九條爲『在本協定期中,參加本協定各國不得爲他國建造主力艦或補助艦』。　第三十條爲『因商船之重要與海軍軍備適成反比之故,應訂定章程使不得變爲戰爭目的之樣式』。

二、英法關於潛航艇之爭議

潛航艇在大戰期中給德國作了許多有力的事業,大戰以後,各國軍事家都以爲將來的戰爭潛航艇必占極重要的地位，所以都秘密建造秘密演習！據美國第二次統計：美國現有潛航艇九萬五千噸，英國八萬二千四百六十四噸，日本三萬一千四百五十二噸，法國三萬一千三百九十一噸，意大利二萬一千噸，——這樣大規模的潛航艇眞使發明人萬詩 Leonardo da Vinci 含笑九泉啊！ 但五强裏邊，英國雖擁有次多數的潛航艇，英國却不願照美國九萬，九萬，五萬四千的比率保留着。 這皆因英國仰仗海外食料和原料的供給甚多，大戰期中英國商船被德國潛艇炸毀不少，損失商品約七百萬噸，當時感受極大的苦痛。 若將來再大用潛航艇，英國戰時的食糧問題和工業問題都沒法解決。 所以第二次公開大會，巴爾福曾說：

「潛航艇之使用，易爲世人非議，尤以戰時爲甚。 但潛航艇之正當使用足爲弱國自衛之利器，吾人非不知也。潛航艇全廢之不可能或即可能而亦有所不欲，吾人亦非昧昧也。 不過建議案所許可之噸位超過各國現有噸位以上，鄙見以爲似應再多加限制，並禁止非弱國防禦所用大型潛艇之建造耳。」

英國心中的政策只要將許士建議的噸位再加削減，另外再禁止建造大型潛航艇；全廢一層，他自己也明知是作不到的。 但白里安拿增加補助戰艦作條件，接受一·

七五主力艦比率以後，英國恐怕法國往潛艇上用勁，於自己的主張不利。因此十二月二十二日限制軍備問題總委員會和限制海軍小委員會聯席會議席上，英國海軍大臣李義進一步主張將潛艇全行廢除。他以爲他這種極端的主張和法國將來的極端主張接觸之後，美國爲維持會務起見當然出來調停其結果不但打擊法國而且達到減噸的希望。所以極力拿左之理由，實行這種『講虛價』的政策：

一、據英國海軍統計：美國現有潛艇八三〇〇〇噸，英國八〇五〇〇噸，日本三二二〇〇噸，法國二八三六〇噸，意大利一八二五〇噸。美國提案所定替換噸位超過現有噸位以上，似與限制軍備之本旨不合。

二、大戰期中德國以三百七十五艘潛航艇——計二十七萬噸——攻擊各國軍艦，除戰事初起時有舊艦數艘被擊沉者外，並未傷及各國軍艦或妨礙其自由行動，反之，德國潛艇毀沉者不下二百零三艘，又戰時英國輸送一千五百士卒通過英法海峽，美國輸送二百萬士卒通過大西洋，潛航艇並未傷害一兵一卒之生命；故潛航艇爲有効之攻擊器或防禦器一說全不成立。

三、英國戰時經驗結果，潛航艇斷不能維持本國與殖民地之交通，及保守本口港岸，更不能防禦其他潛航艇。

四、潛航艇唯一能力惟在攻擊商船；大戰中德國潛航艇擊沉商船及商品共一千二百萬噸，除商品外值十一萬萬元，又溺殺非戰鬭員婦女兒童共約二萬人，其殘暴已臻絕頂。

五、英國需要海外食料之供給占全數五分之三，潛航艇之繼續存在實爲英國食料運輸之累。

六、與會五强如能誠意廢除潛航艇，未與會各國亦可設法使之廢除。

七、潛航艇雖爲價廉之武器，但華盛頓會議之目的不在使戰爭之價格低廉。

不消說法國對於英國的提議當然是極力反對，所以李義演說以後，沙樂立時起來說：『法國代表團深信潛航艇爲防禦之利器，尤以主力艦較少之國家爲然。……潛艇之使用不難使之合理，……故法國代表團主張爲有限制之使用。……至大型潛航艇可用爲防衛海外殖民地及屬地，並維持本國與殖民地及海外屬地間之交通焉。』

日本埴原也說：『自防禦之見地觀察，潛艇之合法的使用，既屬正當且更必要。』

意大利徐昂齋也說：『意國海軍專家與英國意見不同，該專家認爲潛航艇爲防禦意大利海岸不可少之武器。」至於許士呢！當場念了美國顧問部關於潛航艇的一篇長報告，也認爲防禦上仍可保留潛航艇。除了美國全國限制軍備討論會同情英國全廢的主張外，在會裏英國實在是孤立無援了！

英國提議廢除潛航艇的翌日，——十二月二十三日——法國正式向大會要求九萬噸的潛航艇。法國這種分外要求，在白里安回答許士的電報裏已經安置下張本了，他國代表事前早已料到，所以並不覺得突然。法國的理由據德彭大將說是：

一、大戰期中法國戰艦爲德國潛航艇擊毀者三艘，巡洋艦被炸者五艘，合其他被炸之軍艦共損失十三萬噸，英意兩國亦有可驚之損失，故潛航艇實係有効之防禦器。

二、潛航艇可用以防禦海岸抵禦戰艦，大戰已賜吾人以極顯著之證據，故不能不認爲海軍中之完整部分。

三、大戰時德國所搆成之脅迫，非造因於攻擊商船，乃造因於未尊重中立國及載有非戰鬬員之船舶。攻擊商船之行動，可加以限制，使之合法。

四、潛航艇價格最廉，用途最廣，海軍較小之國家用之，尤屬相宜。

五、美國原案將英美潛航艇替換噸位標準定爲九萬，係法國所希望之最小限度，故法國潛航艇應定爲九萬噸不能再減。

單人獨騎的英國雖身陷重圍，但仍由雄辯滔滔的巴爾福出來堅持反對。巴爾福一面用英艦能擊沉德國潛航艇而德國潛航艇不能防禦英艦的事實來證明潛航艇不是有効的防禦器；一面指摘潛航艇破壞商業，對於不能自給的國家所生的危險。最後巴爾福還說廢除潛航艇不但是英國的利益而且也是意法兩國的利益，因爲大戰中意大利食料原料很賴協約各國的供給，法國因爲潛艇的攻擊也賴英國幫忙不少。意大利代表徐昂齋雖然對於英國戰時的幫助表示感謝，但仍主張用潛航艇防禦地中海岸。他曾說英國代表所述的危險，更使意大利有保持潛艇保護海岸的必要。當日的辯論至數小時，美日兩國雖都不贊成廢除的主張而同情防禦的論調，但却守沉默的態度不發議論！

三、美國潛艇調停案之失敗

英法兩國對於潛航艇意見的衝突，使限制軍備問題的進行受了極大的影響；同時日本還利用時機封鎖了山東案，遠東問題也於是停頓。許士恐怕爭辯愈多，前途愈惡，大會或發生意外，故於十二月二十四日午前大小海軍委員會第四次聯席會議，提出左之調停案：

美國　六萬噸（原有九萬五千噸，廢棄三萬五千噸）；

英國　六萬噸（原有八萬二千四百六十四噸，廢棄二萬二千四百六十四噸）；

日本　三萬一千五百噸（維持原狀）；

法國　三萬一千五百噸（維持原狀）；

意大利　二萬一千噸（維持原狀）。

許士提出調停案的當時曾贊揚英國代表的主張「足以引起文明世界全部之回聲，」但因爲到會國家太少，力言不能祇由五國實行。英國的提議遂因左列的記錄，完全歸結了：

「美國代表團謹正式記錄其意見曰潛航艇之使用僅具少許之防禦價值，實足引起違反戰規誣蔑人道之行動，本代表團深望各國以聯合的行動禁止其維持，建造或使用。」

日本代表鑒於法國態度的堅決藉口本國地理上的關係要求維持五五三的比率，照原案許可日本建造五萬四千噸的潛航艇。意大利拿維持海岸作理由要求法意噸位一樣，意國須變爲三萬一千五百噸。美國的調停案在日意兩國方面算是完全被拒了。當日午後續開第五次聯席會議，日意主張仍舊不變，法國代表要向巴黎請示，英國雖然心裏表示贊成，也是於事無補。十二月二十八日，沙樂得到巴黎訓令，在第六次聯席會議發表極長的陳述書，堅持九萬噸的要求一步不放。他的陳述書中有云：

『法國爲贍合大會之意思起見，對於主力艦問題，不惜減少通常的海軍力爲重大之犧牲。法國將來組織艦隊之計畫，當以補助艦三十三萬噸，潛航艇九萬噸爲限。』

法國的表示已到了最後的一步，日意兩國也不變從前的主張，許士處在意見紛歧的中間，實在無法可使，加上本國顧問部對於調停案也表示反對，於是乃放棄限制潛航艇的計畫！他演說時發了許多牢騷，他曾說『本會不能討論擴張軍備問題，因本會係爲限制軍備而召集者。』英國對於法國的態度格外憤怒。巴爾福說『九萬噸潛航艇之要求顯然以破壞商業爲目的。……此等偉大之艦隊將造於極接近英國之海濱，其爲英國之大患乃勢所必至者。』沙樂回答說法國既沒有疑慮英國拿五十二萬五千噸的主力艦向法國施展陰謀，英國也不當因爲法國要求國防所必要的九萬噸潛航艇疑慮法國對英有敵意。巴爾福和沙樂的辯論愈鬧愈兇，巴爾福竟至說：『吾人不可忽視歷史之教訓。英國往者與法雖相安無事，然衝突固甚多也。』這樣激烈的言論和倫敦日誌報所說『法國在華盛頓之行動與德國前在海牙之行動無殊，』同一意味。英國勢力雄厚並不是怕法國侵害他，只不過痛恨法國拿武力在歐洲大陸上專斷和威逼德國賠款，影響他的政治及商業利益罷了！

美國贊助華盛頓會議的報紙，對於法國當然表示不滿，但因爲英國自私的態度，措詞還不激烈。惟赫師德一派的報紙不但替法國辯護，而且拿美國主義的眼光極力攻擊英國。赫師德於聖誕的第二天，發出一篇長電登諸自己所屬各報，電中縷述英國對於法國的野心，三呼法國萬歲。同時紐約美利堅報還作論說：『法國對於潛航艇之態度非不正當，法國之地位與美國殆無以異。潛航艇爲小國防禦大國或一部分國家侵略之武器，且爲大國如美國者保護海岸無價之干城。英國要求廢除潛航艇，係必然之勢。但中立國之海上商業，戰時如不能若平時之自由，則較英國海軍薄弱之國家，殆無肯放棄其建造潛航艇之權，而置國家自立於不顧者。』這些話很可和巴黎時報『往者法國與英國同爲世界海洋史上之花，今法國自行放棄已往之歷史，是自貶於二等海軍國之列耳。』互相和唱！

四、水上補助戰艦及飛機母艦

潛航艇問題法國既抱定了非調和的態度，水上補助戰艦法國也堅持三十三萬噸的要求，不肯退讓。十二月二十八日沙樂說：

『法國內閣與國防最高會議討論法國保護領土及交通所需補助艦及潛航艇之結果，認爲礙難容納補助艦三十三萬噸，潛航艇九萬噸以下之限度，以非如是便危及國家生死利益，殖民地及海軍之安全也。』

許士既因爲限制潛航艇的困難，取銷了美國的計畫，同時還因爲『多數潛航艇的維持，致巡洋艦驅逐艦和其他抵禦潛航艇的軍艦也不得不維持適當之數目以應付緩急，』又拋棄了限制水上補助艦的希望。許士落英日兩國的圈套，已竟感受許多困難，這番又因爲潛航艇和補助艦問題和法國惹了許多閒氣；假設許士抱定宗旨不拿勝敗作前提，只拿世界和平爲標的，又何至鬧到這般田地。巴爾福對於法國種種的積極要求，認爲不是限制軍備問題，更不是防禦政策。他曾氣憤憤的聲明『九萬噸之潛航艇橫於吾人之咽喉，則抵禦潛航艇各種補助艦之限制，實爲吾所代表之政府所難同意。……英國建造補助艦以應付此等情勢之權，因此特加保留』。巴氏這種外交詞令固然能在華盛頓會議上首屈一指但他却忘了他本國的帝國主義的政策！意大利代表徐昂齋惋惜大會不能制定關於限制補助艦的條約說：『此足以發生海軍競爭的新原動力，影響有關係各國之財政。』日本代表更會湊趣，塡原說：『吾人之地位，非要求建造補助艦之自由乃大體贊成美國十一月十二日原案所定之噸位，冀有關係各國於此等根據上締一協約，俾大會臻圓滿之成功；』——好像日本軍閥十八分歡迎限制補助艦似的！限制水上補助戰艦雖歸失敗，美國當場却提出兩種限制：(一)軍艦噸位除主力艦及飛機母艦外不得超過一萬噸；(二)除主力艦外不得載有八吋徑以上之礮。這兩種限制經英國李義修正文字一致通過，從許士的見地看來，也算慰情勝無了！

關於飛機母艦的限制，美國的提議如左：

一、美國八萬噸，英國八萬噸，日本四萬八千噸，(十一月十二日原案)。

二、法國二萬八千噸，意大利二萬八千噸，(依主力艦噸位比率推算)。

三在本協定期中飛機母艦之替換噸位不得超過二萬七千噸載礮礮徑以八吋爲最大限（新案）。

四、當事國現有之飛機母艦有超過所限噸位者應依議定之方法廢棄之其不足者得建造至限度爲止（原案）。

十二月三十日大小海軍委員會聯席會議，從長討論美國的提議。意大利因爲美國提案所限給的二萬八千噸照限度僅僅一艘若因事修理或不幸沉沒，意大利一時便無飛機母艦，所以要求增加到五萬四千噸。英國李義說：『英國現有飛機母艦五艘，其中四艘爲試驗的，四艘試驗艦中，復有三艘既小且無效用。故提議將試驗艦廢棄另造新艦替換之以應艦隊之需要。英國此次保留，誠以潛艇繼續，礙難將抵禦潛艇之飛機母艦加以削減耳。』法國原來已經有了兩艘飛機母艦，但因爲各國都要增加，也拿保護殖民地的理由要求添造一艘將替換噸位改爲六萬。日本加藤說：『美國原案所許可之四萬八千噸，止能建造飛機母艦一艘有半。以日本海岸綫之長海港地勢之阨要，及住宅建築之易爲飛機焚炸，實有多置飛機之必要。但因經濟困難，不能將飛機停泊各地，故希望建造飛機母艦三艘，共八萬一千噸。』在强國方面委屈求全的許士，見意，英，法，日四國一致要求增加噸位，遂修正原案如左：

美國　十三萬五千噸

英國　十三萬五千噸

日本　八萬一千噸

法國　六萬噸

意大利　六萬噸

許士的修正案經各國代表投票一致通過。另外每艘二萬七千噸的限制，載礮不得過八吋徑的限制，及替換方法連英國廢棄試驗艦的要求也都通過了聯席會議。

第四節　新戰器管理及陸軍問題

一、潛航艇使用的限制

美國限制潛航艇噸位的計畫既歸失敗，又從使用上着眼，於十二月二十八日由路特提出限制使用潛航艇的決議。路特的決議共分三部：第一部重申現行的國際法，第二部限制潛航艇破壞商業，第三部限制各國人民破壞此項條規。決議的全文如下。

一、簽約國爲使已經文明國採用之戰時保護中立人民及非戰鬬員生命各種條規增加效力起見，特聲明下述之條規已認爲國際法之既定部分。

在商船未捕獲前，須以命令停止之，以便檢視搜索定其性質。

商船除受警告後拒絕檢視及搜索者外，不得加以襲擊。

除船員及乘客已置於安全外，不得毀沉商船。

二、交戰國潛航艇無論在何種情形不得免於上述一般條規之遵守；倘潛航艇不能依照此項條規捕獲商船，現行國際法禁止其施行襲擊及捕獲，庶商船得以進行無阻。

簽約國應邀請其他文明國加入上述之既定法律，庶世界公意藉以評判將來交戰國之行爲準則，得一明白的共同了解。

簽約國承認以潛航艇破壞商業，事實上難免侵害已經文明國公認之保護中立國人民及非戰鬬員生命之要求，因此特聲明接納此項限制，並邀其他各國加入之，庶此項使用上之限制，得一般公認爲國際法之一部。

三、簽約國爲保障戰時限制使用潛航艇之人道條規有效起見，更聲明凡在採用此項條規各國下服役之人，如有違反已經採用之條規者，無論是否出於政府監督官之命令，均視爲違犯戰時法須受類似海盜罪之審讞及懲戒，並得由該國文武當局於法權範圍內審判之。

英國是力抱反對潛航艇政策的國家，在廢除或限制潛航艇失敗的中間，忽然有美國提議限制使用潛航艇，他自然表示極熱烈的同情。但法意兩國因爲絕對限制攻擊商船，武裝商船必予潛航艇以大不利；所以表面上雖力言贊成美國提案的精神，心中却猶豫不定。德彭大將說：『因此項法律具有特別性質，似應將路特決議全文交由公法家委員會審查。』徐昂齋說：『第一鄙見以爲第一第二兩條殊難分立，第二條絕對禁止以潛航艇攻擊商船，反之第一條則許可於某種情形上實行某種規定後可以破壞商船……第二余深信爲商船下一明晰之定義，則易於辨認，且可斷定於某種情形上潛航艇不得施攻擊，於某種情形上—如規律的武裝商船及海盜船—可以施攻擊。』日本對於限制使用潛航艇的態度，雖然不像法意兩國那樣曖昧，但也主張交由公法家審查。所以英美的主張自成一系，而法意日的主張也自成一系。

美國代表團恐怕這種以人道號召的決議通不過，對內對外的面子都下不去。因此四員戰將聯翩出馬，一致在外交舞臺上作熱烈的舌戰。美國四個代表一齊起來發表意見這是破題兒第一遭，美代表團盼望決議通過之切，可想見了！四將之中尤以提議人路特賣的力氣最多。他反對交由公法家反對給商船下定義，他的理由是：

一、決議之原則為世人公意之結晶，不待公法家審查已可了然。

二、商船之待遇權利，保護及赦免在國際法上已有明鮮之規定，另下定義徒滋紛擾。

美國的主張堅持到底，果然自十二月二十九日起由聯席會議逐條討論了。第一條討論未久即交給起草委員會起草；第二條是爭論的焦點，法意兩國不肯承認都去請示政府，日本雖未表示反對但也要和政府商議！巴爾福在這熱鬧中間却提出一條於本國有利的修正案：

「簽約國聲明承認此項禁止，並承認自行履行，及勸誘其他各國加入本協定」。

在法意日三國等候本國政府訓令的期中，英國深恐法國再用要求九萬噸潛航艇的態度來反對路特決議，故於十二月三十日由李義預放攻擊的石矢。李義當日攻擊法國的材料，即是卡斯諦 de Freggate Castex 一九二〇年一月在法國海軍參謀本部機關雜誌海軍評論 La Revue Maritime 上所發表的一篇論文。卡斯諦是法國海軍第二艦隊的參謀長明年度高級軍官科的主任講師。他的論文裏邊曾說：『吾人應承認德人出於使用潛航艇之途係絕對不得已。……自軍事上言之，德國之態度蓋非絕對不正當也。』　結論上邊，他還說：『吾人應感謝經數世紀努力而成之潛航艇，及發明人之天才，與此器械，此制度馬韁在握，英國全海軍力將悉爲其所破壞矣。』李義最痛心疾首的，便是結論這一小段。　他演說時節一再希望法國否認卡氏的論文，最後還說：『法國否認之方法，最有効者卽接受路特决議之第二條與巴爾福之修正案。』

德彭大將聽了李義的陳述，立刻起來解釋誤會；他說：『揭載該論文之海軍評論雖於一定限度內爲法國海軍之機關雜誌，但封面上已聲明法國海軍部及參謀本部不負何等文字上之責任，一切文責悉歸作者。……該論文雖出諸一軍官之手，但此軍官與其謂之爲海軍軍人無甯謂爲之爲文人；余謹正式以法國海軍名義否認之。』　沙樂隨後也起來代法國政府正式否認。　但輿論焦點因此又注在法國身上，法國代表雖曾否認，然爲證明否認的眞確起見，遂表示承認路特第二决議矣。　意大利及日本後來也表示接受路特决議的第二條；但意大利曾主張商船止限於非武裝的商船，並反對日本包含封鎖的解釋，不過因英國爭持未得成功罷了。第三條也大加修正，擴充了適用的範圍，不限定採用決議國家的人民。一九二三年一月六日決議變更爲四條，完全通過，後來成了潛航艇及毒瓦斯條約的一部（見下段）。

法國雖拿贊成路特決議，歸結了卡斯諦的論文但英美輿論對於法國又增加了許多疑團。一月三十日法國駐美大使組思朗曾向英國抗議，說卡氏論文有『此德人之推論也』一語，足證卡氏純粹解說德人意見，並不是表示法人的意見。李海軍大臣將該語省路，不但誤引，更惹起世人的誤會。這些話固然有一部分的理由，但以海軍軍官在海軍機關雜誌發表這樣的論文，終不能釋世人的疑慮。況且海軍評論從一九二〇年四月起，纔有『海軍評論將一切文責歸諸作者』的標明，發表卡氏論文那一號封面上依然是『海軍參謀本部刊』字樣。法國海軍當局在精神方面始終不能不負些責任呀！

二、毒瓦斯使用之禁止

禁止使用毒瓦斯的條規，在海牙會議的時候，已經成立了。大戰期中德國逞其戰爭本能，極力使用毒瓦斯，當年拿誠意簽字的條規，視同廢紙一樣！巴黎和會以正義人道相號召，凡爾賽和約第一百七十一條因有『戰爭中禁止使用窒息瓦斯，毒瓦斯及其他各種瓦斯，並相類之液汁，原料或設計；關於此類物品之製造在德國應嚴行禁止。此項禁止適用於各種原料之將用以製造或囤積者，並適用於其產物之使用及設計』的規定。後來聖日爾曼條約(Treaty of St. German)，乍衣里條約(Treaty of Neuilly)，翠鴨南條約(Treaty of Trainon)以及塞威里條約 Treaty of Sivres 也都有禁止使用毒瓦斯的條款。不過將來的効力如何，能否不再蹈海牙條約的故轍，只有時間知道我們是不敢妄斷的！

以和平作招牌的華盛頓會議曾於議事程序上標舉『新式戰鬥器之管理』一條，開會後又設立飛行，戰規及毒瓦斯三種小委員會從事調查一切。據毒瓦斯小委員會的報告，毒瓦斯是不易禁止的，其原因是：

一、非法之敵國見本國對於毒瓦斯毫無防備，不免背棄條約，用為攻擊或防禦之利器。

二、高等炸藥所發生之瓦斯，其結果與毒瓦斯相類，二者頗不易辨認。

三、將來研究或發明他種瓦斯不易禁止限制或監督。

四、和平時使用軍用瓦斯時甚多，不能禁止製造。

但美國顧問部中新戰器小委員會和陸軍限制小委員會調查結果，都認爲化學戰器——包括瓦斯——應用國際協定嚴行禁止；而美國海軍總署也報告美國代表團說『瓦斯戰鬥已變爲危險文明基本最充分之脅迫。』 負擔人道及和平重任的美國代表團，遂於一月六日由路特提出左之決議：

戰爭中使用窒息瓦斯毒瓦斯及其他各種瓦斯，並相類之原料或設計，已爲文明世界公意所否認；而禁止之條規復於大多數文明國家所參加之條約內聲明；茲爲使此項禁止經公衆認爲國際法之一部，以約束各國之良心及實際起見，簽約國聲明容認此項禁止，並承認互相遵守及勸誘其他文明國加入之。

此項決議經各國代表的稱道誇揚，於一月七日通過限制軍備問題總委員會。 後來和潛航艇決議合成潛航艇及毒瓦斯條約，全文譯出如下：

美利堅合衆國，英帝國，法蘭西，意大利，日本及此後加入簽約國爲使已經文明國採用之戰時海上保護中立國人民非戰鬥員生命各種條規增加效力，並阻止戰時使用有害之瓦斯及化學品起見，決定締一完成此種目的之條約，因此特派全權代表（代

表名單略,）互示其全權委任狀,經認爲良好妥當,遂議定條款如左:

第一條　簽約國聲明,已經文明國採用之戰時保護中立國及人民非戰鬥員生命各項條規中,下列各條應認爲國際法之既定部分;

（一）在商船未捕獲以前,須以命令停止之,以便檢視搜索定其性質。商船除受警告後拒絕檢視及搜索,或於捕獲後拒絕向所指示之方位進行者外,不得加以襲擊。除船員及乘客已置於安全外,不得毀沉商船。

（二）交戰國潛航艇無論在何種情形,不得免於上述一般條規之遵守;如潛航艇不能依照此項條規捕獲商船,現行國際法禁止其襲擊及捕獲,庶商船得以進行無阻。

第二條　簽約國應邀其他文明國表示承認上述之既定法律,庶世界公意藉以評判將來交戰國之行爲準則,得一明白的共同了解。

第三條　簽約國爲保障已經聲明之關於襲擊捕獲及破壞商船之現行人道條規一切效力起見,更聲明無論在何國下服役之人,如有違反此項條規者,無論是否出於政府監督官之命令,均視爲違犯戰時法,應受類似海盜罪之審讞及懲處,並得由該國文武當局於法律範圍內審判之。

第四條　簽約國承認以潛航艇破壞商業，事實上難免侵害——因一九一四至一九一八年大戰曾經侵害——已經文明國公認之保護中立國人民及非戰鬥員生命之要求；茲爲使潛航艇破壞商業之禁止，經公衆認爲國際法之一部起見，特先由簽約國接受此項禁止互相遵守，並邀請其他各國加入之。

第五條　戰爭中使用窒息瓦斯，毒瓦斯及其他各國瓦斯，並相類之原料或設計已爲文明世界公意所否認而禁止之條規復於大多數文明國家所參加之條約內聲明；茲爲使此項禁止經公衆認爲國際法之一部，以約束各國之良心及實際起見，簽約國聲明容認此項禁止，並承認互相遵守，及勸誘其他文明國加入之。

第六條　本條約應依簽約國憲法手續從速批准之，自批准書全部寄儲華盛頓時起發生效力。

合衆國政府應將批准書認證謄本分送各簽約國。

本條約以英法兩國文字有根據，應存儲於合衆國政府之檔庫，其認證謄本應由該政府分送各簽約國。

第七條　合衆國政府更應分送本約認證謄本於各非簽約國，並請其加入。非簽約國之加入本條約者，應將加入書遞交合衆國政府，以便由同政府移交其認證謄本於簽約國及加入國。

上列全權以誠意簽字於本條約。

一九二二年二月六日作於華盛頓。

三、飛機問題

飛機是將來戰爭的重要武器，和潛航艇有同樣的軍事價值！華盛頓會議對於飛機本來沒有限制的誠意，但卻將該問題交由特別組織的飛行小委員會詳加審查。該委員會審查手續共分三大端：(一)商用飛機；(二)公用飛機——不充軍用之公有飛機；(三)軍用飛機。他們的報告書將飛機分作重氣機 heavier-than-air craft 和輕氣機 lighter-than-air 兩種，大致如左：

一、重氣機目下無限制之可能，因：

(甲)比率分配之困難；

(乙)限制方法之困難；

（丙）限制方法實施之困難；

（丁）商用軍用區分之困難。

二、輕氣機之限制有實行之可能，以觀其大小卽可決定其爲商用軍用也；惟一加限制，不免影響飛行事業之發展。

三、飛機戰規宜締結一國際公約；惟因英法意三國代表尙未準備討論此問題，故建議將來另開會議討論之。

限制軍備問題總委員會於一月九日開會討論飛機問題，小委員會的報告書經該總委員會正式承認。後來許士質問各國代表有無討論輕氣機限制的意思，大家都支吾不肯承認；許士乃提出左列決議：

「本委員會意見以爲目前事實上不能對於商用軍用飛機之數目或性質爲有効之限制。」

具文的決議，經巴爾福加入「目前」二字一致通過了；許士隨卽將「另開會議討論飛機戰規」的問題提出。意大利徐昂齋主張由委員會先通過一條禁止飛機炸毀城市的決議；法國德彭說一九〇七年海牙公約第二十五條已經有了禁止的規定；美國路特拿國際法學者的眼光，指明海牙公約限止於未設防備的城市，實際上歐洲城市多少都有些防備，不過對於空軍卻毫無防備能力之可言。許士認爲這種問題需要特別知識，故提議由各國組織審議會，將來仔細考查。巴爾福贊成許士的提議，但主張（一）審議會除公法家外，尚須遴選專門委員（二）除討議飛機戰規外，應兼及其他新式戰鬥器之管理與一般戰規之修正。許巴兩人的主張，經大家一致認可；決議文遂付諸起草委員會起草。一月二十七日，總委員會通過起草委員會所草的決議如左：

美利堅合衆國，英帝國，法蘭西，及日本議定：

一、上列各國應選派二名以下之代表組織審議會，審議左之事項：

（甲）國際法現行之條規，能否完全賅括一九〇七年海牙公約以後因新戰器之發明或進步而起之新攻擊方法或防禦方法？

（乙）設不能完全賅括，現行條規應加如何之變更使成爲國際法之一部？

二、本會閉會後三個月內各國須將所選派之代表通告美國政府，以便美國政府向其他各國商榷該審議會開會之時期及地點。

三、該審議會得自由徵求國際法，陸軍海軍及空軍各項專門家之輔佐及建白。

四、該審議會須將決議結果，報告於所代表之國家。

五、各國同時應考量審議會代表報告書之採擇，及邀請其他各文明國考慮此項建議之手續。

許士在十二月九日曾主張將來召集修訂國際戰規的一般會議，審議會議決通過後，他便提議由該會辦理修訂的事情。巴爾福認為討論的範圍過於廣汎，一個審議會怕來不及，（其實他是怕動搖華盛頓會議關於潛航艇限制的決議，致於英國不利。）因此建議限定審議會的權限止討論新戰器所生之戰規。巴氏的建議得各國的代表贊成，遂通過如後：

決議——同意選派審議會審查及報告關於新戰器國際法之各國，無意使該會對於本會各國已經採定之關於潛航艇及有害瓦斯及化學品使用之條規或宣言，加以審查或報告。

四、陸軍限制之失敗

在列強競爭軍備的時代，除了海軍軍艦以外要算陸軍最費錢了！中國現有陸軍一百三十七萬人（這是美國的統計，若實際調查或者比這個數目還要多一些），法國八十一萬八千人，英國及其屬地七十四萬零五百人，俄國五十三萬八千人，波蘭四十五萬人，日本三十萬人，意大利二十三萬五千人，羅馬尼亞二十五萬人，美國十七萬五千人，捷克斯拉夫十五萬人，德國照凡爾賽和約第一百六十條也有十萬人。這樣大規模的陸軍不但是經濟上一個大病，而且也是世界政局紛擾的源泉。華盛頓會議把陸軍限制和海軍限制平列，實在是多數人的希望哩！但是陸軍和海軍一樣，根本的動機不變，限制是終於辦不到的。法國總理白里安在開會以前卽聲明沒有相當保障不能裁兵；彼時熟習國際情形的人聽了都說陸軍限制怕要辦不到了。果然，十一月二十一日白里安一場演說，將議事程序裏陸軍限制一項吹得煙消霧散，陸軍問題遂以『無法解決』四字歸結矣。

『法國要發揮軍國主義；』『法國要作德意志第二；』『法國要脅迫歐洲的和平；』『法國是華盛頓會議的障礙物』——這是陸軍限制失敗後英國大多數新聞和美國一部分新聞的論調。而英國外交大臣寇仁更公然發表不滿意法國的言論；大文豪魏爾士竟因爲攻擊法國的原故，被抱親法政策的倫敦日郵報（London Daily Mail）

拒絕登載他的文字！其實法國的政策，只不過要維持他戰後在歐洲大陸的地位罷了！戰後元氣凋喪，已盡外債清償，內政整理，沒有一處不需要金錢，法國那有能力去實行軍國主義呢！他忍着艱難去維持八十萬重兵，一方面是要逼迫德國賠償以便圖謀國內的恢復，一方面是要保持新劃的國境免得德國復起。這種政策固然是普恩萊一流國家主義者論理的錯誤，但國際聯盟既沒有實力，英法美同盟又被美國上院否認，法國政治家只有這一法了。白里安當政一年，鑒於國內外的情勢，常想確立一種新政策。華盛頓會議法國本不占重要地位，而白里安在歐事多忙的時候還親身來美者，只不過要試驗他這種新政策罷了！

白里安抵美以後，在會場上處處給美國幫忙，暗中卻活動美法經濟同盟以為裁兵的交換條件。這一段秘密外交史作者雖不甚了然，但從德報的嘲笑（德國國家主義者晝光報（The Nationalist Tag）曾說『白里安在美數週與哈定及許士交涉之結果，當知美國支持法國在歐洲強大政策之同盟，永永無望。』）和法國下院議員的質問（白里安下野後，下院議員曾質問白氏何以向美國提議同盟）觀察，大概不假。法國所希望美國的總不外『戰時欠債之取銷或緩期』及『德國侵略法國時，美國出兵援助」兩種事情。法國戰時所欠美債共三億三萬五千零七十六萬二千九百三十元這筆鉅款果眞取銷，美國雖能得德法兩國商業上較多的機會，但出入相比斷不合算。至於法國有事美國出兵援助一層，不但與共和黨反對國際聯盟及英法美三角同盟的原旨不合，而且使華盛頓會議弄出的條約難得上院的批准。所以法國的提議，美國輕輕的拒絕了，而白里安的希望也化作一場春夢。最後的辦法只有維持原狀，於是而有十一月二十一日第三次公開大會的演說。白氏當日的演說，完全是一種解釋法國地位的表示，茲節譯數段於後：

『（上略）余之同寅及余所最引爲忻幸者，卽寄語諸君：「吾人攜有極大之犧牲而來，脫有安全之保障，立卽解除軍備」是也。不幸吾人竟不克語此，不幸吾人更無權語此。欲謀和平，必顧及吾人與吾人隔鄰之雙方。欲謀和平——茲僅就陸軍言——不僅裁減精兵削減戰器卽謂了事，以此不過物質方面所有事耳。此外尙有一問題爲吾人所不當恝然置之者，卽於物質上裁減軍備外，尙須有一普遍的和平空氣是也。換言之，卽裁減軍備當視精神與物質有同等之重要是也。請試爲諸君言之。歐洲今日不安之重大元素，悉呈於法國之眼簾，誠有不能不自法國安全之見地討論之者。……美國公民必曰：戰爭既終了矣，而法國尙擁有重兵，果奚爲者？……豈欲於軍事上占最優越之地位爲戰前之德意志耶？！ 諸君此誠痛苦嚴苛之非難，而爲吾法人之不忍聞者也。 誠心向和，努力謀和，殆無法國若者。 休戰以還，吾人所遭遇之不如意事多矣，然猶容忍以待某希望之實現。 德意志不履行所許之責任，不交付到期之賠款，不解除其軍備，法國雖強，然猶忍之俟之。 法國之意蓋欲設法使法德間之血戰的報復自此告終，法德兩國人民得以相安無事耳。 吾論及德國矣。 德國工人固皆苦於戰爭而急謀工作者。 然尙有一德意志焉。 其意志仍未稍變，大戰結果，對於彼輩毫無教訓。……德國前有保安警察十五萬，吾人既要求其解散矣，乃復變其名爲護衛警察，增至二十五萬人。 其戰爭歸還之七百萬軍人，現雖從事日常生活，但仍保持昔日之組織。 上西里西亞問題搶攘未決之際，德意志竟發現四萬備有機關鎗及來福鎗之重兵。 一旦有變，德國不數週卽可徵集六七百萬之軍士，從事疆場。 吾試問酷愛正義之大美利堅國民：使汝有一隣邦與汝爲世仇，而汝亦深悉其將有所謀，汝將奚爲者？……茲再就俄國言之；俄國名義上現有軍隊一百五十萬，實際上可當六十萬之軍力。 一年半以前，俄國嘗思侵略波

蘭之土地 使俄軍由波蘭而達於德境，則法國之情形當如何者？…… 法國陸軍條例，兵士服役期爲三年，法國政府前旣負責減至二年，是已減去兵力三分之一。不久將由下院通過一新律，將服役期改爲一年有半，如斯，則法國陸軍不啻減半矣。再進，則法國必頻於極端之危險。 吾言至此或有人走而謂余曰「汝所言之危險吾人已了解，吾人當與汝分任之。 吾人將努全力以助汝之安全」。 使吾人得聞此語，固將改變其方針，以表示吾人之誠摯。 但吾人深知他國當局者所感之困難。吾人雅不欲要求他國以主權上國家獨立之一部，供吾人之利益及輔助。 吾人惟請諸君以良心省察法國處境之困難，當不至拒絕法國爲安全而生之要求也。（下略）』

白里安這篇演說，洋洋數千言，顯盡了歐洲議院政治家的辯才。 他演說旣畢，全場喝采；後來各國代表都起來回答他的演說。 英國巴爾福說：『陸軍之限制與海軍之限制有別，以法國不能確定德俄兩國之精神的軍備解除也。 白里安君深恐法國陷於精神上之孤立，此誠一慘劇。 但使有危及吾人隣邦之安全及獨立者，吾人已熱之同情，豈竟驟變而爲冷，吾人爲自由而戰者，豈竟不肯爲再度犧牲乎！』 美國許士說：

「爲自由正義而戰者，不至陷於精神上之孤立。」意大利，日本，比利時三國代表，也都表示極深刻的同情。但這都是些席面空談，於白里安所希望的絲毫無補。十一月二十三日限制軍備問題統委員會中巴爾福曾聲明：『英國不承認陸軍及空軍之全問題……脫離本會議討論之範圍』；徐昂齋也說意大利深願裁減陸軍。白里安說學理的爭持徒費時間，各國既不肯共負保衞法國國境的責任，裁兵的問題只能停議。

過了兩日，白里安遂掛帆歸法，限制陸軍問題和白氏的希望同沉於大西洋去了！然而法國陸軍問題，究竟是歐洲和平的大問題；健諾亞會議以後，法國因爲痛恨俄德的聯合，依靠波蘭及小協約的後盾，態度愈趨强硬。除了美國肯替歐洲多少犧牲點金錢，歐洲第二次大戰恐不遠了！

第六章　遠東問題

第一節　概言——原則之討論

一、遠東問題與世界和平

遠東問題和近東問題一樣，都是國際糾紛的焦點。大戰終局，近東問題雖未完全解決，形式上也算告一段落。惟遠東問題還是照舊的紛擾鬧得不成樣子！所謂遠東問題者，即是中國對外關係上的問題，換言之便是中國問題。一個主權國家變成國際問題的對象，這是何等可憐，何等危險！但此問題之構成，中國並無絲毫的責任；資本的或軍國的帝國主義之國家都是構成該問題的當事人，下列的小表便是他們所演的最大惡果——同時也是我們的國恥。

一八四〇年　鴉片戰爭。

一八四二年　南京五口通商條約成立，中國賠償英國戰費二千一百萬元，割讓香港。

一八六〇年　英法聯軍入北京，結天津條約，中國賠款八百萬兩，

同年　俄據東海濱省。

一八六一年　英租九龍。

一八七四年　日併琉球。

一八八四年　中法戰爭，割讓安南。

一八八五年　英據緬甸。

一八八七年　澳門割讓。

一八九四年　中日戰爭。

一八九五年　馬關條約成立，中國賠償日本軍費兩萬萬兩，割讓遼東半島，臺灣及澎湖列島，放棄朝鮮宗主權。

同年　俄德法三國干涉遼東半島割讓事，日本退還遼東半島，增索賠款六千萬兩。

一八九八年　德租膠州灣。

同年　德租廣州灣，宣言東南各省爲其勢力範圍。

同年　俄租旅大，宣言東三省爲其勢力範圍。

同年　英租威海衞，宣言揚子江流域爲其勢力範圍。

同年　日本要求以福建爲其勢力範圍。

一八九九年　海約翰正式提議門戶開放政策。

一九〇〇年　八國聯軍入北京。

一九〇一年　北京條約成立，中國賠款四萬五千萬兩，喪失關稅自主及其他國權。

一九〇二年　第一次英日同盟成立，

一九〇四年　日俄戰爭。

同年　英藏私約成立，中國在西藏之行政權喪失幾盡。

一九〇五年　旅大轉租於日本日本以南滿爲其勢力範圍。

同年　英日第一次續盟。

一九〇六年　俄國有志於蒙古。

一九一〇年　日併朝鮮。

一九一一年　英日第二次續盟。

一九一三年　俄國得志於蒙古。

一九一四年　英國得志於西藏。

　　同年　歐戰開始，日軍佔據靑島。

一九一五年　日本提出廿一條要求，以最後通牒强迫中國承認。

一九一九年　山東問題在巴黎和會失敗。

註—上表所舉皆犖犖大者，此外如領事裁判權，鐵路權，及其他經濟特權特惠均未列入。

這種以帝國主義爲背影的侵略，四面八方，彌漫於中華大陸。中國國民直接間接所受的苦痛固然很多，實行侵略的國家因爲相互間權利和政策上的衝突，更不知投擲了多少有用的國帑，犧牲了多少可憐的民命。大戰以後，俄德在華的勢力掃地無餘，遠東問題的糾紛分子幸而減少兩個。但美日兩國，一個要機會均等，一個要權利獨占，雙方因爲利害的衝突，又陷於厲兵秣馬的狀態。太平洋風雲變幻，眼看俄日兩國的舊劇，又要在中國領土上重新排演。時至今日，中國的安甯和世界的和平眞是又危險萬分了！

上面絮絮叨叨說了一段話，只是要證明：

一、遠東問題不但關係中國的存亡，而且關係世界的安危；

二、解決遠東問題卽是解決世界和平問題；

三、解決遠東問題以破除帝國主義爲不二法門；

四、破除帝國主義又以打倒帝國主義以前所演的惡果爲先決條件。

華盛頓會議以軍備問題及遠東問題爲主題，而以世界和平及人類福祉爲標語，中國處在遠東問題的中心，深知世界和平的維持不在戰爭手段的軍備問題之整理，而在戰爭原因的遠東問題之解決。所以不問列強有無維持和平的誠意，總要在以和平作招牌的華盛頓會議裏切實提出解決遠東問題的議案，以期實現世界永久的和平。中國的提案是建在正義人道上的；提案的目的不但謀中國國民的福利，而且謀世界人類的福利。中國的提案是試驗列強是否誠心保持世界和平的用紙，現在中國提案失敗了，列強對於遠東的野心政策仍照舊進行，遠東問題的解決還是不得要領，世界和平的建設依然徒託空言！愛和平的中國人要打算實現世界和平的主張，惟有自己奮鬥，自己設法解決遠東問題。

二、中國的提案

中國在華盛頓會議所提的議案，可以分做基本原則及特別事實兩種。特別事實的提案共計八件；基本原則的提案卽是所說的十大原則。這十大原則是一九二一年十一月十六日午後，太平洋及遠東問題總委員會第一次會議由施肇基提出的。全文如後：

關於遠東政局之討議，中國在事實上自占最重要之位置。中國代表團曾愼重考慮認爲有在最早時機提出一般原則之必要，以此等原則足爲本會解決一切問題之先導也。至原則之特別實施本會當有相當之決定。關於此節容後再爲提出，今先提原則數項，宣讀於後。當吾人製定此等原則時，已抱定尋求各項條規之目的，庶目前及將來遠東及太平洋各種政治經濟問題得照此等條規謀正當之解決，而有關係各國之權利及合法利益亦同受相當之注意。故此等原則蓋所以謀中國一部利益及世界全體利益之融會協和也。中國所欲貢獻者非徒維持和平，更願促進各國物質之進步與文化之發展。中國亟願開發其天然之富源供各國人民之取給，同時則希望享受自由及平等的往來。爲達到此等目的起見，中國應享有各種必要之機會，就本國人民之才具及需要從事於政治制度之發展。中國現正與艱難問題奮鬥，此等艱難問題蓋爲國家積極改革政體所不能或免者。

此等問題中國自能解決，惟須有機會從事於此耳。所謂機會者，不徒指中國應免除他國侵略之危害而言，且指應就時勢之所許者，將剝奪中國行政自由及妨碍中國徵收充分國課之一切限制悉行解除。

中國政府依照大會之議事程序特提出左列之一般原則以備大會解決關係中國各項問題之應用。

一.（甲）各國約定尊重並信守中華民國之領土完全暨其政治上行政上之獨立。

（乙）中國自行準備聲明不將本國領土或沿海地方之任何部分割讓或租借他國。

二.中國因完全贊成所謂門戶開放主義或中國有約國工商業機會均等主義之故，準備接受該主義實施於中國全部不設例外。

三.爲增進相互間之信賴並維持太平洋及遠東之和平起見，各國允許除先期通知中國與以參與之機會外，彼此不締結直接影響中國或太平洋及遠東地方一般和平之條約或協定。

四.各國在中國或對於中國要求之一切特別權利，特別利益，豁免權或成約，不問其性質或契約上之根據如何，均須宣布，凡此等要求或將來之要求未經宣布者均視爲無效。其已知及將宣布之權利，特別利益，豁免權或成約當加以審查以便決定其範圍及效力，如經審定有効，當使與本會所宣布之原則相合。

五．所有中國政治上司法上行政上行動自由之限制應卽時取消，或於情形所許時從速廢止之。

六．中國現有成約之無期限者應添註合理且有定之限期。

七．凡解釋讓與特別權利，或特別利益之條文時，依公認解釋原則所謂絕對照讓與國利益解釋之方法辦理之。

八．將來遇有戰事發生如中國不參加者，中國處於中立國地位之一切權利應完全尊重。

九．應訂立和平解決之條文，以便處理在太平洋及遠東地方之國際爭議。

十．關於太平洋及遠東之國際問題應預訂將來會議之條文，以便按期討論，俾簽約國得一決定普通政策之根據。

關於十大原則的提出國內外學者下了許多嚴厲的批評；有的說中國不當首先提

出抽象的原則的有的說中國所提的十大原則空空洞洞不值一錢的，我以為原則提案是不能少的，不過中國代表團所提的十大原則不能使人滿意罷了！怎說原則提案不能少呢？　先就當時外交情形說：第一，英日各國對於原有在中國所刦奪的權利利益都不肯放棄，我們若首先提出積極的切實的基本原則鼓動了世界輿論的同情，英日為世人耳目起見對於目前原則雖不贊成對於將來事實提案或為少許之讓步；第二，原則之提出是美國授意中國代表依照議事程序作的，我們當時雖預料美國不能實行利他主義給中國幫忙，但卻不敢斷定美國不能因為我主義的政策間接裨益中國，不但我們這樣，就是日本當時也捉摸不定美國的眞正態度，幣原忽然稱病即是一個明證；所以美國第一次的意思我們是無法謝絕的，況美國又以主席資格及議事程序來呢！　再就中國民族精神的宣揚說：第一，我們一切希望都發生於圖謀中國國民一部幸福和世界人類全體幸福之一念，我們提出原則可以乘機宣揚我們的使命；第二，我們所要的是除去釀造未來戰爭的禍因和世界和平的障礙物，我們提出原則可以反覆申述我們想望和平的熱誠。

但是，我雖然贊成提出原則，我卻不滿意中國代表所提的原則。中國代表打算用原則把各國拉入圈套，所以措詞命意多所顧忌，而不知外國的外交家都是精明强幹毫不吃虧！我以爲我們提出原則不過是一種手段，這種手段能達到以前所述打擊英日的鋒銳宣揚民族的精神卽算成功，初不必求其通過。因此，這種原則似應如下之積極：

一．廢除侵害中國主權或不合法之佔據，設施及建設；

二．取銷一切不合法或侵害中國主權之條約或協定；

三．解除中國政治上行政上司法上行動自由之一切限制；

四．中國政府及人民以傳統的四海兄弟主義待遇外國僑民，所有外國在中國之租借地，勢力範圍，特別權利，特別利益，獨占權，豁免權及其他妨害國際平等之權利應卽廢止。

這四條原則，第一條可以包括山東問題，撤退外國軍警問題及裁撤外國郵電各問題；第二條可以包括取銷廿一條，英日同盟及藍辛石井協定諸問題；第三條可以包括關稅自主，取銷領事裁判權諸問題；第四條上半有機會均等的意味但變作本國文化的名詞，下半爲實行上半之必要條件。中國代表團若提出類似這種積極的切實的基本原則，並彷照許士海軍案的辦法將主要事實的提案如山東問題及二十一條諸問題附帶上去作爲原則的實行，（較小的案子可以後提若附帶上去難免他們拿小案子敷衍我們）原則提案雖難通過然原則的力量未嘗不可使英日法各國對於事實提案少示讓步。即不然五千年平和民族的眞精神也有相當的宣揚決不至物質精神都歸失敗！再看代表團所提的十大原則第四第五第六三條是十條中最有用的，但文字上尙有應當斟酌的地方；第一第三第七第八第九第十，第十六條似乎過於消極，實際上怕沒有什麼拘束力。說到第二條，那是以門戶開放爲中國門羅主義那位施公使的得意作品；在積極一方面是抵制日本把持東三省和蒙古，在消極一方面是增進對美的感情。但『門戶開放』『機會均等』八個大字，純粹是美國爲抵制在中國有租借地和勢力範圍的國家弄出的，他所要求的只是『有飯大家吃』，並不一定和租借地或勢力範圍衝突，（美國學者作這樣主張者很多）如今租借地和勢力範圍都未廢除，我們主張門戶開放只不過便宜美國罷了，於日本是毫無所損。況且海約翰的門戶開放只及於租借地和勢力範圍，他所說的機會均等也只限於商業。現在我們提案說『實施於中國全部不設例外，』又把『工業』二字加入，我們雖聲明

『門戶開放不是把中國全開為商埠』——這話是施肇基後來在委員會裏聲明的——但餓虎似的外國政治家望文生義，自然要那樣解釋。將來外國的商業家實業家一定要跑到中國實行『在當地弄原料，在當地製造在當地販賣』的政策。以中國產業的幼稚，領土主權的不完全，行政和司法的不自由，這樣國際的大規模資本侵略恐怕比海陸軍還要利害呢！什麼提倡國貨，什麼抵制劣貨恐怕都要成為畫餅罷！我說到這兒或者有人要說中國不這樣作也防制不住外國資本的侵入。這話在理論上是對的，但沒有條約的根據他們畢竟有許多不便之處。卽如日人在奉天一帶早已實行雜居了，二十一條還特別要求雜居者也只是求一根據要點方便罷了。

總而言之，中國代表提出基本原則是對的，不過原則不當這樣失腳這樣消極，而且原則之下不當不附帶主要的特別事實提案。假如認為原則附帶事實有不便的地方，也應當由顧王兩使將山東案和廿一條提出。卽不然，後首也理應抱定目的誓死力爭。誰知原則的提出既沒有什麼決心事實的議案更缺少魄力。以致山東案受人愚弄移到會外交涉，八大事實提案如關稅自主，取銷領事裁判權，裁撤外國郵局，撤退外國軍警，廢止租借地，取銷勢力範圍，撤廢外國無線電臺及取銷二十一條鬧得沒有較好的結果連十大原則自身也未完全通過。我國代表—尤其是以外交家自命之某某兩使—之柔弱無骨畏首畏尾實在沒有宣揚五千年民族的眞精神。關於此點等到第八章再詳細解剖此刻且不必細說。

三、美國的建議—門戶開放主義

美國政府從來是建設在資本主義上邊的，他所有對於遠東問題的政策只不過要向東方發展他的資本主義罷了！『門戶開放』是他對於遠東政策的結晶，很能帮助資本主義之發展，所以這次華盛頓會議討論遠東問題，美國處處拿這四個大字作目標，只要門戶開放告厥成功他便認爲了事。關於中國的提案除與自己利害相同者外絕少正義之主張；有時爲維持自己利益還設法抨制或愚弄中國。我說這話並不是仇視美國人民—其實有思想的美國人也未嘗不作此想，—我所不滿意的只是在資本主義上站腳以黨利爲本位的美國政府。共和黨的首領只盼望限制海軍的提案告厥成功，減輕課稅，點綴和平，藉以買好人民鞏固本黨地盤。日本在中國和西比利亞的侵略行動，英法在中國的專橫政策，只要和他的門戶開放主義不衝突，他都默示承認作爲交換海軍問題或和平解決其他問題的代價。只看他默認日本『以軍備問題爲主遠東問題爲賓」的主張，把遠東問題弄到委員會裏討論，永遠不在公開的大會裏辯論，就可以知道他的心理了！　然而日英各國爲敷衍中國面子和世人耳目所讓的小惠他還沾沾自喜說：『行了！行了！遠東問題大體都解決了』呢！

美國政府當局若眞正拿利他主義或廣義的爲我主義處理遠東問題，應該走下列兩條大路的一條：（一）照海軍案的辦法由許士提出關於遠東問題的具體建議案；（有人說也已經預備了，只因爲海軍案來勢太兇所以中止提出；我以爲他絕對不能預備像海軍案那樣積極的議案，看他對待我們的一切態度自然明白。　又美國政論家有說中國提出空泛的十大原則致使美國愛莫能助，這都是自解之詞，國人要特別注意！）（二）由中國代表提議，美國從旁極力贊助。　美國當局沒有出第一條路，第二條路似乎走了，然所走的不是光明大道，乃是羊腸曲徑。　一九二一年十二月十五日晚八鐘，美國國務院非正式通知中國代表團於十六日遠東問題總委員會第一次會議，照議事程序提出原則的議案。　中國代表團聽了歡喜得不得了，以爲美國當局要走第二條路了！　那知美國當局這種辦法純粹是愚弄中國代表團，叫你們先提抽象的原則，免得當頭一棒把特別事實的案子提出使他棘手。　可巧中國提案裏有門戶開放一條眞是家釀的美酒，乃取下來改頭換面由路特提出四大決議。路特決議經修正後，通過如左：

與會各國，即美利堅合衆國，英帝國，法蘭西，日本，荷蘭，及葡萄牙有左之決意：

一．尊重中國主權，獨立及領土與行政的完全。

二．與中國以最充分最無累害之機會，俾得自行發展並維持有効力而穩固之政府。

三．以其勢力認眞建設並維持各國在中國全境內之工商業機會均等主義。

四．不得利用現狀營求特別權利或特別利益致妨害友邦人民在中國之權利，並不得爲有害此等友邦人民安全之行動。

這四大決議的重點在末尾關於門戶開放那兩條，前兩條不過敷衍中國的面子罷了！所以前兩條用字非常的空泛非常的消極，中國十大原則第一條所用『信守』『政治』四字是輕輕的抹煞了；趕到第三第四兩條竟用出『認眞』『不得』等字樣，前後相比不消說自然是後兩條用字有力量了。再仔細考察這四大決議的內容只是一份八國將來在華分贓的契約。一方面拿『尊重主權』『不干涉內政』種種好名詞敷衍中國的面子；一方面約定以前掠奪來的東西都維持原狀，將來『有飯大家吃』不得單獨營求特別權利。中國代表當時雖拿『此係八國對華政策之十種約束』為理由拒絕投票但並沒有提出嚴重的抗議而且對於『現狀』二字除了保留一切提議權外也沒有什麼反對。聽說代表團把現狀二字解作中國目前之政情，眞不啻自己吃寬心藥！日本代表加藤散會後曾向新聞記者宣言他對於路特決議『完全滿意；』路特決議不維持日本原有的掠奪品他怎能完全滿意呢？（會議時加藤質問行政完全四字的意義，路特說並不影響合法的特別利益）

路特四大決議既通過；許士卽向新聞界聲明『關於中國問題的原則討論業已經過，行卽開始討論應用的辦法。』然而中國代表當時還痴望十大原則的再提；那知美國已將所要吃的美酒取去了，還要酒糟作什麼！十大原則既歸停頓，中國代表乃陸續提出特別事實的議案。這時許士又使出兩種限制或愚弄中國代表的手段：（一）此後提案須於二十四小時以前通知主席得其許可；（二）先提小案後提大案由易漸進於難。許士這兩種手段先把山東案弄到會外交涉去了，他自己如釋重負一般。後來又由各種小案給中國點小惠，便說『大會給中國所作的工夫已經不少，中國還不知足。』中國到最後很失輿論的同情卽是許士這兩種手段弄的；然許士還以爲未足，竟使哈定用高壓手段強迫中國代表接受他的山東鐵路問題調停案，二十一條之取銷，最初許士很不願意中國提出大會，後來他要拿該案交換日本五五三比例的承諾，纔授意中國提將出來。提出後即刻停會，甚至發表的公文對於中國的提案也隻字不提；一直停了二十天，一九二二年一月五日纔繼續開會。

這次開會，美國代表只做大會結束和利於本國的工夫，中國所提的議案是束諸高閣了！一月十六日許士提出關於實施門戶開放主義的建議案，『不溯既往，只談將來，』其用意與路特決議如出一轍。他建議案的原文可以分做兩大段：

一．到會各國不得營求或助其國民營求任何協定，藉此於私利本位上設定關於中國領土某特定部分商業及經濟發展之優越權；並不得創設專利權或優先權，致妨礙他國人民經營合法的貿易實業或參加中國政府之各種公企業。

二．因經營特別商業或實業而取得之財產或權利不在禁止之列。

英國代表蓋德士當場質問第一段是否包含中國，並因第二段容易惹起誤會，主張設一機關處理因實行而起之爭議。因此，許士於第二日提出左列之修正決議四條：

一．爲使各國在華商工業門戶開放或機會均等主義得更有效之適用起見，到會各國除中國外約定：

（甲）不得營求或助其國民營求任何協定之足於私利本位上設定有關中國領土某特定部分商業及經濟發展之一般優越權者。

（乙）不得營求或助其國民營求獨占權或優先權之足以侵奪他國人民在華經營合法的貿易實業或參加中國政府及省政府各種公企業之權利者或其範圍，有效期間及地理關係足礙機會均等主義之實施者。

但本協定不能解作禁止取得因經營特別商工，財各業或鼓勵發明研究所必需之財產或權利。

二、中國政府須注意上述之協定，並聲明有意依據此等原則應付外國政府或人民，對於經濟權利及利益之請求，不問該外國是否本協定之當事國。

三、到會各國及中國原則上贊成在中國設立審查部，凡因上述協定或聲明而起之問題，可交由該部審查及報告。（該部組織細則由中國關稅協約第一條所規定之特別會議議定之）。

四、到會各國中國在內，約定凡現存某種讓與權之任何條款，似與其他讓與權之條款，或與上述協定或聲明之原則不合者，可於審查部成立後由當事國遞交該部冀得平等的圓滿解決。

這四條修正決議案比原案略勝一籌，因爲第四條的規定有溯及既往的權能，如果通過對於中國利益和世界和平未始無少許之補救。 只可惜美國這條決議是因爲蓋德士建議纔提出的；條文上用有彈性的『可』字不用强制執行的『應』字就表現他沒有十分誠意。 所以一遭法日兩國的反對便藉着坎拿大代表鮑登的提議把這一條撤回去了。 他所維持的前三條後來只加四字的修正—把省政府三字照鮑登的建議改爲地方當局的字樣—遂於一月十八日通過總委員會！ 說到這兒還有要請讀者特別注意的： 就是路特決議中國未曾投票，許士決議中國代表已經投同意票了！ 第三條所規定的審查部不久便要在中國籌設，中國以獨立的國家而許容這種可恥的現象，國家的榮譽和民族的精神尚堪聞問麽？ 假令第四條還依然存在，我們爲謀一切不公平條約之審查或尚可勉强承認。 現在第四條業已取銷，該部所能作的僅僅審查將來外國間分贓不勻而起的爭議，而且還沒有强制的力量；我們承認不但精神上受損失，物質上也不見有何利益。 記得中國提出十大原則之初，紐約世界報(New York World)作論批評有『中國欲開放門戶其於無强固之政府保持門戶開放何』一語，我看了很是痛心。現在他們設立審查部替你保持開放的門戶了，中國的國格何在！至於留美熱心志士所說審查部要共管中國一層，我以為還不至這樣利害，因為外國要共管中國當然從財政上下手令新銀團擔任審查部妙手空空裏邊還包含中國，他的能力是有限的啊！況且國際共管又為現代潮流和已往經歷所不容，各國為自己打算也不至有這樣主張。不過為激發國人振作起見，不妨這樣講罷了。

門戶開放主義經路特的四條決議和許士的三條決議牢牢繫定，眞像許士所說『不是格言乃是事實』了！美國此刻大獲全勝原不必再提什麼議案。但因為要塡滿原定的議事程序，所以後首又由許士和路特分別提出『公佈關係中國的條約』『禁止將來創設勢力範圍』兩種決議案。公佈關係中國條約的決議案是許士提出的，公佈與否一聽當事國的自由，當事國雖匿不公佈也沒有什麼制裁。全文經修正後決定如左：

到會各國除中國外此後願將一切事件之影響中國及與中國有關各國之政治及

其他國際義務者，完全公佈，因此約定如左：

一、除中國外各國應於最早時機將所有與中國或與他國所締結之條約，規約，換文或其他國際協定尙認爲有効且信賴者，開具清單交給本會秘書長，以便分發到會各國。凡約章之正文已在公出版品或他種出版品發表者得指明見某出版品，其未經發表者須將正文謄本（照原文）抄送本會秘書長。凡此後締結之條約或國際協定含有上述性質者，該當事國政府須於該約成立六十日內通知簽字或加入本協定之各國。

二、除中國外各國應於最早時機力求完全將該國國民一方，與中國政府，或其行政低級機關，或地方當局之他方所訂一切契約之對於敷設鐵路，採鑛，森林，航運，提防，港口工程，開墾，電氣交通，或其他公共工程公共事務，或販賣軍械彈藥有讓與權，特許權，儘先商買權，或優先權者，或牽涉對於中國政府或其行政低級機關所有權限或財產之執管權者，開具清單交給本會祕書長以便分發到會各國。清單所列之文書須將已發表之正文指明見某出版品，或交存正文之謄本一份。

三、中國政府承認照本協定所定之條件，將該政府或任何地方當局與外國或外國人民雙方已締結或將來締結之協定或契約具有本約所指之性質者，不問該外國是否本協定之當事國，悉就所知者公佈之。

四、其未參與本會而與中國有條約關係之各國政府，須邀其加入本協定。美國政府應以本會發起人之資格將本協定照會各該國俾得從速加入。

禁止將來創設勢力範圍的決議，由路特提出，經委員會一致通過。全文是：『決議——簽約各國不得扶助其人民因企圖創設勢力範圍，或規定於中國領土特定部分享受排他的機會，而締結之任何協定。』這種決議在時間上說止限於將來，在空間上說僅限制各國的人民。從前已創的勢力範圍既云爲國際協作打消，何以不加規定；以前的勢力範圍都是各國政府自己創設的，決議文何以把各國政府放過了呢？

四、日英法三國的政策

日英法三國對於遠東問題都抱定了一個『維持原狀』的目的，他們所用的是一種『敷衍』政策，處處都在維持原狀上着眼。大凡空空洞洞的條文，粉飾太平的決議，不妨他們原有勢力的維持和發展的，他們都表示贊成，但條文有溯及既往的意味，決議有破壞他們贓品的危險，他們必要支三拖四設法打銷。他們對於事實問題常拿軍備問題作交換，有時因爲四圍情勢不佳必須讓步者他們其初仍是往前對付，趕到不能再往前對付的時候纔給點小惠掩過一切大贓品。最令人傷心的就是中國所提的一切事實議案，他們表面上既藉口中國內亂不予通過，祕密裏還聯成一氣共同抵制。倒過來他們有認爲於己有利的事情却要提出來百方爭辯。這種政策的發揮以東隣的日本爲最力，但英法兩國却也不弱。

中國所提的十大原則各國總代表在第二次遠東問題總委員會裏都有一種答覆；但所答覆的除了口頭上尊重中國領土及政治完全，便是不溯既往的門戶開放。論理既口口聲聲說尊重中國領土及政治完全，就當該把以前加於中國的侵害一律取銷，然而他們並不這樣想。他們只是在棹面上說些冠冕堂皇的話敷衍好面子的中國人罷了，換句話說，卽是單論原則不講應用。門戶開放是美國對於遠東問題的唯一目標，他們早已看破，所以在答覆中國提案的當時早早表示贊成以買東道主的歡心。後來路特提出四條決議，對於他們既得的贓品默示承認，所謂門戶開放主義只是將來有飯大家吃的意思，他們自不能不表示贊成。許士的門戶開放實行案前三條也是不溯既往，所以他們仍然歡天喜地的投同意票。第四條有溯既往的意味，法國首先起來反對說『第四條危及既得的權利』又說：『改正既定契約甚不正當』日本畏懼輿論的攻擊，不敢照法國那樣公然反對，卻扯東拉西和美國爲難。首先他說組織審查部，各國須派最著名之公法家常駐在華或臨時前往，實有困難的地方。這種說法被英國駐美大使蓋德士『英國可由香港或上海派員與會，各國當可同樣辦理』兩句話攻破了。他又拿『許士的門戶開放和海約翰原來的主張不同，似乎範圍擴大另下新定義』爲理由，和美國爭執。到後來被許士駁倒，又提議將第四條的『現存』二字削除，改爲『將來保障的讓與權』他心目中的意思和法國一樣，只是怕溯及既往保不住既得的贓品罷了！英國對於第四條因爲利害關係也很不以爲然，但因爲原來建議的關係，在蓋德士方面仍舊說完全贊成，但卻令坎拿大代表鮑登出來主張把第四條削除。後來果然削除了，他們維持原狀的政策是大獲全勝了！

至於他們對待中國特別的事實提案，也是極力發揮這種敷衍政策。他們所承認的不是些空名，便是些小惠，大贓品是未損毫釐。山東問題是舉世視聽所繫，若提出大會討論他們是不敢學巴黎和會的故智再作武斷的主張的；所以幫同美國愚弄中國，把中國四萬萬人民誓死力爭的案子挪到會外交涉。交涉的時節，日本受世界輿論的監督，不得不少許讓步一點；但同時卻拿這少許的讓步欺蒙世人把滿洲問題遮過不提。膠濟路是全問題的中心，他幾次陰謀幾次停頓畢竟留住了把持山東經濟命脈的絲蘿。廿一條日本起初極力設法反對提出大會，提出以後，也輕輕的把不關緊要的毫無價值的撤回，致命傷之租借延期仍是不肯放鬆一步。關稅自主問題，從尊重中國政治及行政完全說，本無理由再來把持。但還藉口中國內爭未熄和本國商人吃虧，來給我們訂定百分之五的稅則。領事裁判權問題是要組織委員會調查的，恐怕調查結果也是拿『時機未到』四字輕輕的來謝絕我們。外國郵局之撤退止限於租借地和特別有關地方以外的幾處，無線電臺的限制僅僅不發私電及商電，南滿路線和上海法界還是除外。租借地日本是非戰爭不肯放棄的，他的聲明書的强硬可以概見。英國聲明歸還威海衛，一方而打算和緩各方感情，一方面是要省些經費，他果真有心取銷租借地何不將九龍也一併歸還？法國對於租借地的態度很曖昧，他大概因爲在大會裏沒有占大便宜要食言了！勢力範圍英國口頭上一再說已爲『國際協作』所戰勝成爲過去的名詞，但事實上卻大謬不然。此外如外國海警之撤退，中國中立權之尊重，不是搪塞便是敷衍。西比利亞問題也是由日本用同樣的敷衍政策，以不了了之矣！

關於中國鐵路問題，他們都採取積極的手段。東省鐵路的財政他們要移歸聯合國技術部管理，中國的法定權利他們毫不顧及。中國的鐵路運率英國提議不准有差別的待遇，並且把將來的問題交給行將設立的門戶開放審查部他國和中國都完全承認了。英國此舉重在日人所經營的南滿路，但不敢向日本直接饒舌，所以藉中國發揮。中國代表雖然聲明保留區分運貨之權，但未將含混的『國籍』二字質證清楚。中國現在工商業都很幼稚，爲維持他們對外的競爭起見，將來理應採取鐵路的政策。現在既有了條約的限制，我們日後雖主張『國籍』二字不包含中國，恐怕他們還要藉口爲難。反過來日本人在南滿路依舊可以把商品冒充軍用品儘先輸送，（此係日人之慣技，英商不滿意於南滿路者，多半造因於此。）中國商人要享平等待遇還還是辦不到啊！

最後還有一件可憐的事實，足以證明東隣的野心，我國代表的失計，——那便是日本代表引用中國十大原則序言上『中國亟願開發其天然之富源供各國之取給』兩語，提出開發中國富源的議案。中國代表——不但代表這樣，海內外學者也有犯此病的——處處拿本國天然的富源向强盜面前去誇耀，那知你愈表示富有他們愈設法侵奪。

日本的議案是幣原提出的，原文有云：

『中國爲一極富庶之國家此世人所公認者。……但天然之富源如窖而不發置而不用，其價值蕩然無存。爲利用此等富源起見，中國似應大開門戶歡迎外國資本外國資易及企業也。』

這一段話不啻明白宣布你有東西不會享用，他要替你享用了！所幸中國代表拿『自由政策』支吾過去，但日本還是野心不死，所以我們仍要提防的。現在且把九國條約譯出，然後再分節研究各項問題。

五、九國條約全文

美利堅合衆國，比利時，英帝國，中國，法蘭西，意大利，日本，荷蘭，及葡萄牙爲採取保持遠東局勢之政策，鞏固中國之權利利益，增進中國與他國間根據機會均等之交往起見，決定締結以此爲目的之條約。因此特派全權代表（代表名單略）互示其全權委任狀，經認爲良好妥當，遂議定條款如左：

第一條　締約國除中國外約定：

一、尊重中國主權，獨立，及領土與行政的完全。

二、與中國以最充分最無累害之機會，俾得自行發展並維持有效力而穩固之政府。

三、以其勢力認眞建設並維持全體各國在中國全境內之工商業機會均等主義。

四、不得利用中國情狀營求特別權利或特別利益致妨害友邦人民在中國之權利，並不得爲有害此等友邦人民安全之行動。

第二條　締約國約定不得相互間或單獨或會同與他國締結足以違反或妨害第一條所述原則之任何條約，協定，合同及了解。

第三條　爲使各國在華商工業門戶開放或機會均等主義，得更有効之實用起見，到會各國除中國外不得營求或助其國民營求？

（甲）任何協定之足於私利本位上設定有關中國領土某特定部分商業及經濟發展之一般優越權者；

（乙）獨占權或優先權之足以侵奪他國人民在華經營合法貿易實業或參加中國政府及地方當局各種公企業之權利者；或其範圍，有効期間，及地理關係足礙機會均等主義之實施者。

但本條上列之規定不能解作禁止取得因經營特別商工，財各業或鼓勵發明研究所必需之財產或權利。

中國承認以本條上列規定之原則，應付外國政府或人民對於經濟權利及利益之請求，不問該外國是否本協定之當事國。

第四條　締約各國不得扶助其人民相互間因企圖創設勢力範圍，或規定於中國領土特定部分享受共同排他的機會，而締結之任何協定。

第五條　中國承認中國境內所有鐵路不得實行或許容各種不正當之差別待遇。如關於運費及方便，不得以乘客之國籍，或乘客來去之國家，或貨物之原產地或所有人，或貨物來去之國家，或在中國鐵路運輸前後搭載此等乘客或貨物之輪船或他種運輸機關之國籍或所有人爲理由，直接間接爲差別之待遇。

中國以外各締約國對於上述鐵路，有因讓與權，特別協定或其他原因處於或其國民處於管理之地位者，應負擔同樣之義務。

第六條　中國以外各締約國約定對於將來中國不參加之戰爭，完全尊重中國之中立權；中國聲明中國爲中立國時遵守中立義務。

第七條　締約國約定無論何時遇有一種情形發生經締約國中一國認爲有關本條約規定之實施並須爲實施之相當討論者締約國應爲完全且懇摯之交涉。

第八條　非本條約簽約國之國家，凡有經簽字國承認之政府且與中國有條約關係者，應邀其加入本條約。爲達此目的美國政府當對於非簽約國爲必要之照會，並以所接之答覆通告各簽約國。任何國家之加入，自美國政府接到加入通告時起發生効力。

第九條　本條約應依締約各國憲法所定手續批准之，自批准書全部寄存華盛頓之日起發生効力。美國政府當將批准書之認證謄本分送其他各締約國。

本條約用英法文作成，存儲於美國政府之檔庫，其認證謄本當由美國政府分送其他各締約國。

上列各全權代表以誠意簽字本條約。

一九二二年二月六日作於華盛頓。

附帶決議

美利堅合衆國，比利時，英帝國，中國，法國，意大利，日本，荷蘭及葡萄牙，為訂定處理因執行一九二二年二月六日在華盛頓所簽關於各國一般政策條約第三條及第五條而發生之問題，並企圖保持遠東局勢鞏固中國權利利益及增進中國與他國間根據機會均等之交往起見，

決議—在中國設立審查部，凡因執行上述條款而起之問題，可交由該部審查及報告。

一九二二年二月六日在華盛頓所簽關於中國關稅條約第二條所規定之特別會議，應製定組織該部之詳細計畫請當事國採擇。

中國宣言

中國自身準備發表不將本國領土或沿海地方之任何部分割讓或租借他國之了解。

第二節　山東問題

一、魯案應當直接交涉嗎？

在述說山東問題和華盛頓會議的關係以前，應該把『應否直接交涉』的問題作一簡單的討論，作為判評全局的標尺。要討論應否直接交涉的問題，便不能不追敘

已往的歷史，因爲明瞭已往的歷史，纔能解決這個大問題！

山東問題的發生，以一八九八年德國强迫租借爲遠因，而以一九一四年日本的强佔，一九一五年日本的二十一條要求及一九一九年巴黎和會的不公處斷爲近因。

在巴黎和會的時節，中國代表團曾拿：

一、德國所享一切權利，因中國對德宣戰而消滅；

二、日本占領青島及膠濟路係軍事的强制行動，在法理及事實上均未正式取得租借權或佔有權；

三、中日間關於山東之條約係日本以最後通牒脅迫而成，且該約當時係預料中國始終中立不能參與和平會議，故該約已不復有効；

三種理由，要求直接歸還青島及膠濟鐵路。只因爲三頭會議各懷私心，竟弄成凡爾賽和約第四編第八款第一五六、一五七及一五八三條，將中德原約不准轉讓於他國的青島和膠濟路斷歸日本。中國國民憤於和會處斷不公，不得不催促代表拒絕簽字。中國這種舉動，一面是反對凡爾賽和約，一面是否認最後通牒所逼成的中日條約；三年來所得世界輿論的同情，都是這種堅決意志奮鬥精神的結果！

日本强姦中國民族意志的陰謀雖歸失敗，但一九二〇年一月間又藉口凡爾賽和約發生効力，向中國要求直接交涉魯案。日本要求直接交涉的目的，只不過要將空名歸還中國，免得世人指摘罷了！當時親日派氣燄薰天，本有直接交涉的危險，所幸國人奔走呼號，纔破壞了日本的陰謀，維持了拒簽和約的精神。後來日本又下了兩次通牒，並向親日派大施運動，都因爲民意激昂，未遂所願！華盛頓會議發起以後，日本恐怕中國向大會提議魯案，除向美國竭力運動外，並於九月七日向中國提出下列條件，引誘中國直接交涉：

一．膠州灣租借權並關於中立地帶權一并歸還中國；
二．中國如將租借地開爲商埠，日本允將設置專管租界及共同租界之議撤回；
三．中國政府應速將山東省內適當都市開爲商埠；
四．山東鐵路及附屬鑛山作爲中日合辦；
五．將山東路延長線之權利及煙濰路之優先權讓給新銀行團；
六．放棄供給人材，資本，材料各項優先權；
七．青島海關當較德國時代之制度更令明確其爲中國關稅制度之一部；

八．租借地行政的公有財產原則上讓渡中國，但關於公共營造物之維持及經營別行協定；

九．俟中國警備鐵路之巡警隊組織成立，日本政府卽宣言撤兵。

中國政府於十月五日備文答覆日本，拒絕直接交涉，大意是：

一．膠州租借地自中國對德宣戰卽已消滅，日本僅以兵力佔據該地，當然全部無條件交還中國；

二．開放膠州爲商埠，中國早已通告各國，租界無設置之必要；

三．合辦山東路爲全國人民所反對，且有害鐵路之統一及中國之主權，故不能承認，全路及管理權應交還中國，其資產俟公平估價後，由中國定期將未收回之半數贖回；鐵路附屬地鑛山應照中國鑛律辦理；

四．山東路延長線中國自當與國際投資團體商辦，煙濰路與該路截然兩事，不能相提並論；

五．青島海關當歸中國政府完全處理，不容與他埠海關稍有差別；

六．官有財產之交還須包括各項官有，半官有，市有及公有財產事業。

七.撤兵問題與膠濟路不相牽涉,應即尅期全部撤退代以中國路警.

中國政府這種斷然的回答,完全是國民公意促成的。 四萬萬同胞已認定直接交涉,不但事實上莫有直接的利益而且間接承認凡爾賽條約及二十一條,磨滅三年來奔走呼號的眞精神! 那麼直接交涉無論從物質方面看或是精神方面看,都是不應當的了!

二、英美周旋與會外談判

直接交涉在理論上既不正當,在事實上又數次拒絕,政府當局除了直截了當提出華盛頓會議別無他法。 誰知大會開幕後,代表團重要人物優柔寡斷一味聽美國指揮;第一次止提原則未並提山東案已經失計,後來又受許士『先提小案後提大案』的愚弄,只拿關係較次的案子在會內爭辯。 彼時國內外團體雖屢催代表團速提魯案,然都是怕提晚了鬧得沒有結果,決未敢疑慮代表有意直接交涉。 十一月二十六日代表團忽告國民代表說許士和巴爾福不願中國將魯案提出大會,因爲魯案規定在凡爾賽條約,凡與會國家如有服從該約的義務,便不能贊助中國;又說許士願和巴爾福提供周旋(按周旋 Good office和調停 Mediation 有別,周旋只管拉攏並無責任，調停則有責任，多半由調停國向爭議國雙方提出條件）請中日兩國代表在會外交涉。這時代表團口頭上雖聲言尚未決定應取的政策但心目中早有直接交涉的成議，不過時機未到，還要照顧國民的面子罷了！

英美輿論本都認爲魯案是華盛頓會議的一個大問題，許士和巴爾福的周旋爲什麼突如其來呢？原來開會前日本向中國提議直接交涉；並不敢保中國一定容納他的要求，他的意思是：（一）如果中國承認，便和中國直接交涉以免提出大會；（二）如中國拒絕，便藉口中國沒有誠意，向英美運動在會外交涉。中國覆文遞到東京以後，日本報紙屢載哈定調停的消息；中國報紙也有提到日本企圖和中國代表在華盛頓直接交涉的。開會前後，日本百方奔走，四出運動，多半爲魯案直接交涉。許士因爲要敷衍大會成功，本視魯案爲畏途，如中國提出大會，他爲維持共和黨的體面和世界的輿論起見，不得不同情於中國，一同情於中國，不免得罪日本，或使大會增加困難，既有日本從旁運動，他自然歡迎。巴爾福對於魯案也不願提出大會，論同盟義務和利害關係，魯案提出後他應當贊助日本，但一贊助日本，不但遭世界輿論的攻擊，而且影響他三角同盟的計畫。於是三方協作，遂拿周旋的美名圈籠中國直接交涉矣！

在華盛頓的國民代表和各團體代表看破個中的圈套，認爲承認直接交涉不但無形承認凡爾賽條約和二十一條，違反三年來奔走運動的眞精神，而且日本賣弄陰謀也難得好結果。遂於十一月二十九日向施公使建議『拒絕直接交涉提出大會公決』，如被拒絕，使宣告脫會，或聲明作爲國際懸案徐謀解決。不料施使故意推諉，還說代表團尚未決定是否直接交涉。趕到第二日—十一月三十日—許士竟在遠東問題總委員會宣布中日兩國代表已容納美英兩國的周旋，在會外直接交涉魯案！於是國民代表和各團體代表始恍然大悟，知道施使純用外交手段欺朦國民。當天晚上會派代表質問施使，施使力辯承認英美周旋是在會場臨時決定的，又說英派前駐華公使朱爾典及駐華公使館一等參贊藍朴蓀 Lampson，美派遠東事務局長莫克麥勒 McMurray 及前駐日代理公使貝爾 Bell 到場旁聽，並不算是直接交涉。十二月一日爲第一次直接交涉的日子，在華盛頓的中國學生和新聞記者，憤於代表柔弱無骨，曾赴代表團辦公處勸阻顧王兩代表—施先走了—中止赴會。但顧王兩代表都拿『不能傷英美感情』爲理由，嚴詞拒絕，因此一片『賣國賊』的呼聲遂送兩代表赴會去了！當日美國新聞紙有許多說『山東問題在會外直接交涉是日本第一步勝利，中國第一步失敗了；然而顧公使還力辯這是直接談判不是直接交涉呢！ 中國代表團開始直接交涉以後，謠言四起，甚至有說『中國政府爲免除人民猛烈反對起見，已經答應日本在華盛頓直接交涉，英美周旋，不過是掩蔽世人耳目』的。這種謠詠在外交上固不可全信，但代表團一任美國擺佈，莫有自主的能力，則確無可疑。中國若把定决心在第一次會議——或第二次，甚或在路特決議通過後，——提出魯案，斷不會發生英美的周旋；即英美提議周旋，若力言國民反對堅持提出大會，也並不算傷英美的感情。 彼時世界的輿論對於遠東問題都射在魯案上，中國雖謝絕英美周旋，魯案終不至被拒不得提出。 若說與會九國有五國須遵守凡爾賽條約，提出後也無好結果，更是大謬不然。 美國代表爲維持共和黨在上院及上屆總統選舉反對山東問題的面子，應付國民的公意，斷不敢太違背公理；英國爲結歡美國當局敷衍世界輿論也不敢明目張膽帮助日本。 其餘法意比三國鑒於世界公論所在，也只有抱沉默的態度。 中國代表不知利用這種形勢將魯案提出，還說提出或被拒絕或無好結果，眞不値一笑。 若魯案提出果眞有中國代表團所預料的結果，則抱實利主義不顧體面的日本，又何苦奔走運動和中國直接交涉呢？ 若說日本爲維持國家體面，中國獨沒有國家的體面了麽? 從體面上講,從民族精神上,雖明知失敗也得依照民意提出呀! 退一步說假令要買好英美,承認直接交涉,也當該要求得議案先行提出,然後由中日兩國另組小委員直接討論最後一步也當要求爲有責任之調停決不當認無責任的周旋爲滿意!

三、中日直接交涉之經過

十二月一日的第一次會議是午後三時在大亞美利加館會議室舉行的。 許士和巴爾福偕同本國所派旁聽人到場介紹中日兩國代表,都有一篇簡單的演說。 日本加藤致答詞的時侯,一面向英美解說山東問題止牽涉全省土地二百分之一與長二百九十哩的鐵路和附屬鑛產,並不關係山東全省;一面主張此次交涉止討論重要條項,詳細節目等到後首共派委員會辦理。 中國施公使口頭雖說『山東問題爲中國生死問題,』然並不見有誓死力爭的決心。 第二次會議討論進行手續,曾決定:『山東問題之討論以事實爲根據,免去學理的爭執,其目的在於增進相互了解中日善隣之誼,不得以兩國間或與他國間之條約爲爭議之理據。』 這時節中國代表縱不能直截了當將所有主張的條件全行提出,以聳動世界的觀聽,也當該開宗明義先討論最重要的鐵路問題，以防止將來日本的陰謀。　誰知鐵路問題爭論不多時，第三次會議日本要求先討論他項問題，遂拋開了！　這是直接交涉中中國代表最上當的地方。日本乘此時機將不能到手的優先權放棄了，將海關以使用日語及聘用日人爲條件，也聲明歸還了；於是便在會外大事宣傳日本的功德。　隨後討論公產問題，日本雖承認將德國原有的無償價歸還，但自己建築及增補的都要償價。　償價的數目並不說明，只候將來組織委員會雙方協定。　這種主張不啻要中國承認他不合法的建設，和拿空白支票給日本，由日本自己任便塡寫價目。　中國代表雖極力爭論，也不過白費時間，給日本以阻止中國再向大會提議的機會；後來糊糊塗塗不言明公產的詳細種類，不問明公產的價目略數，竟一一承認日本的主張了！

在美各團體見代表交涉的手段，處處墮入日本的圈套，曾提出警告，要求速提鐵路問題。　代表團重要職員也因爲不滿意全權總代表的行動，紛紛辭職，甚至王寵惠博士也有辭職的表示。　加上國內輿論的不平，和國民示威的運動，施顧兩使纔於十二月十日將鐵路問題提出。　提出時施公使並不要求無條件歸還，　開始卽講究贖路的辦法，—照協約國所估五千三百萬馬克之數償還日本。　日本代表見中國代表不但不以無條件歸還爲目的，而且不以無條件歸還爲手段。便更現出一種强硬態度，混不講理！中國要用款贖路，他問中國那裏來的錢？中國說國民集金——這時節上海來電說中國銀行團可以籌款——他問何以不償還所欠到期的日債。這樣辱汚的言詞，簡直將中國看得一文不値，而日本代表有時還拍案叫跳呢！爭論許久，日本不再談合辦了，乃注其全力於贖路。第一次日本提出對案，拒絕現金贖路，要求中國借用日款以四十五年爲期。這是拿借款爲合辦的化裝，給中國以空名，自己好隨便從中操縱。中國雖力言中國銀行團已擔任籌款，無需再用外款，日本却藉口日本商業利益，百方爭持。後來中國提出以六個月爲一期，分六期於三年內攤還的辦法（第一期用現款，餘五期先拿以鐵路收入爲擔保的國庫券交付日本）日本仍不贊成。他主張：（一）國庫券以二十年爲期，十年後可以自由取贖；（二）國庫券未贖回以前用日本車務總管，會計主任及總工程師各一名。中國說山東路收回後將與津浦路聯成一氣，用不着特設這三種職員，但爲使日本滿意起見，可以延聘日本分段工程師一名。日本說我們並不注意工程師，給我們車務總管和會計主任好了。日本這種企圖操縱實權的辦法，實在令人聞之生懼！同時日本還問中國，如日本承認現金贖路，中國能否將路金一起交存第三國銀行；中國說一起交存，足以影響金融市場，中國可以於九個月內——鐵路完全移交以前——分三期交清。日本藉口保證不充分，堅不承認，其實他並不希望中國拿現款贖路，他這種手段不過欺負中國國庫空虛緩和他國攻擊罷了！十二月二十日第十七次談判，雙方爭論未決，日本看大會情形甚好（遠東問題總委員會因二十一條休會，海軍問題總委員會因法國海軍比率問題發生波瀾，）竟託詞向東京請示，把談判停止了！當日日本所堅持的辦法如下：

一．中國以國庫券贖路，以十年爲期，五年後可自由贖回；

二．中國任用日本人爲車務會管。

中國代表團處在大會波瀾重疊的期中，加上日本代表的威嚇（埴原曾聲明如中國將魯案提出大會，日本便將以前的讓步全行撤回）當然不敢向大會裏提議，卽敢向大會提議，也是沒有機會的。除了痴候東京消息，任憑日本代表的擺佈外，別無他項善後辦法；但在這沉寂期中，却請日本人吃了一次飯，中國代表眞是大國民襟度呀！日本政府這時因爲梁士詒新近登臺，遂拋開中國代表團，行使巴黎的故智，向梁氏運動借款贖路。北京政府是個一貧如洗的政府，梁士詒更是急於要錢的內閣，小幡公使九千萬借款的甘餌，遂鈎出外交部十二月三十一日的訓令：

「施顧王三代表鑒本日小幡謁內閣切詢膠濟路辦法，梁揆答以定借日款自辦，其一切細目由華會商定特聞外交部。」

代表團於一九二二年元旦接到右列訓令不免大吃一驚。後來因爲消息的洩露，國民代表的監督和個人良心的苛責纔決定不照訓令仍依照前政策進行。一月五日，日本代表以各方面佈置已妥，特請美國國務院通知中國代表續開談判。兩國代表會見後日本與高彩烈提出借款用人的辦法，將陳案悉數推翻。那知中國代表故作未接到北京訓令堅持反對日本代表雖明知中國代表已接到訓令但爲防備他國攻擊起見却說不出來！雙方爭執了二日，日本始終主張：

一、中國借款贖路以十五年爲期，中國得於協定後五年以六個月前之通知淸償之，

二、山東路須聘用日本人爲車務總管及會計主任；

三、借款之詳細手續由兩國派員在北京協定之。

中國代表因爲日本新案較年前最後提案還要嚴苛，表示不能承認，並提出左列兩項辦法，請日本自擇其一：

一．中國以現款贖路，現款寄存於第三國銀行，於鐵路歸還前或歸還後移交日本。或

二．中國以國庫劵或中國銀行團債劵交付日本，兌付期定爲十二年，三年後得以六個月前之通知兌回；

中國自動的任用日本人爲分段工程師。

日本見所謀未能成功，於一月六日又將談判停止。停止談判後日本政府曾電令小幡向梁士詒質問中國代表不受訓令的理由，並示意國內報紙拿攻擊的言論壓迫梁氏。那知因此竟激動了中國全國的人民，隨後吳佩孚一篇通電更振動了全世界！日本借款的陰謀遂完全失敗。

這時節健諾亞 Genoa 會議的聲浪愈唱愈高，英法代表都準備回國襄辦歐事。許士恐怕山東問題不能解決，影響全局的事業，（上院方面有山東案不解決便不批准四國協約的消息，）乃勸令兩國先談判他事後討論鐵路問題。一月十一日兩國代表經許士拉攏續開談判，所議事是撤兵，開埠，鑛業，鹽業，電報，土地及既得權諸問題。礦業無討論，卽承認中日合辦，土地及既得權也將日本用强制手段取得的認爲合法。

關於鐵路問題，許士與巴爾福依據日本意思作成下列的調停案：

一、將借款改爲國庫券，以十五年爲期，五年後中國可以自由取贖；

二、中日各任車務總管及會計主任一名，歸督辦管轄。

一月二十日巴爾福先向日本代表幣原，埴原接洽，日本代表只承認中國人爲會計主任，不承認中國人爲車務總管。後來英代表團秘書長韓凱 Hankey 提出二年半後任命中國人爲副車務總管的折衷辦法，日本又要了些關於二十一條及西比利亞的條件，纔表示承認。二十二日許士和巴爾福拿得日本已承認的調停案，逼迫中國代表接納！中國因爲調停案比年前日本最後提案有兩倍的不利益，起初不肯承認，許士乃授意本系報紙非難中國代表，並於一月二十五日請哈定親身出來壓迫中國代表。一月十五日瓦爾須 Walsh 的決議（請哈定隨時將山東案的消息報告上院，）一月二十日波拉約翰孫諸人的辯論（質問美國代表何以不令魯案提出大會，）是毫不注意的！中國代表本來軟弱易欺，現在受這樣的壓迫，自不得不承認了！於是膠濟鐵路乃正式墮入日人的掌握，將來日人運用鐵路及鑛業並既得權等，當然可以操縱山東的命脈；山東經濟前途眞有第二南滿的危險！而美國一部分親政府的報章，還說日本人管路，能增加鐵路的便宜呢！基督科學勸導報 (Christian Scien ce Monitor)說：『日本欲管理鐵路，純係自私的作用，英美當局竟徇日本之意，壓迫中國，其理由果安在哉？』美國前駐華公使芮恩施說：『山東問題當以鐵路完全歸還爲解決，今以外國職員管理該路，是侵害中國之行政完全也。』華北明星報記者付哥斯Fox說：『如中國代表團因美國之壓迫，而承認日本車務總管之要求，則美國在遠東之體面實蕩然無存。』願共和黨的政治家三復斯言！

四、山東問題之結局

鐵路問題既告解決，兩國代表遂進而討論其他未決問題。一月三十一日經過三十五次談判，各事皆已定局；翌日，山東條約遂於第五次公開大會上宣布於世。該約於二月四日午後五鐘，在大亞美利加館內正式簽字，約用英文，譯出如左：

中國及日本均深願將關於山東之問題，依照兩國共同利益和平解決，因此商定訂一解決該問題之條約，而任命全權代表如下（代表名單略；）各全權代表互示其全權委任狀，認爲良好妥當，遂議定條款如左：

第一款　前德國膠州租借地之歸還

第一條　日本應將前德國膠州租借地歸還中國。

第二條　中華民國政府及日本政府應各派委員三人組織聯合委員會，訂定並辦理關於移交前德國膠州租借地行政事務及該地公共財產之細則並清理其他須完結之事件。

為達到此項目的起見，該聯合委員會應於本約發生効力時即刻集會。

第三條　前德國膠州租借地行政事務及公共財產之移交並前條所述其他事件之清理，須從速辦竣，至遲不得在本約發生効力六個月後。

第四條　日本政府擔任於移交中國前德國膠州租借地行政事務時，將日本手內之卷宗，表册，圖樣，契據及其他公文，或各種認證謄本，凡係移交行政事務所必要與中國繼續在該地及沿膠州灣五十粁地帶行政所必需者，悉交付中國。

第二款　公共財產之移交

第五條　日本政府允將前德國膠州租借地所有公共財產，包括土地，建築物，工程或建設等，無論為德國當局以前所有者，抑係日本於在該地行政期中購得或建築者，均移交中國政府，但本約第七條所指定者不在此限。

第六條　移交前條所述公共財產時，不得向中國政府要求償金；但日本當局購得或建築者，及對於德國當局以前所有者所加之增修，中國政府應依照耗損原則及繼續價值，比例日本政府所支之實費，酌給公平之償價。

第七條　前德國租借地公共財產其爲日本領事館所需要者，應由日本政府保留，其爲日本公團，包括公學校，廟宇，墓地，特別利益者，應由各公團保留。

第八條　關於前三條所述事件之細則，應由本約第二條所規定之聯合委員會辦理之。

第三款　日本軍隊之撤退

第九條　現駐膠濟鐵路沿線及其支線之日本軍隊，包括憲兵，應於中國軍警前往護路時，卽行撤退。

第十條　前條所述中國軍隊之佈置及日本軍隊之撤退，得分段行之。各段撤換之終了日期，應由中日有權當局預行商定之。日本軍隊之完全撤退，於本約簽字後三個月內實行，無論如何不得遲至六個月後。

第十一條　屯駐青島之日本衛兵於行政事務移交中國之同時完全撤退，無論如何不得遲至移交後三十日。

第四款　青島海關

第十二條　青島海關自本約發生効力時起，應成爲中國海關之完全部分。

第十三條　一九一五年八月六日中日兩國關於重設青島海關之臨時協定，應於本約發生効力時作爲無効。

第五款　膠濟鐵路

第十四條　日本應將膠濟鐵路及其支路，並各種附屬財產，包括碼頭，倉庫及其他相類之財產，全數移交中國。

第十五條　中國自認將前條所述一切財產之實價，償還日本。應償還之實價，包含五千三百四十萬六千一百四十金馬克（德國所遺財產之定價），或其等價，並加日本管理該路期中對於該財產實際支出之永久增修費，但須酌減相當之耗損額。前條所述之碼頭，倉庫及其他相類之財產，除日本管理鐵路期中所加之增修，須酌減耗損，支給償價外，不得取償。

第十六條　中華民國政府及日本政府應各派委員三人組織聯合委員會，依前條所定之根據，估定鐵路財產之實價，並商定移交該財產之手續。

第十七條　本約第十四條所述一切鐵路財產之移交，應從速辦清，無論如何不得遲至本約發生効力九個月後。

第十八條　爲實行本約第十五條之給償，中國應於膠濟鐵路移交完了之同時，以中國政府國庫券交付日本；此券以鐵路之財產及收入爲擔保，期限十五年，但中國有選擇權，於交付五年後隨時以六個月前之通告，取贖其全部或一部。

第十九條　前條所述國庫券未贖回前，中國政府應選任一日人爲車務總管，又一日人爲會計主任與中國會計主任會辦一切事務，至國庫券贖回時爲止。此項職員應在中國督辦支配，管轄及監督之下，因事得更換之。

第二十條　關於國庫券之財政細則，凡具有專門性質而未經本款規定者，應由中日當局從速協定之，無論如何不得遲至本約發生効力六個月後。

第六款　膠濟鐵路延長線

第二十一條　關於膠濟路兩延長線——卽濟順，高徐兩線——之讓與權，應開放爲國際財團之公共活動，其條件由中國政府與該團商定之。

第七款　鑛產

第二十二條　中國以前讓給德國之淄川，坊子及金嶺鎮三處鑛權，應移歸中國政府特別許可而組織之公司；該公司之日本資本不得超過中國資本。其方式及條件應由第二條所述之聯合委員會決定之。

第八款　前德國膠州租借地之開放

第二十三條　日本政府聲明無企圖設置日本專管租界或國際公共租界於前德國膠州租借地之意。中國政府自行聲明開放前德國膠州租借地之全土，以便外國貿易，並許可外人在該地自由居住；自由經營商工及其他合法事業。

第二十四條　中國政府更聲明：外人在前德國膠州租借地之既得權，無論在德國時代抑在日本管領期間，凡依法平允取得者悉尊重之。關於日本臣民或日本公司既得權之地位與效力之一切問題，應由本約第二條所規定之聯合委員會整理之。

第九款　鹽業

第二十五條　鹽業在中國爲政府專業，故特約定：凡日本臣民或日本公司在膠州灣沿岸確已享有之鹽業利益，應由中國政府以相當價格購回，其該岸所產之鹽，准以公允條件運往日本一定量數。

上述目的——包括該利益之移交中國政府——之手續，應由本約第二條所規定之聯合委員會辦理之。其手續應從速辦竣，無論如何不得遲至本約發生効力六個月後。

第十款　海底電線

第二十六條　日本政府聲明：關於青島煙臺間及青島上海間前德國海底電線之一切權利，名義及特權，悉歸中國所有，惟兩線中曾經日本政府用爲聯接青島佐世保間海電之部分不在此限；關於青島佐世保海電在青島上陸及經營之問題應由本約第二條所規定之聯合委員會依據中國所參與之現有契約各項條件，整理之。

第十一款　無線電臺

第二十七條　日本政府擔任將青島及濟南之日本無線電臺，於日本軍隊自該兩地撤退時，以公允之償價，移歸中國政府。移交及償價之細目由本約第二條所規定之聯合委員會商定之。

第二十八條　本條約（包括附約）應批准之，其批准書應從速在北京交換，至遲不得過本約簽字後四個月。

本條約自交換批准之日起發生効力。

各全權簽字於兩份條約——以英語製成——並加蓋圖章。

一九二二年二月四日作於華盛頓。

附約

一．優先權之放棄——日本政府聲明放棄一八九八年三月六日中德條約所定關於外國輔助人材，資本及材料之優先權。

二．公共財產之移交——本約第五條所定移交中國政府之公共財產，包括（一）一切公共工程，如道路，自來水，公園，溝渠及衛生設備；（二）一切公共事業，如電話，電燈，屠獸場及浣衣所。

中國政府聲明經營及維持行將移交中國政府之公共工程時，前德國膠州租借地之外國公團應有公允之代表權。

中國政府更聲明接收前德國膠州租借地電話事業時，對於該地外國公團因公共一般利益所爲擴充或改良電話事業之請願，當與以相當之考慮。關於電燈，屠獸場及浣衣所各項公共事業，中國政府於接收後，應再轉交青島之中國自治當局，由該當局依據中國法律組織商業公司，以經營及運用該事業，惟須遵守自治章程並受其監察。

三.青島海關——中國政府聲明當訓令中國海關監督，(一)許可前德國租借地之日本商人以日語在青島報關；(二)於遴選海關相當職員時，就中國海關辦事規則之範圍，對於青島商業各項需要加以考慮。

四.膠濟鐵路——倘本約第十六條所定鐵路聯合委員會，對於職務內事件未能商有結果，所餘各點應由中華民國政府及日本政府以外交方法討論並整理之。決定上述諸點時，中華民國政府及日本政府得因必要而採取第三國一國或數國專門家之意見，該專門家須以相互同意選派之。

五.煙濰鐵路——倘煙濰鐵路由中國資本建築時，日本政府不得要求將該路投資優先權開放爲國際財團之共同活動。

六.前德國膠州租借地之開放——中國政府聲明在中國管理地方自治政府之法律未

制定並未經一般適用以前，中國地方當局對於自治事件直接影響前德國膠州租借地外國住民之方便及利益者，當徵詢其意見。

附屬了解

一．日本臣民於中國法律範圍內，應被許爲附約第二條第四項所述公共事業特組之商業公司之職員或股東。

二．本約第九條至第十一條所規定之日軍撤退後，無論山東任何部分不得保留任何日本軍隊。

三．凡日本在山東建造之輕便鐵路及其一切附屬財產，均視爲膠濟路財產之一部。

四．鐵路沿線之電線亦視爲鐵路財產之一部。

五．中國當局接管鐵路後，對於在該路服務之日本僱員有留用或更動之全權及自由。如更動此項僱員，須於鐵路移交前爲相當之通知。如鐵路移交後卽實行更動，其詳細辦法應由本約第十六條所定之鐵路聯合委員會商定之。

六．日本車務總管及會計主任下之全體屬員應由中國督辦委任之。鐵路移交二年半後，中國政府得選任華人副車務總管一名期以二年有半；又此項華人副車務總管，亦可於依照本約第十八條發出贖取國庫券之通告後，隨時任命之。

七．中國政府無選任上述屬員之義務。

八．本約第十八條國庫券之取贖，如用中國以外之資金不能生效。

九．中國政府得向日本政府咨詢關於遴選鐵路上日本車務總管及會計主任之有用消息。

十．凡現有之約契或成約係管理該路之日本當局所爲者，其一切問題當由鐵路聯合委員會解決之；在鐵路未移交以前該日本當局不得締結足以妨害鐵路利益之任何新契約及成約。

十一．本約第二十三條所用『合法事業』一語，不得解作包括農業，或中國法律所禁止或中國與他國間條約未許外人經營之任何事業；又此項定義不得影響本約第二十五條所規定之鹽業，或應照本約第二十四條決定之既得權問題。

十二．前德國膠州租借地以外所有之日本郵局，應於移交鐵路之同時裁撤之，倘移交於一九二三年一月一日以前實行，無論如何不得遲至該日。

十三．前德國膠州租借地以內所有之日本郵局，應於移交該租借地行政事務之同時裁撤之。

十四.本約省略中國人民對於日本當局或日本臣民因山東不動產之歸還或山東華人生命財產之損害所爲之一切要求,但不因此影響其要求。

十五.中國當局應將上述要求及其一切證據開具清單提交日本當局。其對於日本當局之一切要求應用外交手段處理之,其對於日本臣民之一切要求則由司法手續解決之。關於後者之要求,遇必要時得特組人數相等之中日聯合委員會從事實際情形之調查。

十六.日本政府對於戰爭中日本軍事佔領直接釀成之任何損害,不負責任。

一九二二年二月四日,華盛頓。

山東條約簽字那天晚上,日本代表團特請中國代表及許士,巴爾福喫了一頓山東飯!席間許士和巴爾福都表現極歡喜的神氣,—許士大概歡喜中國易欺,巴爾福大概歡喜中美日三而都作好人。東道主的日本代表更是眉飛色舞;他們不但慶幸山東經濟命脈,可以自由操縱,還要欣喜滿洲問題爲山東問題遮過一絲未動呢!基督科學勸導報說得好:『日本不過以山東爲煙幕(按煙幕係戰爭時軍艦用以遮蔽艦體以防潛航艇或他艦之攻擊者）阻止中國向大會提議滿洲問題耳。日本之手段純粹以海上之戰署移用於會議席上。」我獨不解在巴黎主張簽字在華盛頓力主直接交涉的人們，怎樣下咽了！

國民不願意直接交涉，代表竟直接交涉了。交涉結果不但山東經濟命脈落入日人手裏，滿洲問題完全遮過，郎稱聲可以贖回的東西，種類和價目都未訂妥，將來日本不知如何勒索呢。前途茫茫，願國人注意以下數事罷：

一．贖路基金應從速由國民籌出，寄存可靠銀行。

二．聯合委員會未開會前，中國應將擬討論之問題切實調查淸楚，勿墮日人騙術中；交涉時宜嚴防日人陰謀。

三．鐵路之經營及監督宜合全國民力爲之，山東商學各團體更宜派員隨地盡監視之責，勿使軍閥及官僚染指。

四．有日本人參加之各項事業，宜嚴防日人專權。

第三節　取銷二十一條問題

一、民國四年的舊恨

在未下筆之先，我本不打算敍述二十一條的歷史，但提起筆來，腦海裏澎澎渤渤將民國四年的舊恨一樣一樣都翻騰起來。 我想可憐的往事，同胞雖還記得，若重新溯洄，不但能激發雪恥心，而且也容易判斷事實的曲直咧！ 所以將腦海的影片，擇要映寫出來。

二十一條是日本對華侵略的一種結晶，日本政府懷抱野心已經許久，不過在列强監視下不得自由發揮罷了！ 民國三年八月歐洲發生掀天揭地的大血戰，大隈內閣以各國無暇東顧，認爲宰制中國的大好機會業已到來。 八月十五日日本送致最後通牒於德國，要求德國在九月十五日以前將膠州租借地無條件無償價交付日本，以便歸還中國。 德國看破日本明打歸還中國的招牌，陰行侵略的野心，曾拒而不許。 日本遂於八月廿四日對德宣戰，並下攻擊青島的動員令。 中國政府鑒於俄日戰爭的往事，恐怕戰事漫延山東全省，中國人民無辜遭殃；特於無可如何中給他們劃定了一個軍事範圍。 英國軍隊是遵行了；日本軍隊從龍口上陸，第一着卽超出軍事範圍。後來膠濟路也被日軍佔據了，中國人民財產也被日軍徵發了，生命也被日軍犧牲了，——軍事範圍內作戰的約束，簡直成爲具文。 十一月十六日青島歸入日軍掌握，戰事完全告終，英國軍隊也陸續撤退。日本這時節不但不撤兵，而且還節節增兵；二十一條主人翁加藤高明，大概已將害中國的毒劑泡製好了！

十二月四日，日本駐華公使日置益奉調歸國，名義上是接洽外交問題，實際是和外務大臣加藤高明而議二十一條進行的方針。日置益回到北京的時候，二十一條的腳本業已編好，只待『相機提出』！恰巧中國通告取銷軍事範圍，乃認爲大好的機會。其實戰事告終軍事範圍本當消滅，乃日本竟藉題發揮視爲『非友誼的行動有辱帝國的尊嚴』。一月十八日夜日使覲見前總統袁世凱，一般人推測以爲不過是交涉取銷軍事範圍的問題，那知鼎鼎有名的二十一條竟於這人不知鬼不覺的時候提出！日本的二十一條要求寫在陸軍省繪有兇畏艦及機關礮的公用箋上，很給中國當局以不良的印象。日使談話時態度極爲强梁，最初拿威嚇手段要求絕對的秘密，更用暗示方法，以贊助帝制引誘袁氏。贊助帝制的暗示，使袁氏忍心迎合日本的心理，罷免孫寶琦以陸徵祥爲外交總長和日本開始一週兩次的談判。絕對秘密的要求更遮住中外輿論的攻擊，使日本便宜行事。最初倫敦泰晤士報和美國聯合通信社的北京通信員雖探得二十一條的秘密電告本國，但因爲日本駐英駐美兩使絕對否認的緣故，都未見登載。 二月間雖漸露馬脚，但又爲日本所發表之十一條所欺，外人以爲日本止向中國要求十一條。 物質上精神上孤立無援的中國，受日本種種威逼種種擺佈，不得不表示許多的讓步而日使還再三催逼談判林毅陸（衆議院政友會系議員現任外務省勅任參事官）所說『是使中國變爲日本保護國』的第五號！談判經過二十三次，中國已經讓無可讓了；日使乃於四月二十六日第二十四次會議席上提出一種形式上稍加修正實質上有增無減的修正案。 修正案共二十四條，較第一次所提二十一條多出關於東部內蒙古者四條，內容大致如左：

一．關於山東者—中國承認（一）將來德日間關於山東權利利益之一切處分；（二）山東沿海不割讓不租借；（三）煙濰路借款權；（四）自開商埠。

二．關於東三省者—中國承認（一）將旅大及南滿安奉兩路租借期展至九十九年；（二）日人在南滿土地租賃權及購買權；（三）日人在南滿自由居住權；（四）奉吉九處採鑛權；（五）東三省南部鐵路及課稅借款權；（六）東三省南部聘用顧問之優先權；（七）吉長路借款合同。

三．關於東部內蒙古者—中國承認（一）課稅借款權；（二）鐵路借款權；（三）自開商埠；

（四）農工業合辦權。

四．關於漢冶萍者——中國承認（一）不國有，不充公；（二）不借日本資本家以外之外國資本。

五．關於沿海港灣及島嶼者——中國承認不割讓或租借他國。

六．關於揚子江各鐵路者——中國承認將武昌，南昌，九江，杭州，潮州間各路鐵借款權，於他國無異議時，許於日本。

七．關於福建者——中國承認（一）不准他國在該省沿岸建設船廠，軍事蓄煤所或海軍根據地；（二）不以外資自行建設。

八．原案第五號之改正——中國外交總長言明（一）必要時聘用多數日本人為顧問；（二）許日本學校或病院在中國內地有商租或商買土地權；（三）中日武官協商採買軍械或設立合辦軍械廠之事。

中國對於日本的修正案考量數日，終因為武力不敵的緣故，於五月一日又為最後之讓步！　誰知中國愈委曲求全，日本愈蠻橫無禮；日置益公使竟向陸外長聲明如中國不全部容納日本的修正案，日本必取最後之手段。　中國政府當局因為日本正在山東奉天增兵知道日使的恫嚇不無所恃，所以於不能再讓之中又爲許多讓步！趕到五月六日日使通告最後通牒已到的時節，差不多連顧問問題都表示承認了！日本必要取一網打盡的手段，於五月七日午後三時，將最後通牒送交中國外交部，限於五月九日午後六時以前爲滿意之答覆。最後通牒所要求的和四月二十六日修正案，一般無二，但原案第五號之改正，却以『將來另議』四字輕輕拋棄了。日本對於第五號，起初是抱一『秘密進行』的政策，後來被英美兩國偵知，受了抗議，所以不得不取銷。五月九日中國政府屈服於日本的最後通牒，中國歷史上遂留一極大的國恥紀念。

二、取銷二十條的提案

爲日本最後通牒脅迫而成的中日新約，於四年五月二十五日在北京簽字，約中規定自簽字時起卽發生效力。北京政府當時爲日本的武力所籠罩，是解脫不開了，但四萬萬玄黃裔胄對於該約却未嘗認爲有效。第一，中國臨時約法第三十五條規定大總統締結條約須經國會之同意，該約從未經國會之批准。第二，該約成於日本最後通牒的脅迫，未表現中國自由之意思。第三，締約當時中國爲中立國，民國六年八月十四日對德宣戰結果，情勢已根本變遷。第四．膠澳租借條約因中國對德宣戰之故，已完全取銷，中日新約之主要目的物因之不復存在。第五．該約非特與國際聯盟規約不合，且違反中國與外國間之條約。第六．該約缺乏私法上所謂『確定』的要素。本着這種理由和精神，中國代表團曾於巴黎會議請求將該約取銷。只因爲強國專斷，缺乏公道的緣故，不但沒有達到取銷的目的，而且被日本誣爲違背國際信念。仔細想來國際信念不過指以自由意思所結的互讓條約，若是條約自身缺乏信念，便無所謂違反信念了！

華盛頓會議發起以後，中國國民公意都主張把二十一條提出大會請求取銷，外國有良心的政論家，也同情於中國人民的意見。誰知開會後施顧兩使一味聽許士的擺弄，每天止拿些小案在會裏爭論，把山東及二十一條兩件大案擱而不提。山東問題既不幸發生直接交涉，國內外團體遂電催代表團速提二十一條，三位總代表除了王代表以外仍是遲疑不前！後來許士忽然暗示中國代表謂二十一條可以提出，於是十二月十四日纔由王寵惠提出遠東問題總委員會。提出時將約文包括在勢力範圍項下，未曾獨立門戶，這也是許士爲維持日本面子囑咐中國作的！中國主張取銷二十一條的理由是：

一．此項條約及換文與本會之正義的公式，及路特解決遠東問題之原則衝突；

二．此項條約及換文侵害中國領土完全，及英法俄美日各國以條約保證之中國獨立；

三．此項條約及換文在威嚇之情形下交涉，而以一九一五年五月七日日本最後通牒之脅迫構成之；

四．此項條約及換文缺乏確定之原素，日本與交戰國締結秘密條約，卽以此故。

日本代表埴原起初拿『此係中日兩國間事，不能在大會內討論』爲理由，作籠統的反對　王代表謂該約雖係中日兩國間的條約，却關係有約各國全體的利益；埴原又謂旅順大連是日本流血換來的（指俄日戰爭）不能輕於放棄．　王代表答稱日本流血僅換至一九二四年爲止，九十九年的延長日本並未流血，乃用最後通牒逼成的．　埴原無言可答，但仍作無理由的拒絕．　許士遂藉口『爲海軍問題討論迅速，山東問題交涉順利起見，』宣告遠東問題總委員會無定期的停會．　會後發表的公文並未提中國要求取銷二十一條，許士維持日本眞是無微不至了！

許士既授意中國代表提出二十一條，提出後爲什麼壓迫中國爲正義而生的意見呢？原來許士爲敷衍大會成功免除自身麻煩起見，並沒有誠意叫中國提議二十一條。但日本彼時對於海軍比率取延岩的政策，所以特意叫中國提出藉以催逼日本。果然，二十一條提出當日午後四鐘，三頭會議開會，談判到八點鐘始散。翌日，日本遂宣告接受許士五、五、三的比率矣！許士目的既已達到，便令遠東問題總委員會長期停會。一九一五年五月十三日美國對於中國照會的精神，和一九二一年十二月十九日中國代表『如二十一條不取銷則大會所通過之原則不啻廢紙』的聲明，許士是全不注意的。美國當時的輿論雖表同情於中國，却不能感化他們政府當局的黨利本位主義。中國在美的志士，看此情形，不待日本回答，已知二十一條在華盛頓會議和以前在巴黎會議一樣了！

三、中日爭辯及美國聲明

因二十一條停會的遠東問題總委員會，一直遷延到一九二二年一月五日纔重新開會。開會後日本抱定延岩政策，對於二十一條行若無事，隻字不提；許士也努力作門戶開放的工夫，不聞不問。後經中國代表催問，美國新聞指摘，許士乃聲明『俟山東問題解決後再議二十一條。』這話冷眼看來，好似許士維持中國免得日本施展陰謀；仔細推想，山東問題日本取延岩政策許士何嘗不知，若俟山東問題解決，則大會將近閉幕還有什麽機會爭持！果然山東問題於大會將終之際敷衍了事，許士和日本代表接洽後，乃令幣原正式回答如左：

「前此本委員會某會議席上中國代表團曾提出聲明，慫恿將一九一五年中日條約及換文重行審議並取銷之。日本代表團深知中國代表團所處地位之困難，惟對於中國欲取銷以自由主權國之資格所訂定之國際協定之手續，殊難自由同意。

中國代表團對於一九一五年約章之合法効力似無疑問之點，蓋此項約章係經兩國正式選任之代表簽字蓋印，且曾依據國際慣例實行交換其批准書也。中國力持取銷該約之主張，適足表示其亦以除取銷外，該約確已生效並繼續有效也。

無論何國斷不能慨允割讓其領土權利或其他重要權利，此事之最顯然者。今以非讓與者本意爲口實而謀取銷條約中嚴重規定讓與之權利，若一日承認則必開一極危險之先例，其結果將影響亞洲，歐洲及其他各地國際關係之安定，中國代表團陳述書中曾謂中國接受一九一五年之日本要求，本希冀有相機提出討論並取銷之一日。此種論調殊難索解，蓋中國代表不能謂中國於訂約時即抱一遇機位即破棄之意思也。

中國代表團力稱爭議中之條約及換文，足以破壞本會所通過關於中國主權及獨立之一切原則。然本會已屢屢主張凡中國行使主權所讓與之權利，均不能視爲侵犯其主權及獨立。

抑尤有進者，世人每以「二十一條」四字名一九一五年之條約及換文，實欠妥貼，且易起誤會。其最足發生之錯誤印象，即謂日本曾堅持原案，中國曾全部承認也。究其實，非特第五號，即日本原案其他數項亦經完全撤回，或照中國政府意思修正，始作成最後提案請求中國承認者。兩國政府關於此項交涉所發表之記錄，更足證明該條約及換文之重要條件，其曾經簽字者，在最後通牒交付以前，實際上已得中國交涉員之承認；至最後通牒在日本當時視之不過使遷延不決之交涉從速了結之唯一手段耳。

在本會內重事考究及審查到會國一國對於他國舊有之寃屈日本代表團實未見有何利益。欲合於本會之最高目的計，惟有以希望及信念瞻顧未來耳。但詳考一九一五年中日條約及換文成立後所起之變遷日本代表頗欲乘此機會爲左之宣言：

一、日本預備將讓與日本資本獨享之儘先商議權中關於(一)建築南滿洲及東部內蒙古鐵路借款，及(二)以該地租稅爲擔保之借款者開放爲最近組織之國際財團公共活動；惟組織財團各國政府間及各國財團間所交換並正式宣布之記錄及換文其中凡關於財團公共活動範圍之了解，均不因此項宣言而變更或消滅。

二、日本無意堅持中日條約中關於中國在南滿聘用日本政治，財政軍事警察各項顧問或教練官之優先權。

三、一九一五年中日條約及換文未簽字前，日本曾保留其政府原委中之第五號，以備將來之交涉日本現準備撤回此項保留。該約及換文中關於山東之條款，現已完全整理解決，勿庸贅述。

日本以公允妥協之精神，並鑒於中國主權及機會均等之原則，而爲此決定，余言之有餘幸焉。」

幣原這篇聲明極盡日本外交家詭辯之能事，若仔細分析，便可看出兩種破綻來。第一，對於中國，完全將當年交涉的醜態掩過不提，力持『往者不諫來者可追』的主張；第一，對於他國，拿三種粉飾太平的宣言，敷衍日本的面子。 民國四年交涉時日本的行動，已在第一段裏約畧說明，不必再贅。 現在僅就日本三種宣言，畧加解剖。 第一宣言所說的國際財團，即拉門德所組織的新銀行團。 民國八年日本政府曾向英美各國要求將東三省及蒙古除外，英美各國堅不之許。 民國九年拉門德赴日和正金銀行頭取（即經理）梶原仲治交涉東三省，蒙古除外問題，商定將已成之南滿路及其支線（六九八哩），吉長線（七九哩），新奉綫（三六哩），四鄭線（一九〇哩。）並計畫中的吉會線（二七七哩），吉開線（二三〇哩），長洮線（一八〇哩）劃出新銀團範圍之外，其餘仍屬於新銀團公共活動的範圍。 日本此次宣言謂：『凡關於財團活動範圍之了解，均不因此項宣言而變更或消滅。』 即是仍舊保留南滿各路借款獨占權的意思。 已經新銀團承認的照舊保留，未經承認的宣言放棄，這和不宣言有何分別，假令祕密裏少有分別，與未承認新銀團的中國又有什麼相干！ 第二宣言放棄顧問或教練官各種優先權，也是因爲門戶開放業經成立，故意買好歐美各國；實際上東三省已經有日本政治顧問數人。第三宣言將當時英美抗議的第五號撤回，更是一種笑話；不說最後通牒已將這號默示放棄，即眞正保留在今日四圍風雨之下，日本怕也不敢再冒天下的大不韙罷！

王寵惠代表對於日本的回答表示不滿，當謂二十一條所生的情形不過是一種事實，在法律上中國斷難承認。翌日，王代表又在遠東問題總委員會上作第二度的抗爭，但時機已失，爭是無效了！除了給美國作交換海軍比率的禮物以外，和在巴黎會議一樣，仍舊是白費心血一場。當日許士也發表宣言，聲明美國的地位；許士的宣言和中日兩國的辯論後來都正式記入會議錄內了。以中國十大原則開場的遠東問題總委員會；共開會三十一次，遂於是日（二月四日）以二十一條迄終矣！王代表的答辯書如左：

『中國代表團已注意幣原男在昨日本委員會會議席上關於一九一五年五月二十五日中日條約及換文之陳述書。中國代表團得悉日本預備將讓與日本資本獨享之儘先商議權中關於（一）建築南滿洲及東部內蒙古鐵路借款，及（二）以該地租稅爲擔保之借款者，開放爲他國銀行利益之公共活動及日本無意堅持關於中國在南滿聘用日本政治，財政，軍事，警察各項顧問或教練官之優先權；並日本撤回原案第五號將來另議之保留，均認爲滿意。惟日本政府不放棄一九一五年中日條約及換文中之他項要求，此誠中國代表團引爲最大之遺憾者也。

日本代表團曾表示意見，謂此項協定之廢棄『爲開一極危險之先例，』『其結果必影響亞洲歐洲及其各地國際關係之安定。』

中國代表團認爲如一國於類似交涉及簽訂一九一五年條約之情形下，可向其他友善但在軍事意味上較弱之隣邦，取求爭議中有所不滿，且無交換物之貴重讓與權，而無他國之非難及抗議，必造成較更危險之先例，其影響國際關係之結果至於不可計算。此項條約及換文在國際關係之史册上，誠屬獨一無二。卽歷史記錄中，亦難得其他之例證，其性質之嚴酷，若一九一五年日本於兩國尙在友善關係之時機，無挑撥之事可以藉口，忽向中國所提之要求也。

至謂一九一五年各種協定之取銷，將成爲破毀他種協定之先例，更屬不必措意，蓋將來不至再發生同樣事件乃確鑿可望者也。

一九一五年協定交涉情形之奇特，美國政府曾於一九一五年五月十三日所致中日兩國政府照會中論及之。該照會開始卽謂「美國政府鑒於中國政府與日本政府間已決及未決之交涉情形，並交涉結果之協定，特照會中華民國（對於日本稱日本）政府，凡中日兩國間所訂協定或了解之侵害美國及其在華人民之條約權利者，及侵害中華民國政治或領土完全或關於中國之國際政策卽普通所謂門戶開放者，美國政府不能承認。」

中國政府自覺對於他國之義務，曾於協定簽字後卽時發表正式陳述書以抗議被迫簽字之條約，並謝拒侵害他國條約權利之責任。中國政府於所發表之陳述書中復聲明：中國政府雖「被迫而完全承認（日本）最後通牒之條款，」但中國政府並無贊成修正外國間關於維持中國領土獨立及完全保持現狀，及各國人民在華工商業機會均等主義所訂規約及協定之意思。」

因該約根本上違反正義之故，以中國政府及國民名義而行動之中國代表團，深覺將關於該約是否公正之問題亦卽關於該約基本效力之問題，提出代表與遠東有切膚關係之本會，蓋爲職責內所不能或免者。

倘日本徒因一九一五年兩國正式簽字於該約之故，而爭持學術上或法理上之效力，是不啻謂本會之目的爲無當，蓋本會九國代表固未嘗有意維持法律上之現狀也。反之，本會目的實擬使太平洋及遠東之現狀有所改善，冀以增進美國大總統請柬中所述各國間永久之友好。

因此，中國代表團以左列之理由，認爲一九一五年五月二十五日中日條約及換文應加以公允之審查以取銷之：

一．中國要求相互之讓與，日本並未提供何等交換物。自該約所得之利益，完全屬於片面的。

二．該協定某重要部分違背中國與外國間之條約。

三．該協定與本會所通過關於中國之原則不合。

四．該協定曾引起中日間永久之誤會，倘不取銷之，將來難免妨害兩國之友誼，且爲本會召集目的實現之障礙。

關於此點，中國代表團於結尾時，認爲引證一九一五年六月前國務總理大臣原敬提出日本議會之決議，實爲計之最得者，因該決議有一百四十餘議員之贊成也。該決議如左：

「決議—現政府對於中國之交涉，自各方面觀察無不失當；該交涉有害兩國之和好，啟列强之疑慮；該交涉墮失日本帝國之威信，並因違背遠東和平之基礎，故將爲未來之禍根。」

中國政府爲上述之聲明，意在記錄其現在及將來對於一九一五年五月二十五日中日條約及換文之意見。　許士聲明書如下：

「幣原男以日本政府名義所爲之重要陳述，使余不能不申述美國政府之地位，因一九一五年五月十三日美國致中日兩國政府之同樣照會中曾表明此事也。

致中國政府之照會如左：

「美國政府鑒於中國政府與日本政府間已決及未決之交涉情形，並交涉結果之協定，特照會中華民國政府凡中日兩國間已訂或未訂之協定或了解，其有侵害美國及其在華人民之條約權利者，及侵害中華民國政治或領土完全，或關於中國之國際政策即普通所謂門戶開放者，美國政府不能承認。　「同樣之照會曾送致日本帝國政府。」

此項陳述與美國從來對華政策完全一致，而所言明之美國地位，維持已久，且將繼續維持焉。

關於山東事件，卽構成原要求第一號並爲有關山東省條約及換文之主旨者，欣悉已如二月一日公開大會之報告，在會外由兩國交涉圓滿解決。而幣原男以日本政府名義，聲明日本預備撤回一九一五年條約及換文簽字前所爲之保留，卽日本政府原案第五號——關於聘用有力日本人爲政治，財政及軍事顧問；學校及病院之土地；華南某鐵路；軍械供給，及佈敎權——容後再議一層，更令人有深感焉。中國及外國對於第五號要求之再提，均認爲必妨害中國完全及門戶開放，今確實撤回此項大問題，各國疑慮自此渙然冰釋矣。關於南滿洲及東部內蒙古之條約及換文，幣原男曾切實言明日本無意堅持關於中國在南滿聘用日本政治，財政，軍事，或警察顧問或敎練官之優先權。幣原男並指明日本並不堅持已讓與日本資本獨享之儘先商議權中關於(一)建築南滿洲及東部內蒙古鐵路之借款，及(二)以該地租稅爲擔保之借款；惟日本願將該項權利開放爲新近組織之國際財團公共活動。

關於此節，余可謂具有上述性質之任何事業，凡可以外國資本在該地經營者當然可由該財團擔任也。但應有注意者，即現存條約係將此項事業之機會，以平等條件，開放於各國人民是也。萬不能臆斷中國有約國之一般權利，止限於加入財團事業各國之人民；或參與財團組織之政府自以爲除該組織中各國銀行團體外悉否認其對於此事件之一切權利。余深信日本聲明情願放棄一九一五年條約所許在南滿及東部內蒙建築鐵路及以租稅爲擔保之財政事業之獨占地位，可以此意正當解釋之。

此外尙有指明者：中國政府於一九一五年五月二十五日條約關於南滿洲及東部內蒙古第二第三第四各條下，曾許可日本臣民，在南滿洲因建築工商工業及農業目的有租賃土地之權，在南滿洲居住，旅行及從事製造事業，並在東部內蒙古與中國人民合辦農業等。美國政府對於此等許可，自不能認爲有獨占之意向，故擬沿用舊慣根據中美間最惠國條款，向中國政府爲美國人民要求利益焉。

至此余應表明者：中日間條約效力問題與美國對華條約中之權利截然兩事；因此項權利已經美國嚴重確切言明故也。

美國政府對於此點，與對於美國人民在華從事商工事業之一般權利各事同，悉本傳統之政策堅持各國人民平等主義；且此種政策並余所述一九一五年五月十三日照會中之其他政策，當由本政府切實維持之。余深喜美國政府現方藉九國條約重申並規定關於中國之政策，或且使之增加效力焉。」

第四節 中國關稅自主問題

一、中國提案的三大主張

一八四二年的南京條約，中國屈於英國戰勝的餘威，明定進出口貨一律值百抽五的稅律，將關稅自主權加了第一步的限制，後來遂成爲附骨之疽。一八五八年天津條約開協定稅的源泉，除英法美以外的各國，也都藉口最惠國條款，陸續取得同樣的利益。庚子一役愈鬧愈糟，不但協定稅經十餘國牢牢繫定不得更動，即海關行政大權也落到外人手裏。從此以後，中國關稅完全無自主之可言，而外人還從估定物價上百方操縱。名義上中國是徵收從價稅百分之五，實際上中國僅得值百抽五的一半。外國商人利用這世界獨一無二的賤稅，一味往中國輸運商品，往本國輸送原料，中國政府受主權上極大的限制，財源不能流通；中國國民蒙經濟上無限的損失，實業不得發展。一九一二年中國曾要求有約十六國修改稅則，但未能告厥成功。這皆因辛丑條約規定改正稅則須經有約各國全體一致的同意，大多數國家因爲本國稅率比中國高出十倍以上，雖稍發慈悲，但一經一二野心國的反對便不能成立。一九一八年上海曾開改正稅則委員會一次，物價稍稍提高，但還不足值百抽五，僅僅的值百抽三·五！中國歷年因爲不能實徵百分之五，損失國稅不下三萬萬元。

華盛頓會議既通過路特尊重中國行政完全的決議，中國代表團遂根據此項決議於十一月二十三日提出關稅自主的議案。這是中國事實提案的第一次，提出者爲顧維鈞，要求目的是『歸還中國自行規定及區分關稅之權』。中國代表團因爲驟然變更局面外國不肯答應，所以一面聲明不變更現在的海關行政——即是照舊用外國人代辦——，一面主張用下列的三種漸進方法辦理：

一、第一步自民國十一年一月一日起，將現在名義上之值百抽五改爲從價稅實徵百分之一二·五。

二、第二步允許中國於一定期間一定限度內，有規定及區分本國稅率之完全自由。

三、第三步於一定期間後從速將關稅權完全歸還中國，絕對免除外國之約束及限制。

中國主張關稅自主的理由有七：

一、現行海關制度侵害中國自由規定稅則之主權。

二、現行制度剝奪中國對於他國實行投報之權；外國輸入中國貨物僅納從價稅百分之五，華商向外國輸入貨物須納最高稅額。

三、現行制度妨礙中國經濟上之發展。

四、現行稅率進出口一致並無區別，實忽視中國國民經濟上及社會上之需要。機器及五金為中國所需要者，中國欲徵稅百分之五以下；侈奢品如呂宋煙及紙煙等應徵較重之稅以免戕害中國國民道德及社會習慣。由此觀之，現行稅制實欠科學的組織。

五、現行稅制使中國度支蒙極大之損失。各國關稅在預算中占重要之位置，——如英國占百分三十二，法國占百分之十五，美國占百分之三十五，——中國則占較次之地位。

六、現行制度使中國政府感受修正稅則之極大困難，一九一二年一九一八年已曾經驗。

七．雖實抽百分之五亦不足應中國之需要，因中國建設教育衞生各項事業需款孔亟故也。

中國的提議當日在總委員會內少加討論。路特因爲一九〇二年及一九〇三年中國和英美日三國的條約，都拿取銷釐金作增稅百分之一二．五的條件，曾問中國有無關於釐金的提議。顧公使謂取銷釐金之先，須使中國關稅自主，或增加關稅至可以替代釐金的程度，原約百分一二．五的稅率在現在公費浩大的時代似尚不足。恩德五說增加稅源是使中國政府穩固的好方法，他個人認爲可以照百分之一二．五定案。後來移交小委員會，本問題遂變爲日本爭論的焦點！

二、日本態度之强梁

關稅問題小委員會共開會六次，日本代表每次都抱一强梁跋扈的態度。顧公使於第一次會議提出具體辦法六條：(一)現在入口稅百分之五，卽增至百分之一二．五；(二)中國承認於一九二四年一月一日取銷釐金，各國承認自該日起，照中英，中美，中日條約徵收附加稅，並承認徵收奢侈品特別附加稅；(三)自訂約之日起，五年內中國應建設新稅制，有徵收從價稅百分二十五之自由；(四)現在之陸運減稅規則應卽作廢；(五)自訂約之日起，十年內應將中國與外國間一切關稅條約及釐金條約完全取銷；(六)中國自動的聲明現無根本變更海關制度，或妨礙以關稅擔保外債之意思。日本代表對於中國的提議首先反對，並主張將應增的稅金規定爲償還外債之用，以免爲各省督軍所截留。英國贊成日本的主張，但建議分作教育實業償還外債數項生產的用途。當日各國都有意承認增至百分之七·五，惟日本藉口兩國商業關係密切，絕對否認。第二次會議日本代表小田切萬壽之助——橫濱正金銀行取締役(卽董事)——又提出意見如左；

一、日本對華貿易每年約占中國貿易百分之三十，若驟增至百分之七·五，較前多出一倍，實蒙非常之損失。

二、中國顧客均係平民，若驟形增稅，物價必忽然提高，平民生活當蒙極大影響。

三、將中國關稅改爲實抽百分之五，在規則未改正前，暫收附加稅百分之三十。

顧公使於答覆日本代表的提議時，曾謂日本對華貿易既占百分之三十，雖增納關稅六百萬元，也用不着商人及製造家特別爲難。但鑒於四圍情勢不佳，遂於鮑登提議增至百分之七五・時，表示贊成了！ 不料各國皆已承認，而日本仍不許可；日本代表一面藉口向東京請示，一面在會外大事宣傳。 他們宣傳的着眼點不外中國武人貪婪和釐金制度腐敗。 中國武人貪婪固然不假，但日本參謀本部供給這般武人軍械及軍費以助長中國之內亂，日本有思想的人似乎也當有良心上的自覺吧！ 釐金制度腐敗，我們自己也未嘗不曉得，不過這是我們自己的主權，用不着外人干涉。 日本現在還徵收一種類似釐金的通行稅，每年約一千萬元，外國若拿『不適於現代』五字上去干涉，日本人當作何感想！ 外觀報(outlook)記者阿保特 Abott 曾說現在法國要再徵收和釐金相似的過關稅 octroi （按法國現在還有這種稅，不過性質上已變為煙酒消費稅由城市自治政府徵收） 誰也不敢過問。 可見外國種種為難，只因為中國武力不逮而外人心中却並不一定熱心取銷釐金。 釐金不取銷，外貨一次納百分之二・五即可通行各地，國貨仍舊到處納稅，兩相比較國貨是競爭不過外貨的！ 不過釐金還未廢止不妨在會外任意詆毀；會內中國提議取銷釐金，日本便拿中央政府不能實行，來相搪塞，日本代表眞巧於應付了。

十二月二十七日小委員會開第三次會議，鮑登根據日本及他方面的意見提出實徵百分之五及增收附加稅百分二・五的決議。　本年一月三日恩德五又依據鮑登的決議，提出一種決議於第五次小委員會會議。恩氏的決議大致如下：

一.召集特別會議，討論取銷釐金各事；

二.現行關稅卽增至實抽百分之五；

三.增收附加稅百分之二・五，並特別附加稅百分之五以下；

四.四年後再改正關稅一次，經過該次改正後每七年改正一次；

五.關稅須依據機會均等及待遇平等的原則；

六.陸路通商減稅辦法應卽廢止。

恩氏決議第六條遭法國的猛烈反對；法國代表說安南陸路減稅辦法是爲四十萬中國僑民的利益。英國雖承認取銷陸路通商減稅辦法，但要求恢復印度向華貨徵收入口稅的權利。後來鮑登提出修正案，將本問題交付特別關稅會議，纔把這件事完結了。一月五日遠東問題總委員會經過長期停頓，重新開會，恩德五遂將小委員會的決議報告總委員會，並說明改正的結果如左：

一.實徵從價稅百分之五，每年可增收華幣一千七百萬元；

二．附加稅百分之二・五每年可增收華幣二千七百萬元；

三．奢侈品附加稅百分之五以內每年可增收華幣二百十六萬七千元；

四．總增收額約華幣四千六百十六萬七千元；

五．關稅總收入額可由華幣六千四百萬元，增至一萬一千零十六萬七千元，或一萬五千六百萬元（最高額）。

增加的關稅，在患窮的北京政府當局看來，實在很可喜罷；若從一般國民的眼光看去，自己權力內應有的東西不能自由，卻向外人靦顏要來，眞是可憐咧！ 前上海大陸報記者裴佛 N. Peffer 在紐約國家雜誌上說：『從價稅百分之五，已於一八四二年之條約中載明，今始得之已經過八十載矣。』 馬克爾 McCall 在大西洋月刊上說：『既曰尊重中國主權，獨立及行政完全矣，乃復為中國效勞代訂關稅。』 此外連日本人也有這樣說的；大阪朝日新聞所登緒方竹虎華會之回顧一文裏邊便有這種論調。這些話恐怕被軍閥官僚聽着，也要掃興罷！ 顧公使在決議報告總委員會時；曾發表一篇陳述書表示觖望。 他說：『關稅自主乃各獨立國家應享之主權』；現在中國止徵入口稅百分之五，而外國則徵收百分之十五至六十。』 又說：『因需要一致贊成之故，一國之反對卽足破壞其他各國一般之贊成；及中國因特別原因，允許一國有讓與權或特別利益也，則其他各國羣藉口最惠國條款前來要求，並不提供何等交換物。」　最後他還說：『本委員會雖無法考量中國返還關稅自主權之要求，中國代表團並不因承認本委員會之協定而放棄其要求；反之，中國代表團遇將來有機會時，當將本問題提出另議也。』　恩德五於回答時，竟忘了十一月二十三日自己曾說『增加稅源是使中國政府穩固好方法；』忽謂『如中國建設統一全國之立憲政府，管轄各省之軍事，他國當思自身所交接者乃一完全且絕對自由之政府，而中國在此席上所要求之主權大理想亦易於實現矣。』　前後矛盾，實在可笑；而關稅條約提交上院時，恩氏還說中國樂於贊成呢！　上院民主黨議員金維廉 William P. King 曾於一月十六日提出反對限制中國關稅自主的決議，雖未通過，卻爲公理爭氣不少。

關於稅金存儲問題，日本代表在小委員會裏曾主張將來特別關稅會議須加以公平的討論，無非要嘗鼎一臠，不令匯豐銀行和華俄道勝銀行獨占罷了！　恩德五在遠東問題總委員會第二十九次會議席上也提及此事；他說可以自由存儲的稅金，大會不能代爲決定應當存儲何處銀行，如特別會議有權討論附加稅的存儲且得中國許可，或可代爲決定。顧公使當日發表聲明，謂革命以前稅金悉存儲中國海關銀行，革命以後因地方不靖臨時改存外國銀行，此種辦法於中國財政上多有不利，中國銀行界已屢次要求政府取銷此項臨時辦法，故將來討論此事時雖一時不能全返還革命以前之辦法，亦須存儲稅金一部於中國可靠銀行。此項聲明是很對的，將來特別關稅會議如討論這個問題，我代表我國民都不要忽略了！

三、關稅條約及裁兵勸告

小委員會的決議，由總委員會交付起草小委員會起草正式的決議；一月十六日路特代表起草小委員會將草成的決議提出總委員會，經修正後即一致通過。後來大會依據此項決議製成中國關稅條約，於二月六日正式簽字。此次條約將以前的條約差不多都取銷了，但非簽約國如不承認增稅，簽約國必要根據第九條向中國要求同樣權利。恩德五於巴爾禡建議加入第九條時，曾批評如左：

『此乃一商業協定或一商業契約，中國如認爲相當時當然可以取銷之……倘有一國家獨力抵抗本會各國國民之公意，並設法阻止中國增加財源——中國國家生命必要之課稅——中國政府完全可以取銷其條約或協定……倘非簽約國不加入本條約而猖猖然阻止中國獲得權利上應有之生命機會，則欲實行本條約惟有取銷他約之一法。……」

關稅問題將來的爭議正多呢，同胞注意罷！　下邊便是關稅條約的譯文：

美利堅合衆國，比利時，英帝國，中國，法蘭西，意大利，日本，荷蘭，及葡萄牙爲使中國政府增加稅源起見，決定締一關於改正中國關稅及其連帶事件之條約，因此特派全權代表，（代表名單略）互示其全權委任狀，經認爲良好妥當，遂議定條款如左：

第一條　一九二六年二月四日，締約諸國代表曾於華盛頓依照中國與他國所訂條約，通過關於改正中國關稅之決議一件，作爲本約附款，意在使中國關稅實抽從價稅百分之五，因此締約國確認該項決議，並擔任接受因改正而訂定之稅率。　該稅率應從速實行，但不得在公佈後兩個月以內。

附款

爲增加稅源以應中國政府之需要起見，到會諸國即美利堅合衆國，比利時，英帝國，中國，法蘭西，意大利，日本，荷蘭及葡萄牙約定；

一九一八年十二月十九日上海改正稅則委員會所通過之進口稅則，應加修正，俾

照中國與他國所訂商約實抽從價稅百分之五。改正稅則委員會應於最早時期在上海集會，以便依據上屆之一般手續，實行改正，

此項委員會應以上述各國代表，及其他各國代表，其現有政府經到會各國承認，且與中國有進出口稅不得超過値百抽五之條約而樂於參加者組成之。

改正事宜應急速進行，俾於限制軍備及太平洋並遠東問題會議通過本決議後四個月內告竣。

改正稅則應從速實行，但不得在改正稅則委員會公佈後兩月以內。

合衆國政府應以本會倡議國之資格，將本決議各條款照會未參加本會議但曾參與一九一八年改正稅則委員會之各國政府。

第二條　爲預備急速取銷釐金，並履行一九〇二年九月五日中英條約第八條，一九〇三年十月八日中美條約第四條及第五條，及一九〇三年一月八日中日補充條約第一條，各項條件起見，應開一特別會議，講求敏捷方法，以便實行各該條所定之附加稅。

此項特別會議應以各簽約國代表，及有意參加該會議，並依照第八條諸款加入本

約，且有充分時間令其代表與會之各國代表，組成之。該會議於本約發生效力後三個月內，由中國指定時期及地點在中國開會。

第三條　第二條所規定之特別會議，應考量釐金未取銷及本約第二條所述各條約之條件未履行以前各種臨時應用之條款；並須佈對於應納稅之進口貨所徵之附加稅，至其日期，目的及條件亦由該會訂定之。

附加稅應一律爲從價稅百分之二·五，但該特別會議認爲雖再增稅並不妨礙貿易之奢侈品，得酌量增加，惟不得超過百分之五。

第四條　依照第一條實行改正中國入口稅則後，尙須爲一度之改正，該次改正於本次改正告竣後四年行之，藉以決定第二條所規定之特別會議所定價格，是否與關稅相稱。

經過該次改正後，應以同樣目的，每七年對於中國入口稅則爲定期的改正一次，以代中國現有條約所定十年一度之改正。

爲免除稽延起見，凡依本條所爲之改正，應照第二條所規定之特別會議將來所訂條規實行之。

第五條　凡關於關稅一切事件，應予締約諸國以實際的平等待遇及機會。

第六條　中國陸海關稅一律之原則此後應公認之。第二條所規定之特別會議應爲規定，俾此原則切實生效；並有權對於取銷因地方經濟利益而許可之關稅特權，爲公允之處理。

同時，凡因稅則改正而增加之關稅稅率，或因本約而生之附加稅，須於中國陸海各關按一律之從價稅徵收之。

第七條　通行稅（按卽指釐金）在第二條所定辦法未實行前，定爲從價稅百分之二・五。

第八條　非簽約國之國家，其政府現經簽約國承認，且其現有之對華條約規定進出口稅不得超過從價稅百分之五者，須邀其加入本條約。

合衆國擔任辦理此事之一切必要照會，晉通知其覆文於締約各國政府。各國之加入，於合衆國政府接到通知時，發生効力。

第九條　凡中國與各締約國間之條約，有與本條約之規定抵觸者，應作爲無效，但依照最惠國條款之規定不在此限。

第十條　本條約應照各國憲法手續批准之，自批准書寄儲華盛頓後卽發生効力。合衆國政府應將批准書之認證謄本分送其他各締約國。

本條約以英法兩國文字爲根據，應存儲於合衆國政府檔庫，其認證謄本應由該政府分送其他各締約國。

上列各全權以誠意簽字本條約。

一九二二年二月六日作於華盛頓。

中國於條約之外宣言如左：

『中國政府無意爲妨礙中國目前海關行政之變更。』

外國對於此項宣言有要求附入條約，俾中國簽字者；中國認爲此係自動的宣言，並無國際條約或公約的拘束，未表示同意。二月三日，顧公使復發表陳述，謂此項宣言並非永久性質，中國國民對於海關自主的愛國熱誠並不因之稍受影響。又顧公使於一月十六日還聲明：『國定稅一般較協定稅爲高。因此，門戶開放政策不能混用於施諸無約國之國定稅。』明於謀己而昧於謀人的各國，對於這些聲明當然不十分歡迎，但有了不更動洋員的宣言自然還是歡天喜地啊！

因關稅問題而發生的還有一件傷心事，那便是裁兵勸告。陸軍問題，自從白里安回國，本來無人再提了。但各國因爲中國易欺，不問中國代表曾否被邀討論軍備問題，也不問中國自己怎樣在自己主權下運動裁兵，硬在小委員會裏作一勸告裁兵的決議提出總委員會！在該決議未付表決以前，鮑登還發表一篇事前預備好的演說，痛詆中國武人誤國軍費累民。鮑登的話在理論上講是對的，但不當單向中國說；法國維持多額陸軍，不但戕害法國元氣，而且影響歐洲和平，他何以默默無言？而法國在小委員裏還主張提出强迫中國裁兵的決議呢！眞是『躬自厚而薄責於人』了！

勸告中國裁兵的決議如左：

因到會各國深感中國因維持全國各地溢額陸軍，在各省軍長節制下不能協和，徒糜公帑並

因繼續維持此項軍隊似足爲目前糾纏未決政情之累且

因卽時之大舉裁兵非特足以促中國政治之統一及經濟之發展，且能速財政之恢復；

故本不干涉中國國內問題之主旨，顧覦中國自於本國利益及商業一般利益上發

展並維持有效且穩固之政府；並爲欲於限制軍備上減少佔發展企業及國家繁榮大部之重荷之本會，一切精神所鼓舞；遂

決議——本會對於中國表示最懇摯之希望，卽中國政府立採有效之手段以裁減上述之陸軍及軍費。

和裁兵勸告性質相同的，還有一月二十四日巴爾福所提在中國內政不安期中禁止輸入軍火的決議。該決議共分三條，表面上說是幫助中國，實際上和裁兵勸告一樣，也是干涉內政。意大利對於該決議左支右吾不肯承認，日本也要附帶保留條件，英國不得已遂撤回去了。美國報紙當時不少攻擊英日兩國供給中國軍閥及匪徒軍火，助長內亂，擾亂地方的，——這倒是實在的情形！

第五節　取銷各國在華領事裁判權問題

一、中國的建議案

取銷領事裁判權的聲浪在中國已經呼號許久了！巴黎和會，中國代表曾要求於一九二四年將此項權利取銷，並擔任於取銷之前履行（一）頒佈刑法，民法，商法，民事訴

訟法及刑事訴訟法(二)在住有外國僑民之重要縣分設立新法廳，兩種條件。同時，中國還要求立時許可(一)中國人為被告時無須外國領事或代表到庭觀審或干預；(二)中國法廳之傳票及判決書得執行於租界地及外國僑民之住宅，無須外國領事及法官之預行檢查。種種主張，只因為無人過問，成為一場幻夢！華盛頓會議中中國提出『取銷中國司法上行動自由之限制』一原則，也是注意在領事裁判權之取銷，十一月二十五日王寵惠博士復於遠東問題總委員會，根據路特等重中國主權的決議，正式提出取銷各國在華領事裁判權的建議案：

『領事裁判權在中國為期甚久，幾於對外訂約之初，即有之。一八四四年中美條約明定領事裁判權，此後各國條約皆有同樣之規定。讓與領事裁判權之當時，僅有通商港口—即外國僑民可以貿易並居住之處—五處。今日者此類港口已有五十一處，其經中國自行開放於外國貿易者，數目亦復相同。因此，在中國國境內而中國幾於無權管理之人，其數驟增。斯等特殊情態，已成為地方行政上之重大問題；使中國領土及行政完全上之障害不復繼續，則此事件宜即謀解決矣。

今試就反對領事裁判權制度之理由,畧述一二:

(一)領事裁判權剝削中國主權,使中國人認爲國家之奇辱。

(二)同一地方法廷之增加,及法廷相互關係之綜錯,使司法上發生一種特別現象,致訓練有素之律師及非專門之人員俱感困難。

(三)因法律不確定之故,發生許多弊害。準一般條規,凡某事件所使用之法律以被告人國籍爲斷,故國籍不同之甲乙兩人,如有商事訴訟,其雙方之權利與義務因甲乙兩人孰先起訴而有變動。

(四)凡民刑事件之發生,如被告爲外國人,必解交最近之領事廷審判;此領事廷之距離或在數百哩外,因此常有不能使必要證人蒞廷,或不能搜集其他必要證據之事。

(五)最後尚有使中國人感爲不便者,即因領事裁判權之保障故,在中國之外國僑民,竟主張豁免中國人所必完納之地方稅是也。 哈提 Robert Hart 勳爵,在中國執務僑居,歷有年所,曾於其自支那國之種種(These from The Land of Siniru)書中,明言:『領事裁判權之規定雖爲地方官免除煩腦不少,但恒被認爲侵凌及恥辱，更有一不良之結果，卽使人民一方面蔑視其本國政府及官吏，一方面仇視並厭惡僑民之免於本國管轄是也。』

此項制度如不廢除或根本改革，中國實不利於開放其全土供外國之貿易及商業。現行制度之腐敗，極形顯著，英國於一九〇二年，美國日本於一九〇三年，瑞典於一九〇八年皆承認以一定條件取銷領事裁判權矣。光陰荏苒，約成已二十年，關於中國法律狀態是否已達於所應爲之標準，尙不無意見之爭，但中國司法改良之大有進步則斷難否認者也。試舉數事，以證所言。修訂法律館，司編制及修訂法律之責，已於一九〇四年組織成立。五大法典業已編竣，其中且有公佈實行者矣。第一、民律，尙在修訂中；第二、刑律，已於一九一二年實行；第三、民事訴訟法，第四、刑事訴訟法，均已公佈；第五、商律，一部分已實行。此項法典之編訂有外國專家爲之佐，蓋皆依據現代法理學之原則者也。補充律甚夥，最著者莫如一九一八年之外國法適用條例，係關於國際私法之事件者。依此項條例，外國法律得有較廣之適用。新制法廷於一九一〇年開始設立。推事皆爲現代有訓練之法律家，非具有一定之法律知識，不得任爲推事也。是皆中國自行實施之改革也。吾敢斷言，今日之中國已非復二十年前英國慫慂改良司法制度時之中國矣，更非復八十年前以領事裁判權讓與有約國之中國矣。　吾爲此言，非有意要求卽將領事裁判權完全取銷也，不過請各國協同中國籌定初步之辦法，俾中外人士感示不滿之現行制度，得以改革並逐漸取銷之耳。

余謹以中國代表團之名義，請求到會各國於一定期間後，取銷領事裁判權。　同時，中國代表團復建議到會各國定期派遣代表與中國協商漸行改革，最後取銷領事裁判權之計畫，以便於上述期間內實行。』

二、大會的決議

許士對於中國的提議認爲有調查現在中國司法的必要；他說：『中國司法行政之情況如何？』『中國之法律如何？』『中國法律之執行如何，』不經詳細調查，無法『取銷現有之條約權。』　果然，本問題交付小委員會以後，各國代表一致主張組織審查會調查中國司法狀況，中國要求定一取銷的日期，是無人注意的。　十一月二十九日，小委員會提出設立調查中國司法的決議，經總委員會通過如下：

限制軍備會議中參加太平洋及遠東問題討論之各國——卽美利堅合衆國，比利時，

英帝國，法蘭西，意大利，日本，荷蘭，及葡萄牙——代表，

曾注意一九〇二年九月五日中英條約，一九〇三年十月八日中美條約及一九〇三年十月八日中日條約，英美日三國已承認極力贊助中國，使達到改良司法之願望，俾與歐洲各國一致，並經聲明三國『預備於滿意中國法律情形，中國司法行政，及其他必要事件後，取銷領事裁判權』；

並於此項意義上，同情於中國代表團一九二一年十一月十六日所表示『所有中國政治上司法上及行政上行動自由之一切限制，應即時取銷，或於情形所許時從速廢止之』之希望；

但欲決定實行之手段，須先考核並評定關於中國法律，司法，制度及司法行政之複雜狀態，因此非本會所能確定者也；

於是決議——

一．上述各國政府應組織一委員會（每國派代表一人）考察在華領事裁判權現在之實況，與中國法律，司法制度及司法行政之方法，以便將考察所得之實情，及認爲適於改良中國司法行政現狀各種方法之條陳，報告各該國政府，並贊助中國政府實

行各項立法及司法改良，庶各國得用漸進或其他方法取銷其領事裁判權；

二.上述之委員會須於本會閉會後三個月內組織成立，其詳細辦法應由上述各國協定之，該委員會第一次集會後一年內，應受指令呈送其報告書及決議文；

三.上述各國有接受或拒絕該委員會所爲條陳全部或一部之自由，但各該國不得直接間接恃中國許給政治的或經濟的讓與權特惠利益或豁免，而接受其條陳之全部或一部。

附加決議：

非簽約國之在中國有領事裁判權者，得加入關於中國司法行政及領事裁判權之決議，惟須於本會閉會後三個月內將加入通告書送致合衆國政府，以便該政府照會其他各簽約國。

附加決議：

中國對於組織委員會考察並報告領事裁判權及中國司法行政之決議，已加注意，茲特向對於中國政府希冀取銷領事裁判權表同情之各國，表示滿意，並聲明願派代表一名，有權加入該委員會爲委員之一，至該委員會之條陳，中國有接受與拒絕之自由。又中國準備與該委員會協作，並供給各種方便以冀其事業之成功。中國代表團採取極和緩的漸進方法，請大會定一取銷領事裁判權的日期，本來已經給各國留許多的餘地了！各國代表見中國謙遜未遑，竟拿調查委員會來相敷衍。將來調查委員會到中國調查，當然不免有許多挑剔；而該委員會的決議還不能强各國接受！我想將來至多不過仿照暹邏辦法，組織過渡的特別法廷，任用外國人作推事。這樣太阿倒持的辦法，恐怕比領事裁判權還要吃虧；因爲領事裁判權止限於商埠，我們在未開埠的地方還可以圖謀抵制，若開設特別法廷，則門戶大開，外人可以把中國各地都當做商埠看了！我們此刻對於該委員會不必存什麼希望；我們要打算眞正取銷領事裁判權非自己先努力改良司法不可。哈爾濱特別法院有許多腐敗的地方，若不自己振作，怎能使人信任呢？

註一領事裁判權在英美各國，常常和治外法權混用，不加什麼區別。這是因爲英美各國法學家都從『主權行於領土』的見地觀察領事裁判權；領事裁判權既是在領土以外行使的主權，自然可以叫做治外法權了。反之，大陸各國及日本的法學家都把領事裁判權和治外法權分得清清楚楚。他們認爲領事裁判權是由於條約造成的，限於一定國家，但行於一般人民；而治外法權是國際慣例造成的，各國皆有，但止限於元首及國家或元首之代表。兩種見地都有理由，自然要拿科學眼光去看，分析清楚，是爲正當了。中國在巴黎和會用領事裁判權Consular jurisdiction字樣，係從法國風；在華盛頓會議用治外法權（extraterritoriality）字樣，便是從美國風了。

第六節　裁撤各國在華郵局及無線電台問題

一、客郵問題

在王寵惠博士提議取銷各國在華領事裁判權那天，施肇基公使曾提出裁撤客郵的議案。原案節譯如後：

「中國要求到會各國承認立卽取銷其在華所經營之郵政事務。中國要求之理由如左：

一．中國已組織並經營一種郵政制度通行全國，並維持與外國之關係，足以供應一切須要完全無缺。又郵件之寄遞，係政府專業，一九二一年十月十二日郵政條例第一條規定云：「郵政事務由政府單獨經營之。」

二.外國郵局之存在,實妨礙中國郵制之發展,並增加其困難,且剝奪該制應有之合法及平等的收入。

三.外國政府在中國維持郵局,既侵害中國領土及行政完全,且無條約及其他合法權利之根據。

一八六〇年之初,外國郵局開始在中國特別有約港口設立支局及代辦所。此等局所之開設並未依據何項條約及讓與。其存在與逐漸增加也,中國政府惟有容忍而已。

當此之時,沿海各港口及揚子江各口岸,有一規律的郵遞事務依西法設立,與海關相銜接。此項郵務繼續進行,並逐年改良其各項機關。一八九六年三月二十日上諭,將該制擴充爲中國正式郵政制度,置於總稅務司一般指導之下。最後,一九一一年五月二十八日上諭,取銷總稅務司代管之制,特設獨立制度,由郵傳部大臣直接管轄之。自此之後,郵政遂視爲中國政府行政事務之一種,而經營之矣。

一九一四年三月一日,中國加入萬國郵會公約,同年九月一日以降,中國繼續爲該會之一員,地位極佳。

萬國郵會未承認一國在加入郵會之他國有經營郵局之權利，故中國代表於一九二〇年十月一日在馬墜 Madrid 萬國郵務大會內將中國之客郵問題提出。裁撤此項郵局問題，經認爲屬於各國外交部之權限，因之遂無一定之決定。但當時曾通過一種決議。即在未加入郵會國所設之郵政代辦所得由郵會討論之，然中國自一九一四年九月一日起已爲郵會之一員矣。

中國郵局之郵資，乃世界上之最廉者。但郵資雖如此其廉，無現代交通便宜之長路線，雖需要多額運費方能維持，而收入超過支出之贏餘，仍有加無已。所有贏餘悉用諸改良國內小村鎭之郵務。一九二〇年之收入爲一千二百六十七萬九千一百二十一元九角八分，支出爲一千零四十六萬七千零五十三元零六分，該年度之贏餘爲二百二十一萬二千零六十八元九角一分。郵寄掛號郵件，包裹保險信及快信者，如有遺失，得向郵局要求賠償。一九二〇年共郵遞此類郵件三千七百萬件，要求賠償者不過四百件，比例爲一對九萬。

過去四年間，保險信件減少百分之三十，但同時其他郵件則增加百分之五十。此殆一般對於非保險信件增加信用之一證也。

中國郵局現有通曉外國語言之雇員三千人，凡有外人僑居各地之郵局，皆有此項雇員管理外國郵件。

中國郵局之效率，自職員選任之方法上觀察，更多一重保障。僱員入局須經過一度公允的心身試驗。雖大都市之郵務局長，亦無不由最有能力之雇員中拔擢，從無自他方面選任之事。如有干求政治上之奧援者，則科以免職處分，然事實上未嘗有也。

郵局營業由一中央行政部統轄全國。有時地方不靖或發生革命，革命分子皆公認郵局爲社會公益之一種必要，故恆許其照常營業，對於職員及管理亦不加以更動。近數年來中國諸方面情形雖云不靖，但郵政制度自完全歸中國當局指導及管轄後，則不斷發展。代寄之郵件自一九一一年後約增加三倍（自一二六，五三九，二八八件至一九二〇年增至四〇〇，八八六，九三五件）代寄之包裹一九一一年爲一五四，七四〇件，及一九二〇年驟增至四，二一六，二〇〇件。

目前中國各村莊無郵局或代辦所或其他較小之郵政設備者，實甚寥寥。大局（局及代辦所）一九一七年爲九，一〇三所，及一九二〇年增至一〇，四六九所。小局

（城市信櫃及鄉村驛站）一九一七年爲四八九〇所，及一九二〇年增至二〇，八五六所。統計現有郵政便宜者共三萬一千三百二十五處，較之四年前已增加一倍以上矣。

國際匯兌部業已組織成立，中國與英國，荷屬東印度及香港間之匯兌規約行之頗有爲效。不久卽推廣於他國矣。

中國郵政之充分及滿意，外國觀察者亦屢屢言之。一九二〇年合衆國商業部所發行之中國商業袖珍 Commercial Hand-book of China（卷二第一〇六頁）曾云：「中國郵政事務已推行於全國各地，雖邊野荒榛之所亦不無有其便宜。……聞遺失或盜竊郵件之事爲數甚少，自全體觀察蓋一極滿意之郵務也。」

衞羅璧 Willoughby 君於其名著外國在華權利及利益 Foreign Right and Interests in China 上曾批評中國郵政云：

「目前（一九二〇年）中國郵政事業爲政府保持信用之一種。概括言之，郵政之經營顯著成効，且有財政上之成功，惟中國尙不得不默認六十或六十以上外國郵局在中國國境內營業耳。

中國現今雖已有充分之郵政制度，但外國政府尚繼續維持郵局於中國。目下英，法，美，日四國所維持及經營之此等郵局，爲數甚夥。在中國之客郵現有數目如下：英國，十二；日本，一二四；法國，十三；美國，一。日本郵政設備之分類如下：一等局，七二；二等局，二三；三等局，四；未分等局，十；支局，三；郵政信櫃，一；代辦所，三三；信箱，三三；戰地郵局，十。此等郵局印有自用之郵票，經營之方法亦在在與中國直接競爭。更有應注意者，此類客郵悉設於人口，實業及商業之中心點。此等郵局實處於吸收郵政事業精華之地位，因彼等無義務且事實上未在不重要之地點設局也。

包裹及郵件運入中國須經海關之檢查。但除上海及其他一二商埠外，凡由外國局寄送之包裹從不受檢查。外國郵局與中國海關之協作極端困難，自經驗上言之幾不可能。因是之故，海關收入感受物質上之影響，而外國郵局遂變爲私運違禁物——嗎啡，鴉片等——之助力。

退一步言之，卽令前此有在中國維持客郵之必要，目前此等必要已不復存在矣。一九〇二年四月二十日美國駐北京公使報告其政府云（見一九〇二年合衆國外交關係第二二五頁）：

「余已於可能之時間加以調查，以余個人之判斷，外國在中國之郵局除上海外，實非必要，因中國郵政事務，在帝國海關之下，各方面悉有滿意之成績，且急急增加並推廣於內地也。」

最近中國商業袖珍——前已引用——有云「過去十年間中國郵政事務之發展實普及可稱，實際上誠無繼續外國在該國所設郵局之必要也。」

抑有進者，此類外國郵局之維持，並無條約或其他合法權利之根據。關於此點，美國公使於其一九〇二年四月二十日所呈本國之文書——已曾提及——中，曾云：

「外國郵局純係以政治上之原因而設立者，或為本國對於中國未來之策畫，或謀鞏固其地位，或因嫉妒他國之郵局。此類郵局之設立並未得中國之允許，蓋未嘗以中國為念也。其設立也，物質上既妨礙並累及中國郵政事務之發展，復妨害中國之主權，違背吾人對於中國之政策。吾實未見何等正當理由使美國從事設立也。」

最後，中國尚有欲指明者，外國郵局之存在中國領土，非特使中國蒙財政上之損失，妨害中國郵政制度發展已也，且直接侵害中國領土及行政之完全。此係中國人民永久且顯著的反對紀念足使中國人憤慨外人不相諧和者也。且在中國人之眼目中，更有減損中國政府威信之危險使爲維持人民尊重及服從之政府所有之難題愈加困難。總之，無論自何方而觀察，再於中國境內維持外國郵局實無理由也。』

關於裁撤客郵的提案，中國在法理方面事實方面都有不可駁詰的理據，而在外國方面也並沒有什麽糾葛。中國代表團喜色洋洋以爲此案可以完全通過了！那知二十六日一場討論，止有美國明示贊成，英法兩國要求不得更動外國郵務會辦，日本藉口『交通未十分安全』提議由外國公使和中國政府直接商議。日本的提議雖被大家否認，但議案交付小委員會後，却發生了極大的波折。英國蓋德士提出裁撤的決議，但聲明不適用於租借地。日本埴原一面贊成蓋德士的主張，一面聲明日本在鐵路附屬地及租借地的郵局都根據卜芝茅條約，—日俄戰爭議和條約。夫租借地不過民法上的一種借地，租借地的主權，根據中國和外國所訂一切條約都是照舊歸於中國，中國決不能藉口租借地便阻止中國行使主權。卜芝茅條約雖有以中國之同意將俄國所有權利利益讓給日本的規定，但並沒有特許設立郵局的條文。但各國既百方支吾不肯裁撤，中國代表以不甚熟習租借地情形的原故，又不能據理力爭，結果遂於決議上加入『除租借地或條約特別規定者外』一段傷心字樣矣！除了輿論幫忙，收回應有的檢查郵包一點權利外，租借地的郵局一仍舊貫。外國答應裁撤的不過租借地外幾個不關重要的小局，中國還得拿『不更動現制之外國郵務會辦』作代價，得失相比，實在不見有何利益！裁撤日期，美，英，法三國贊成一九二三年一月一日，日本其初不肯贊成，以致第一次報告總委員會時，裁撤日期竟成了空白。後來因爲美國輿論不滿，延宕至十二月九日，日本纔正式承認；承認的時節還以書面正式要求增聘日人爲職員，（埴原致洛基的信曾說原有日本職員僅僅兩名，英人多至七十人，法人亦二十人。）十二月十二日總委員會第二次通過關於裁撤客郵的決議，譯出如左：

承認中國政府要求取銷外國在華郵政代辦所，所示願望之正當，除租借地或條約特別規定者外，決議：

一．有此項郵政代辦所之四國，承認以下之條件，撤銷其代辦所：

(甲)中國充分郵政事務之維持；

(乙)中國政府確言關於外國會辦之地位一層，無意變動目前之郵務行政。

二、(甲)為使中國及有關係各國得為必要之處理起見，本決議之實行至遲不得過一九二三年一月一日。

(乙)在外國郵政代辦所未完全裁撤以前，有關係之四國應力任供給一切方便，俾中國海關當局得在該代辦所內檢查經過該代辦所之一切郵件（除掛號或非掛號之普通信件由表面上查視即可見其止含有手寫品者以外），以便斷定其是否含有納稅品違禁品或違犯中國海關規則或各種法律之物品。

外國為自己謀得審慎周詳，中國代表為自己謀卻處處客氣！租借地及鐵路附屬地內客郵之裁撤，一時果真辦不到，也當該堅持定一將來撤退的日期。而在未裁撤以前，也應當給中國在租借地及鐵路附屬地內中國人打算，要求准許中國郵局在該地設局，立筒收送郵件。這不但是中國主權內應有的權利，而且事實上也是不可少的要求。外國處處給僑民便利計較，獨不許中國給中國本國人設想麼？南滿路線的日本郵政當局，不許中國在界內幹這些權利內應有的事情，卻自由在純全的中國領土上作這樣非法的勾當，（奉天南滿路站經中國郵務長英人某氏再四交涉結果，僅許設一裝卸及轉運郵件的小局，既不准懸掛招牌，更不許收發郵件，然而這還是僅見的例呢）——代表團不知有這樣不平的現象麼？　現在租借地及鐵路附屬地都除外了，中國並未表示抗議及聲明保留有機會再行提議的權利，這簡直等於默認那些不合法的設備爲合法了！　即將來應該照約裁撤的局所，若不注意以下三事，也怕要有名無實罷：

一．日本如藉口僑民便利向中國要求僱用日本職員及承認特別辦法，中國應拿決議中未附此事條件，及租借地鐵路附屬地日本郵局未因中國人便利，允許中國設局爲理由，嚴詞拒絕。

二．租借地及鐵路附屬地以外之外國郵票代售處及郵筒，須隨局所一同撤去。

三．不准外國郵差到界外城市或村鎮收送郵件，爲本國人便利上計，應令其依照國際聯郵成例，交由中國局代爲投遞。

二、無線電臺問題

根據『尊重中國主權，領土及行政完全』的決議，而提出的議案，還有撤退外國軍警及取消外國無線電臺問題。　此案是十一月二十八日，由施肇基提出的，原文節譯在下節裏面，現在且略述施公使在總委員會特別表示裁撤無線電臺的理由：

一中國目前已有極充分之電氣交通，外國無線電局之維持實妨礙中國電政之發展；

二此項電臺之經營，實侵害中國主權及行政完全；

三此項電臺之維持，違背路特決議之原則；

四中國並未允許外國設立及經營此項電臺。

許士對於中國的提案，首先表明辛丑條約曾許外國設立電臺數處；後來交付起草小委員會，心懷叵測的國家更百方爭執。第一次小委員會會議，路特曾提出決議，主張未經中國許可的由中國備價贖回；已經中國許可的只准收發官電。魏斐尼亞說法國在上海租界及廣州灣的電臺都根據租界權及租借權；埴原說南滿路附屬地的電臺根據鐵路經營的權利。英國也說克什克爾的英國無線電臺曾經中國許可。中國代表雖堅持租界租借地及鐵路附屬地沒有設立電臺的權利，却不能打破法日兩國的野心；十二月七日總委員會竟通過起草小委員會所草的決議如左：

限制軍備會議中參加太平洋及遠東問題討論之各國，即美利堅合衆國，英帝國，中國，法蘭西，意大利，日本，荷蘭，及葡萄牙代表決議：

一．凡在中國之無線電臺，無論係依照一九〇一年九月七日國際議定書設立者，抑係在外國駐華公使館界內設立者，均須限定用途，止准收發官電，不准收發私電或非官電—包括新聞電；—但遇其他電報交通全行隔絕時，此項電臺，得於正式通知並隔絕之證明送致中國交通部後，臨時供給商電私電或非官電包括新聞電之便宜，至中國通告無隔絕時爲止。

二．凡外國政府或公民或臣民根據中國政府條約或讓與權在中國領土所經營之無線電臺，其收發之電信以該電臺所依據之條約或讓與權條件爲限。

三．倘外國政府或公民或臣民在中國領土所維持之無線電臺，未經中國政府之許可者，此項電臺與其全部裝置器械及材料，應於中國交通部準備爲公共一般利益作有効之經營時，從速移交中國政府歸交通部監督下經營之，但須對於所有人之設備補償公允之全價。

四．關於租借地，南滿路附屬地或上海法界內之無線電臺，如有問題發生，應視爲中國政府與當事國政府討論之事件。

五．外國國家或公民或臣民在中國領土所維持之無線電臺，應由其所有人或經理與中國交通部議定一種普通手續，藉免中國各處無線電台使用電波時之混擾，但修正一九一二年七月五日倫敦所簽國際無線電報公約之一般國際會議，如議定一般手續，須遵守之。

法代表魏斐亞尼於贊成此項決議演說時，主張各國對於中國無線電台問題，應當拿『協作』替代『競爭』以免國際間之衝突。魏氏的意見，不過因爲無線電台的利益，美英日丹各國間，（因美國聯合無線電公司和交通部的契約）已經發生了衝突，將來無線電愈發達，爭議愈多，自己國內的商人便要吃虧罷了！當時許士曾請魏氏提出決議，大家討論，魏氏遂提出決議五條，大意如下：

一．組織委員會商訂切實辦法；

二．不得犧牲他國，而謀本國之利益；

三．各國無線電公司共同供給中國各項新式無線電機；

四．中國國內無線電交通遵照中國法，國際無線電交通遵照國際無線電規則；

五．各國政府不得支持不遵照上述原則之公司或私人；

六．無線電報費不得超過陸電或海電之電費。

魏氏的決議名義上是國際協作，實際是『利益均霑』若從中國的見地觀察便是干預中國電政侵害中國主權了！　中日兩國代表因爲直接交涉山東無線電台的緣故，曾主張暫緩討論，所以魏氏此項決議擱置了許久。

一九二二年一月二十四日，遠東問題總委員會因爲已經討論到議事程序所列『太平洋電氣交通』一項，遂拋開山東的無線電台，進而討論中國一般無線電問題。路特當日演說，謂魏氏的決議大體雖與小委員會意見相合，但所論列之問題，基本上須中國自己決定，小委員會不能越俎代謀。　又說無線電問題關係非常複雜，非經過極徹底的研究，不能有所決議。　故路特當場提出決議，主張照魏氏的建議，組織委員會擔任：(一)調查中國關於電氣交通的讓與權，條約及借款；(二)與中國會商中國擬採取之電氣交通政策；(三)研究魏氏所提出的決議。　翌日，路特根據本國專門委員的建議，又提出七條決議，大致如左：

一．門戶開放主義應適用於中國無線電台事業；

二．如專占權或特權有取銷之必要，有利益關係之各國，得用其周旋辦理之；

三．未經中國許可之無線電台，不得經營，應由中國備價贖回；

四.不經中國許可,不得再於使館界,租界租借地鐵路附屬地及其他特別區域設置電台,已設者不經中國許可不得增加,並不得收發商電;

五.在中國之無線電台應遵守國際電報公約;

六.有電台之國家或人民應與中國會商一種了解,以免紛擾;

七.中國與他國間之電氣交通應由中國政府以正當方法擴充之。

在路特提出上列決議的當日,施肇基公使曾聲明中國態度如後:

一.未經中國許可之無線電台使中國蒙非常之損失;

二.電報爲中國政府專業,無線電台亦應爲中國政府專業;

三.國際無線電台應全體討論,不宜止限於中國;

四.若組織委員會從事調查及報告中國一國之無線電業,必啓世人之誤解;

五.關於國際無線電問題,中國深願與各國協作。

中國的聲明理由非常充足,起草小委員會討論結果,魏斐亞尼和路特的決議都被否決了。一月二十七日,遠東問題總委員會因小委員會的報告,又將十二月七日所通過的決議付諸投票,當場一致通過。但爲免除當事國胡亂解釋決議的條文,强說大會默認已經中國許可的電台起見，曾加了兩條保留：

一、『除中國外諸國聲明一九二一年十二月七日決議第三條或第四條，不得認爲本會對於所述電台是否已經中國許可一層，有一種意思表示。』

二、『各國更注意，如無反對時，其因第四條所生之討論，應與本會所採之門戶開放或機會均等原則相合。』

中國代表同時也宣言：

『中國代表團乘此機會聲明中國政府不承認或容許任何外國或外國國民，未經正式許可，有於使館界租界租借地，鐵路附屬地，及其相類區域內建設或經營無線電台之權利。』

一件無線電問題喧呶了許多日子，始終許可我們備價贖回的不過幾處，將來贖時更不知怎樣爲難呢！　且看下列各國在華無線電台的所在自然明白，至於日本在京津及南滿路線所設的電報局及電話局，目前更沒有裁撤的希望了：

日本　北京（日使館），秦皇島，哈爾濱，（俄國舊有），滿洲里，公主嶺，龍井村，大連，濟南，青島，漢口——十一所。

法國　上海（法界），廣州灣，雲南，天津——四所。

英國　九龍，克什克爾（新疆）——二所。

美國　北京（美使館），天津，唐山——三所。

第七節　撤退外國在華軍警問題

一、外國軍警的統計和中國的提案

外國駐軍中國領土，濫觴於庚子一役；辛丑條約第七條規定外國使館得駐衛兵，第九條規定爲維持北京至沿線之交通，外國得在黃村，廊房，揚村，天津，軍糧城，溏沽，蘆台，唐山，灤州，昌黎，秦皇島及山海關各地屯駐軍隊。俄國彼時侵入東三省的軍隊，本未經該約許可，但因爲强弱不同的關係，後來便久駐不去了。俄日戰爭，日本軍警陸續占據南滿各要邑；中日善後交涉經中國再四要求，日本僅允於俄國撤兵北滿時，始實行撤退。四年前俄國已撤兵了，日本却不肯履行原約，而辛亥革命臨時派駐漢口的軍隊和青島戰爭侵佔膠濟路的軍隊，也是遲疑不撤。二十一條交涉完結以後，日本還藉口管理僑民，三次（五年十月十八日，六年一月五日，六年一月十二日）要求在南滿添設日本警察，中國政府雖因維持本國警察權，嚴詞拒絕，但日本仍積極進行不肯罷休。現在奉天省城的日本警察派出所卽是彼時設立的，沿南滿線的城市也新設了許多日本警察官吏派出所。一個主權國家的領土，竟有外國警察巡邏，國家體面，簡直掃地無餘了！民國七年，日本更利用出兵西比利亞的機會，駐兵於東省鐵路沿線主要地點。據民國十年年鑑所載，外國軍警的統計，大致如下：

一、日本軍隊

北京，軍官十四名，軍士二二七三名；天津，軍官四十名，軍士六六六名；山海關，軍官六名，軍士一二三名；楊村，軍官一名，軍士五十名；溏沽，五名；漢口，一大隊及一獨立支隊；山東路沿線，四大隊共五二二五名（外有憲兵一隊）；東三省，獨立守備隊一師團（師團司令部設於遼陽，旅團司令部分設鐵嶺及哈爾濱，步兵聯隊司令部分設遼陽，鐵嶺，旅順及哈爾濱，騎兵聯隊司令部設於公主嶺，野戰礮隊司令部設於海城）；東省鐵路沿線，獨立守備隊十六大隊。

二、日本警察

（甲）在關東州租借地內者：（一）民政署警察部，警察二二四名；（二）警察敎練所，警察一三名；（三）旅順民政署，警察一四三名；（四）大連民政署，警察三四九名；（五）金州民政署，警察八三名；(六)普蘭店民政分署，警察一百名；(七)貔子窩，九九名—共八一一名。

(乙)在南滿路及安奉路沿線者：　(一)營口警察署，派出所五，警察五三，(二)大石橋分署，派出所十，警察一七；(三)瓦房店分署派出所九，警察三三；(四)遼陽警察署派出所六警察三九；(五)鞍山分署，派出所八，警察五九；(六)奉天警察署，派出所一八，警察一百；(七)本溪湖分署，派出所十二警察四十；(八)撫順分署，派出所十八，警察五九；(九)鐵嶺警察署，派出所五，警察三二；(十)開原分署，派出所九，警察四七；(十一)長春警察署，派出所十三，警察一〇三；(十二)公主嶺分署，派出所六，警察二一八；(十三)四平街分署，派出所七，警察二八；(十四)安東警察署，派出所十六，警察四八—共六八八名。

(丙)館事館附屬警部：　(一)營口，警察十六名；(二)遼陽，派出所一，警察十三名；(三)奉天派出所二，警察六四名；(四)鐵嶺，派出所十六，警察四七名；(五)長春派出所十三，警察三四名；(六)安東派出所二四，警察九十名—共二六〇名。

(丁)間島各地領事館秘密警察四十六名，南滿路私警五十六名。

總計日本警察一千八百六十一名，奉天城內及間島各地新警尙不在內。

三、美國軍隊

北京，軍官十四名軍士二七〇名；天津，軍官三八名軍士九一〇名。

四、英國軍隊

北京，軍官八名軍士一七〇名；天津，軍官二四名軍士七〇七名；山海關，軍官一名軍士三〇名；秦皇島，軍官一名軍士一九名；唐山軍官四名軍士一四二名；雷莊，軍官四名軍士一四二名；威海衞，軍官三名軍士六〇名。

五、法國軍隊

北京，軍官四名軍士一〇五名，天津，軍官二〇名，軍士九四五名；山海關，軍官一名，軍士九一名；秦皇島三八名；豐台軍官一名，軍士四十名；廊房，軍官一名軍士二十名；溏沽，三十五名。

六、意大利軍隊

北京，軍官一名，軍士三十名。

七、比利時軍隊

北京，軍官一名，軍士十九名。

八、荷蘭軍隊

北京，軍官一名，軍士七六名。

上海各國警察數目未詳。

施肇基於第八次遠東問題總委員會，提出撤退外國軍警及無線電台的議案，其文如左：

『十一月二十一日之會議，本會曾聲明與會各國決意尊重中國之主權，獨立，領土及行政完全並與以最充分最無累害之機會，俾中國自行發展並維持有効力而穩固之政府。

爲實行此兩大原則起見，中國非特請求將領土及行政權自由行使上之現有條約或慣例限制，於情勢所許時，從速完全解除，且請求將繼續妨害中國爲獨立國之情形加以糾正。中國主權行使上之一切限制應逐漸解除一層，中國代表團於十一月十六日所提出第五原則已曾述此，至其適用則已見於本會關於領事裁判權及關稅自主之論議焉，侵犯中國主權與領土及行政完全之一特例，與基於中國所參加之條約所生之限制有別者，已於上週提出本會請求糾正，卽中國境內之外國郵政事務是也。今晨中國代表團欲將其他數種侵犯中國主權與領土及行政完全之事件，提出諸公之前，以便依據諸公所承認之約束的原則，加以糾正。此事涉及未經中國許可並違背中國抗議，而於中國領土維持外國軍隊，鐵路衞兵，警崗，電線及無線電交通設備諸端。

余殊不欲例舉各種侵犯重聒諸君之耳鼓，因余所請求者非徒將此等侵犯一一排除已也；此等辦法殊不能使中國完全解脫，以其不能阻止將來之侵犯故耳。因此，余謹代中國政府請求本會，以普遍之意思聲明到會各國——中國自不在內——除因特別情形，以確鑿優越之證據及學理證明依據國際法公認之原則有權從事，且得中國政府之許可者外，不得在中國境內維持電氣交通之設備，或軍隊，或鐵路衞兵，或警崗。

本會因十一月二十一日所通過之原則，必確認余所請求之聲明，此無需余喋喋者，使諸君一思外國軍隊，或鐵路衞兵，或警崗，或電氣交通事業，未經諸君所代表之政府許可，竟存在於諸君之國土，諸君因本國而生之正義的感情與莊嚴的感覺，必爲諸君證明中國請求諸君與中國聯合聲明之正當也。倘一國主張在他國國土維持軍隊，或鐵路衞兵或警察，或建設及經營交通制度原來對於該國之主權，獨立與領土及行政完全本有嚴行重尊之義務，於此等情形上而欲證明未侵犯國際法與國際禮讓及國際正義一般意義所承認附隸於主權及獨立上之獨占的治內法權，誠大難事，——此不辯自明者也。今以余所代表之政府及人民名義，請本會裁可下之決議。

「下列參與本會之各國，卽美利堅合衆國，比利時，英帝國，法蘭西，意大利，日本，荷蘭及葡萄牙分別聲明：未經中國表示及特別許可，不在中國國土屯駐軍隊，或鐵路衞兵，或建設及維持警崗，或設立及經營電氣交通；倘目前在中國國土存有此項軍隊，或鐵路衞兵，或警崗，或電氣事業，並未經中國表示許可者，當卽撤廢之。」

二、日本的反對聲明

日本駐兵設警於中國，本懷有領土的野心，後藤新平所著貌似和平之軍事預備一文，甚至明言正式軍警之外，尚有許多軍人在南滿路上充當職員，中國提議不能得日本的贊成是當然了。十一月二十九日埴原於施使宣讀外國在華軍警的統計後，果然發表兩篇反對的聲明：

日本對於駐華軍隊的態度

日本代表團欲以極簡單之方法，解釋日本軍隊何以及如何派駐於中國各地。發端之始，余應有切實否認者，即日本派駐軍隊於中國，從未懷有侵略之目的或任何非法的侵犯中國主權之意思是也。

一、沿南滿路及山東路線確駐有日本鐵路衞兵。

關於山東鐵路之衞兵，日本深信已將所處之地位再三表明。日本曾聲明：如中國通告日本謂中國路警已組織就緒並準備接替護路事宜，日本卽行撤兵；日本現仍保持此項意向也。

南滿路線之駐兵，其根本迥異。此事曾經中國於一九〇五年北京條約予以承認，（附加協定第二條）此蓋滿洲—馬賊活動最著名之地方—現狀，絕對必要之一種手段也。雖有日本軍隊出動，而匪類尙屢謀刼掠鐵路附屬地。割斷電線，種種肆擾，蓋屢見不鮮矣。此輩非法行動之範圍雖廣，然因日本鐵路衞兵防衞之周至，故鐵路附屬地及其附近居民之一般安全乃得保持焉。鐵路衞兵之効能極爲顯著，以鐵路附屬地內之情形與距鐵路較遠之區域所有情形比，便了然矣。鐵路衞兵如由南滿路線撤退，其必使該地變爲匪類囊中物，殆無容疑，滿洲邊遠地方之不安情形，恐將蔓延於該地矣。在此等情形上，日本殊不能放棄其駐兵滿洲之權利——無寧謂之職責——以已經條約正式承認故也。

二、一九一一年之末，中國第一次革命起義，其根據地之湖北，完全陷於無秩序之狀態。日本及英俄德及其他重要國家因僑民生命財產悉頻危險之故，特派兵漢口保護本國僑民。此少數軍隊派駐漢口之原因也。該地自後屢起恐慌。近則有長沙南北軍之衝突，宜昌軍隊之打劫，及漢口軍隊之譁變。此等不安之情形自不免使日本撤兵漢口事延緩焉。此項軍隊實無久駐漢口之意思，日本政府當覓一最早時機，將漢口駐兵實行完全撤退。惟中國應卽執行有効之手段以維持治安，並須負將來或已往僑民損害之責。

三、華北所駐外國軍隊，係中國政府於一九〇〇年拳變之議定書內承認者。倘其他當事國無反對之意思，日本亦準備與各國一致於實際情形所許時從速撤兵。

四、散駐東省鐵路沿線之日本軍隊，係根據一九一九年協約各國在海參崴所訂之協定。其職務乃維持西比利亞日本分任路段與南滿路之交通。日本實行在西比利亟撤兵時，此項軍隊當卽撤退，蓋勿庸贅述也。

現在日本在中國本部駐兵約四千五百名，地點如下：

天津　兩大隊，約一千二百名。

漢口　一大隊，約六百名。

山東　濟南兩中隊，約三百名；山東路沿線及青島，四大隊，約二千四百名。

關於日本在滿洲及中國有約港口維持警察之陳述書

討論在中國之日本領事館警察，應有考慮者兩點：

一、此等警察並不干涉中國及其他外國人民，其權能止限於保護及管轄日本臣民。

二、日本警察之重要職務乃（一）防止日本人之犯罪；（二）有犯罪時搜索及懲治犯罪人。

因兩國地理上接近之故，日本不逞之徒自不免潛入中國，並利用中國現狀爲非法之行動。如此輩不法之徒因中國刑事案爲中國警察捕獲時，中國警察當然不難於處置。惟有將犯人從速引渡於日本當局，以便控告及裁判耳。但犯罪人如與中國刑事無關，常難查知犯罪人之誰何與犯罪之原因及情形。更有使中國當局感覺困難者，卽中國當局無權向享有領事裁判權之外國人家宅中查詢，或索取合式的法律證據是也。

如無日本警察之協作，則刑事之懲處，大多數皆屬不可能；而應負違法責任者亦規避審判及懲處焉。此種趨勢，在住有數萬日本人之滿洲尤爲顯著。凡駐有日本警察之地方，日本人犯罪者較無日警之地方爲少。不法之徒皆移在日本警察鞭長莫及之地方焉。

本問題之理論方面，姑置不論；現尙有應注意者，卽日本駐警於中國內地亦曾證明於防止日本僑民犯罪上極爲有用，且並不干涉中國及其他外國人民之日常生活是也。日本警察對於中國警察不能保護之社會，且時加保護焉。

日本代表團具有關於中國尤特別關於滿洲現狀之知識及情報。但此際殊無詳述之必要。

埴原的答辯，用語非常狡滑，不熟習東方情形的美國政治家及新聞記者實在不免爲其所欺。卽如國際法大家路特，也還對余日章先生說出東三省人民感激日本保護的一段話，（詳見滬上報紙所載余氏通信，）其他不問可知了！但在熟悉日本軍

警一切行動的人看來,却不值一駁。 法理方面,我國代表已竟說得很詳盡,現在止就事實說罷:

一.東省鬍匪因利用地勢的緣故,都出沒於海龍西豐各邊野地方,京奉,南滿,安奉三路線及其附近城市久沒有匪患了,南滿車十年來撤銷警乘員,卽是一種鐵證。

二.京奉路由中國路警保護,既沒有危險,南滿安奉兩路當然沒有再用日兵護路的必要。

三.租借地及鐵路附屬地,據日本調查,每年平均發生盜案數十起,不過一種尋常犯罪,那國都有,美國還有乘飛機刼火車的事情呢,這斷不能作爲駐兵的理由。

四.日本調查中國二年內發生兵變三十三起,沒有一起在東三省者,假令國際法許可以兵變爲駐兵的理由,也沒有再在東三省駐兵的必要。

五.日軍秋季演習,騷擾閭閻,蹂躪稼禾,東三省人民實在不堪其苦。

六.昌黎事件,鄭家屯事件及長春事件都是日本駐兵所演的結果,中國鬍匪的行動和兵變的起源還常和日本參謀本部間接有關。

七.欲防制日人犯罪,當從根本上入手,禁止無賴日人移居中國,不能事後派遣侵害中國主權的警察於中國。

八、事實上日本警察對於本國人民並不嚴加束約，如販運嗎啡及鴉片，勾通鬍匪及流氓者到處皆有，中國警察因有日警故反不得執行職權。

九、日本警察對於中國人民常爲非法之逮捕及檢查，和非法的嚴刑拷問（如將煤油自鼻孔注入腹內），民國四年奉天法政學生事件卽其一證，五四運動中山東福建也有日警逮捕學生的事情；埴原說日警不干涉中國人，與事實正相反。

十、因日警出動的緣故，中國警察不得在租借地內及鐵路附屬地行使主權，以致租借地和南滿安奉重要車站都變作中國刑事犯（鬍匪及鴉片犯等）的逋逃藪，和不法份子的策源地，成爲中國治安上最難解決的問題。

三、中國答辯及大會決議

『開會後，施博士對於日本答覆中國提案的聲明，爲有力之答辯，以抗議外國駐在中國之軍隊。施博士演說僅及三分之二，國務卿許士竟截斷之，謂「中日兩國代表若屢以陳述書及答辯書來，殊難進行。」國務卿示意謂宜交由小委員會討論此事，更謂：「吾人所欲知者乃實際上中國能否保護外人生命財產是也。」許士之建議得魏斐亞尼之贊成，……巴爾福，徐昂齋均附和其說，……代表日本之埴原自亦欣然同意。施博士憤不能平，卽提出熱烈的抗議。施云：「大會以歸還中國行政及領土完全爲其目的之一，如今日之辦法，恐無達到之機會。」

這是十二月二日世界通信社記者何普谷 Hapgood 通信的一段音節嘹亮，寫盡了當日遠東問題總委員會許士對待中國的辣腕。恐怕身受的施公使，看許士昨日纔把山東直接交涉弄妥，今日便用高壓手段來，心裏更要難過罷！施公使的答辯當時未曾發表，現在從美國上院公文（一二六號）裏找出，節譯於後：

「中國代表團應申明者，卽中國所提之議案，非特因中國未允妨害其主權已也，且因此等妨害屢來屢續，既不顧中國政府之抗議，更忽視中國國民一致之反對。……關於山東鐵路撤兵事，日本代表團謂：「日本曾聲明，如中國通告日本謂中國路警已組織就緒，並準備接替護路事宜，日本卽行撤兵。」於此應有注意者，卽中國已屢次通告日本，謂中國路警已組織就緒，並準備接替護路事宜，是也；中國代表團謹以中國政府之名義，再表示願以組織完善之路警，管理並保護山東鐵路。

關於日軍屯駐南滿路線之理由，日本似根據一九〇五年十二月二十二日中日條約並滿洲不安之情形……查該約第三條規定如左：

「一、除遼東半島租借地所影響之地方外，應依照附款第一條之規定，完全且一致由滿洲撤兵；

二、除上述之地帶外，應使日俄軍隊佔領或管理之地方，完全返於中國獨占的行政。俄羅斯帝國政府聲明：俄國在滿洲並無妨害中國主權或違背機會均等原則之領土利益或優先的或獨占的讓與權。」

又所述附加協定第二條，會規定云：

「日本帝國政府與俄羅斯帝國政府表示日俄軍隊及鐵路衞兵從速撤出滿洲之切望，故允許於俄國承認撤退鐵路衞兵時，或中俄商定其他辦法時，執行同樣之步驟。一俟滿洲安寧恢復，而中國亦能完全保護外人之生命財產，則日本當與俄國一同撤退其鐵路衞兵。」

俄國已自滿洲撤兵矣，日本仍駐兵不去，而猶曰是根據上述之附加協定第二條也。中國於此，再請擔任南滿鐵路之保護，並要求日本撤兵。日本如繼續主張滿洲現在之鬍匪狀態，使日本駐兵為「絕對必要之一種手段」，則中國永無機會以顯示其保護外國僑民生命財產之能力。再者，日本軍隊之屯駐，會釀成與當地人民之衝突，且惹起附近地方之不安。日本代表團又言及割斷電線種種事宜，此亦不得謂之極關重大。此類事實，雖最有秩序之國家且習見也。但在中國，則許多擾亂事件嘗直接導源於鐵路沿線日軍之出動或活動。……

日本代表團復論及漢口駐軍，謂係造因於一九一一年之革命及其所致之不安。此項堅持基於連續之不安，但應有注意者，即他國從未覺有再行駐兵該地之必要是也。今應指明者，英俄德及其他各國軍隊悉已撤退，堅持繼續駐兵者日本一國而已。……日本代表謂日本正覓最早機會實行自漢口完全撤兵，中國謹以擔任維持安寧秩序及保護僑民為日本獻此機會。

日本更問中國是否對於將來或已往僑民或有之損害負責。此乃非常之情勢，為各主權國家所不能預言者也。……無論何國政府，均不能絕對保證保護外人，較絕對保證保護本國人民為尤切實。國際法認為一國政府所不能供給之保護程度，如有未到，斷不能作為軍事干涉或派兵於秩序混亂地方之理由。……外國政府於其人民為友邦之不安所迫時，惟有請該國政府極力保護僑民，乃為正當之手續。倘有生命或財產之損害，通常係於調查事實認為確鑿後，要求金錢上之賠償。中國政府往者曾以極光明之態度予此類要求以滿意，此固世人所深悉者。……

東省鐵路所駐日本軍隊，謂係根據一九一九年協約各國在海參崴所結之協定，並爲維持西比利亞日本分任路段與南滿路之交通，……夫該約之目的及宗旨久已不復存在矣。協約各國軍隊自西比利亞及東省路線撤退已久，獨日本尚駐兵該兩地，無何等之職權焉。……

及辯護日本在滿洲設警也，則謂並不干涉中國及他國人民，其權能止限於保護及管理日本臣民，其職務惟在防止日人犯罪與逮捕日本犯罪人，是直欲使大會中止其問題——卽對於中國領土及行政完全之非法的與非保證的侵害——之討論矣。國際法及國際事實上從不承認此等理由，足以辯正在友邦設警之行動。

中國代表團欲問日本警察不干涉中國人民之說。中國代表團可提出若干成事，以證明日本警察曾在中國國土捕逮中國人民，或用其他方法蹂躪之。至謂領事裁判權制度，於逮捕日本被告人或搜索證據上多有不便，此贊成放棄領事裁判權之論也。他國亦享有領事裁判權矣，然均不包括有設警之權。……

遠東問題總委員會第十三次會議席上，埴原曾宣讀一篇極簡單的答辯書，大意和第一答辯書相同。　但散會後曾交給秘書長四篇附錄，　列舉中國匪及兵燹各種情形；中國代表團直到上院公文發表後纔知道，日本行動眞陰險呀！　所幸中國代表團曾散佈陳述書，證明日本軍警構成中國不安的情形，有眼睛的人還能看得出來。

總委員會討論本問題的時侯，法國代表曾主張委託調查領事裁判權的委員會，調查外國有無在中國繼續駐兵的必要。　施公使說領事裁判權有條約的根據，外國軍警大多數沒有條約的根據，若委託委員會調查必啓中國人的反感。　後來交到起草小委員會，各國都贊成法國的建議；幸經中國代表本着干涉中國內政的理由極力反對，纔打銷了。　一九二二年一月五日，遠東問題總委員會通過起草小委員會所提的決議；一方而授權各國外交代表於受中國要求時，調查報告各種實況，一方而保留各國政府承認或拒絕的自由。　外國對於中國眞是長於敷衍了！　決議的譯文如左：

因各國常派駐軍隊——包含警察及鐵路衞兵——於中國，以保護在華合法外人之生命及財產；

更因一部分軍隊似無條約或協定之根據而屯駐於中國；

更因各國曾聲明意見，無論何時如中國確能保護在華外人之生命及財產，便將無

條約或協定之根據而目前在中國供役之軍隊撤去;更因中國曾聲明其確欲保護在華外人生命及財產之意向及能力;

爲達到此種目的起見,必對於實施其意向所必要之情形,有明白之了解;遂決議——

到會諸國,卽美利堅合衆國比利時英帝國法蘭西意大利日本荷蘭及葡萄牙之駐北京外交代表,應受本國訓令,無論何時於中國有要求時,協同中國政府代表三人聯合對於因上述意見聲明所生之問題,加以充分確實之調查,並預備一完全且普及之報告書,將所得之事實及對於調查事件之意見爲無保留之彙報;另外尙須將報告書之副本分呈有關之九國政府,各該政府應將此項報告書及其認爲應加之評語公布之。各國代表得單獨或聯合少數作報告書,說明其對於多數報告之異議。

上述各國有接受或拒絕報告書所述事實或意見全部或一部之自由,但無論如何,不得直接或間接恃中國對於政治或經濟讓與權特惠利益或豁免之保證而接受事實或意見之全部或一部。

第八節　廢止租借地及勢力範圍問題

一、中國廢止租借地的要求和各國的回答

在施公使抗議日本拒絕撤退東三省軍警的第二日——十二月三日——顧公使曾提出下列議案，要求廢止各國在華的租借地：

「租借地之存在於中國，實肇端於德國之侵略；德國强佔山東之一部以脅迫中國政府，卒於一八九八年三月六日獲得山東省膠州灣九十九年租借之允許。踵其後者為俄國租借遠東半島之要求，旅大兩港與焉；此項要求與要求在滿洲建築以俄兵保護之鐵路，以連接橫斷西比利亞鐵路及海參崴者，實相表裏。其後俄日戰爭，即以此為導火線，一九〇五年戰爭結果，其地經中國之許可遂轉租於日本。德租膠州，俄租旅大以後，法國於一八九八年四月二十二日取得廣東省口岸廣州灣之租借，期以九十九年；英國亦於一八九八年六月九日取得九龍及香港附近領土領海之租借，以九十九年為期，並於同年七月一日取得山東省威海衛之租借，「以俄國佔據旅順之期間為限」。英法兩國之要求，蓋皆以保持遠東勢力均衡為理由者也。

因租借國管理租借地之手段及範圍情勢各異之故，租借地自身皆明定一定之期限；且不經中國許可不得移轉於第三國。租借地之行政權雖於租借期內由中國讓與租借國，但中國對於該地之主權仍舊存在。租借地之創設悉原於契約，與事實上及法律上之讓與顯有區別。中國所以許可此項租借者純爲保持外國間——非中國與外國間——遠東勢力之均衡，開篇時已言及矣。

歲月不居，倏忽念年，一切情勢悉已變化矣。如德國之崩潰，重要擾亂分子已不復存在。俄國亦同歸於寂；吾人敢以誠意希望俄國之來歸，不爲曩時之侵略國而爲一民治國也。滿清稗政足使形勢日非者亦已絕跡。而舉行於華盛頓之本會，以列强互相了解爲標鵠者，更增加一重理由，使各國原來要求之原因，所謂保持遠東勢力均衡者，失其依據。旣無必要之理據，中國代表團遂信時期已到，有利益之國家可以放棄其租借地之管理權矣。

此等租借地之存在，殊影響中國領土及行政之完全，因此等租借地皆位於中國沿海地方各要隘故也。又外國租借地，不啻於原國家上建設國家，故更危險及中國國防之工程。此外尙有一原因，爲中國代表團所欲表明者，卽各租借國利益之衝突，屢將中國牽入混亂之漩渦是也。俄日之戰，造因於俄據旅大。膠州租借，復將歐戰風雲引入遠東焉。抑有進者，租借地之大部分復被用爲經濟上控制廣垠接壞地方之支柱，冀以發展有害各國在華工商業機會均等主義之利益範圍。中國代表團，非特爲中國利益計，且更爲各國利益計，並特爲遠東和平計，要求將此等租借地取銷或從速廢止之。在未廢止之前，須將各租借地解除軍備，卽解除一切防備；而租借國復擔任不用租借地供軍事目的—或海軍根據地或各種軍事行動。中國代表團完全注意廢止租借地後中國應負之義務。中國政府準備尊重並保護各國在各該租借地內所有之合法的投資利益』。

魏斐亞尼代表法國說；『法國準備附和各國在華租借地之共同歸還，但此項原則實行時，所有私人權利應加保護，其歸還之條件及時期，則由中國政府與各當事國政府以協定解決之』。這樣半含半吐的答詞已經令人失望。而日本埴原氏起來套多爾袞致史可法書的舊調子，明言不能歸還旅大，更使人傷心。埴原聲明如下；

『現在日本所有之租借地，爲膠州及關東州—卽旅順及大連。日本租借地有一特色，卽日本非直接取諸中國者，乃因人民及國帑之相當犧牲，爲他國之承繼人。日本經中國之許可，承繼俄國之關東州租借，更依凡爾賽條約繼承德國之膠州租借。

關於膠州，日本已屢次聲明將該租借地歸還中國。吾人已準備依此基礎，與中國謀一妥協。關於本問題，事實上中日兩國代表因許士巴爾福兩君之周旋正從事談判，其結果頗望有圓滿之解決。因此，膠州租借地問題應分別處理之。日本方面應在本會討論之租借地，止關東州——即旅順及大連——一處。關於該租借地，日本代表等深欲言明：日本目前無意放棄以極大犧牲正式取得之重要權利。該租借地係滿洲——因領土接近之故，日本在該地有關係經濟命脈及國家安全之生死利益——之一部。日本在該地之生死利益當加以保障，此事在組織國際財團時已經美英法三國政府承認矣。

關東州租借地內所住日本人不下六萬五千名，其所建設之商工業利益，若是其重要，即已被認爲日本經濟命脈之重要部分矣。

日本代表對於關東租借地之態度，確信並不違背十一月二十一日決議之原則。』

巴爾福雖聲明英國有意照魏斐亞尼所述之精神將威海衛交還，但不肯放棄九龍租借地，他所持的理由是：

一、九龍租借地與威海衛租借地性質不同，應特別辦理；

二、九龍爲香港之屏障，無九龍則香港成爲不能自衛之港口；
三、香港非特關係英國之經濟利益，且關係各種之商業利益。

四國協約已具雛形，英愛問題且告解決，英國老外交家巴爾福乃於此時赴紐約演說去了。意法兩國主要代表也離開華盛頓去觀山玩水，遠東問題總委員會因此小作停頓，到十二月七日纔繼續開會。是日顧公使對於日英兩國，尤特別對於南滿問題，爲左之抗議：

二、中國力爭南滿與列強各懷心事

『埴原君於十二月三日太平洋及遠東問題委員會席上宣讀陳述書，略述日本對於膠州及關東半島—卽旅順及大連—租借地之地位。中國代表團深願稍述其對於該陳述書之意見，庶中國對於本問題之地位得有同樣之了解。謂日本依據凡爾賽條約繼承德國之膠州租借地，此種聲明係片面的，中國既非該約之一員，殊難望中國之遵守也。

但謂日本非直接由中國取得其在華租借地，乃以人民及國帑之相當犧牲取諸他國者，此等言論殊不能令人一無所感，因其主張似確認中國代表團所謂在華保持租借地，足危及遠東和平之意見也。俄據旅大，德據膠州，曾惹起兩度戰爭於中國領土，而日本始把持該地，此尙可追憶者。

關於關東州—卽旅順及大連—租借地，其原定條件至一九二五年滿期，雖一九一五年日本曾取得九十九年之延長，但其取得之情形，尙使其効力成爲中日間一最重要之問題也。

旅順大連均位於中國重要部分之滿洲。非特中國國家之安全，因過去幾世紀東三省已成爲歷史的侵略中國要道之故，須視能否保障滿洲爲中華民國完全部分爲轉移，卽中國人民經濟命脈之安全，亦以滿洲—目前原料及食料豐富，各國悉欲接近之區—天然及農業富源之保守，與利用世界賸餘資本，本諸公平條件及求供經濟律之開發爲生死關頭。再者，滿洲爲中國人煙稠密省分過賸人口之容納場。詳考上述之事實，可知中國在滿洲所有之眞正生死利益，無論外國在該地所有利益如何重要，均不能與中國較也。滿洲接近高麗之事，如可以支持任何要求，亦只能以相互之條件共同主張之。

至謂美英法三國政府於組織國際財團之際，曾承認保障日本在滿洲之生死利益一節，中國代表團因中國未受何等接洽之故，不便對於該問題之是否確鑿表示一種意見。　但此等保障果經許可者，則此等保障之不合於本會十一月二十一日所通過關於尊重中國主權，獨立與行政及領土完全之原則，想各該國當能知之。至英國所租之九龍租借地，其議論多半關於香港對於各國商業之重要，及使各國商人接近其便宜之方法，但旣謂爲此等商業計有保護香港之必要，則中國代表團認爲保持九龍決非解決該問題之唯一方法也。

中國代表團爲上之陳述，意在使其地位明瞭，倘本委員會不欲本日繼續討論，中國代表團願保留將來對於租借地問題之其他意見。」

中國代表一篇熱烈的抗議，未引出各國少許的同情。　抱沉默主義的日本代表固然心裏用勁，卽坫壇上詞鋒銳利的巴爾福也不肯多言。　美國對於租借地問題完全持旁觀的態度，但因爲涿涉到新銀團的條件，不得不由許士起來簡單聲明：中日兩國代表關於新銀團的辯論不能超出已經發表之公文以外！

日本不肯輕易放棄在東三省所劫奪的贓品，是一件極明顯的事實。　他在開會前的遲疑，和開會後聲東擊西，欲縱故擒的陰謀，大部分是爲保持原在東三省的勢力。

舊金山誌錄報San francisco Chronicle 說日本不打敗仗不肯捨棄滿洲；又說『自一九二三年起日本將爲正式之掠奪人矣。』 總而言之新銀團對於東三省是否已秘密承認日本的地位，我們尙不敢妄斷這次會議的結果，日本的勢力比從前還要穩固，則確無可疑。 同胞呀！今後請特別注意日本對於東三省的政策罷！

英國宣言放棄威海衛是一種手段並不是一種目的。 英國每年在威海衛縻費國帑數萬磅，除了艦隊避暑外毫無用處。 若乘機歸還中國不但可以省些經費而且可以藉此交換他項權利，和緩將來西藏交涉的感情。 況且俄國已於一九〇五年放棄旅順，照約英國十六年前卽應歸還中國，如繼續維持不但主張門戶開放的美國輿論表示不滿，卽不得完全在山東侵略的日本也必痛加攻擊。 所以第五次公開會議，巴爾福拿出巴力門式的辯才，來製造各方面的空氣。 但巴氏演說裏有『相當條件』四字，恐怕將來中英直接交涉時，英國必要求許多權利，這一層是國人應當注意的！

廣州灣問題，法國的態度非常曖昧！ 二月二日遠東問題總委員會將散會時，施公使曾質問法國代表的意見。 沙樂說：『十二月四日會議席上，魏斐亞尼君已以極明瞭之方法，指明歸還之條件，卽有租借地之各國一律將租借地歸還是也。 法國政府之意思一仍其舊雖所言之條件未完全實行，法國亦可直接與中國協同歸還之條件及時期。」施公使回答的時候曾說條件雖未完全履行，但已經履行不少；又說「中國人民深望法國修改其條件早自歸還中國。」那知法國起初用極難的條件難中國卽缺乏誠意，後來因爲大會中未占便宜，便要食言而肥矣！

三、取銷勢力範圍問題

勢力範圍和租借地的一樣，都是二十年前列强瓜分中國政策的副產物！美國雖久唱機會均等主義，也不過嘗鼎一臠罷了，並不能取銷租借地和勢力範圍。英美發起新銀行團的時候，曾說：『創設新銀團之基本觀念乃在於取銷利益範圍（卽指勢力範圍，英美學者喜用利益二字，以表示沒有政治色彩）將中國全部開放爲國際財政聯合之活動』——見英國一九一九年十一月二十日公文——但歸終也沒有打破日本在東三省獨占的勢力。華盛頓會議中中國取求廢止租借地既歸失敗，十二月十二日，乃由王寵惠提出取銷勢力範圍的議案，其文如左：

『利益範圍或勢力範圍四字係一不確定之名詞，其意乃指主張此項權利之諸國，得於各自之範圍內，享有保留優先，獨占或特別權利並貿易，投資，及其他各種目的之特權。德國最先於山東省內主張結晶式的勢力，或利益範圍；其後，其他各國亦於中國領土之他部作同樣之主張。

此等主張或根據中國未曾參加各國間條約，如一八九八年九月二日英德兩國銀行團所結關於建築鐵路之協定，其後曾經兩國政府之裁可；或根據於阻礙中國自由表示意思之情形與中國所締結之條約或協定，如一八九八年三月六日中德膠州租借條約，及一九一五年五月二十五日中日兩國因日本二十一條要求所訂之條約及換文。

關於本事件及各國所謂利益範圍之條約，已開具詳表分送諸君矣。故此刻殊不必詳加說明。

中國被分割爲勢力範圍，實事態之最不幸者。第一，此等利益範圍極妨礙中國經濟之發展。主張此等範圍之國家似懷有將中國領土特定部分保留爲獨占的開發之意思，並不顧及中國人民之需要。有時一國對於某種特別事業不願投資，然復拒絕他國投資或經營。

第二，全制度與各國工商業機會均等之政策——關係各國一般利益之公平政策，已經本會通過者，——相衝突。

更有反對利益範圍之點，即常有以經濟主張之外膜，而陰行政治之目的是也；因斯遂脅迫中國之政治完全並惹起國際之猜忌及衝突。

美英兩國已正式記錄其極端反對繼續在華利益範圍之意思，殊不能令人無所感。而前次會議，巴爾福君更明言利益範圍已成往事焉。

各國關於利益範圍之主張，曾惹起中國人民許多之誤會與疑慮，中國代表團詳考前述之各種情形，特要求到會各國取銷其在中國領土內一切範圍或利益範圍或勢力範圍或特殊利益之主張。」

各國代表對於中國的提案，當日並沒有相當的表示，僅僅路特說中國意在廢止一定的限制或規定，特別請求中國指明欲廢止的條約或條款。十二月十三日第十六次會議，王代表將關於勢力範圍的條約開出，內含條約十五件，協定五件，全文如下：

「一九一五年五月二十五日中日條約及換文。

各國關於中國之條約——

一、一九〇七年六月十日法日協約。
二、一九一一年七月十三日英日條約（即英日同盟）。
三、一九〇七年七月三十日俄日條約。
四、一九〇七年七月三十日俄日秘約（原文未詳）。
五、一九一〇年七月四日俄日條約。
六、一九一〇年七月四日俄日秘約（原文未詳）。
七、一九一二年七月八日俄日秘約（原文未詳）。
八、一九一六年七月三日俄日條約。
九、一九一六年七月三日俄日同盟秘約（原文未詳）。
十、一九〇八年十一月三十日美日換文（即路特高平協定）。
十一、一九一七年十一月二日美日換文（即藍辛石井協定）。
十二、一八九六年一月十五日英法協約第四條。
十三、一八九九年四月二十八日英俄協約。
十四、一八九八年九月二日英德協定。

關於創設利益範圍之成約及協定—不割讓協定—一、海南。二、揚子江流域。三、東京邊界，四、福建。五、中國沿岸。

翌日—十二月十四日—開始討論二十一條問題勢力範圍問題遂和遠東問題總委員會一齊休息了！我們所得各國代表正式聲明只有中國提議不得締結影響中國條約時巴爾福所說的一段話：

『自英國視之，利益範圍已成往事矣。英國政府無絲毫之意思，從事延續其明白放棄之地位。處理此事之較善方法，卽將默認之事件揭明，並宣言無意延續利益範圍制度，或其所依據之國際了解。』

英國雖爲維持新銀團極力主張取銷勢力範圍，但却不肯放棄揚子江流域的獨占權。路特曾於巴爾福發表上述的聲明後，質問巴爾福對於一九一七年（巴爾福爲外交大臣時）英美兩國關於揚子江流域英國獨占權的公文，有無更新地位的意思。巴爾福藉口與討論之問題無大關係，不願發表意見。美國爲自己打算，雖熱心取銷勢力範圍，但爲大會成功的動機所勝，便不能和英國仔細討論，更不能逼日本說話了！

一月二十一日路特因成約問題，中國非常失望，所以提出禁止將來創設勢力範圍的決議來敷衍中國的面子。該決議附在許士關於公佈條約決議的後邊，後來變成九國條約的第四條。決議的價值已在本章第一節第二段結尾說過了；如果空洞的原則對於將來能有効力，九國條約第三條甲項（許士門戶開放決議第一條）也就彀了，用不着這無用的決議！

第九節　影響中國條約，中國中立權及中國鐵路問題

一、中國條約及中立權問題

中國十大原則的第三條，要求『爲增進相互之信賴與維持太平洋及遠東之和平起見，各國允許除先期通知中國予以參與之機會外，彼此不締結直接影響中國或太平洋及遠東地方一般和平之條約或協定。』十大原則因英日諸野心國的反對，既不得通過，顧公使乃將此條於十二月八日特別提出。顧氏的陳述書大旨如下：

『往者常有關於遠東或特別關於中國之協定，並未經中國參與或預行通告中國政府。當事國常於此項協定內假定屬於本國之權利利益，或互相約定應執行之手段或應禁止之事項。……此項協定約可分爲兩種：一係互約不得於中國某特定部

分爲某項行動；一係互約助成各國在華之一般利益，或締約國之特別利益……第一種協定，常有互相約定甲國不得在中國乙部分營求鐵路讓與權，乙國不得在中國甲部分營求鐵路讓與權之性質……此種辦法每於其所影響之地方醞釀國家的專占權或優先權，因既得一國之承諾便可進而向他國要求也。因有協定故，兩國須共同維持經濟活動上人爲限制之制度。中國之權利遂被累害，因中國殊欲將其領土全部以平等的條件，或自定的條件，開放於外國資本家商人及僑民也。因有此種未向中國接洽之條約故，中國領土乃被分割爲外國事業之範圍……第二種條約處理遠東——包含中國或特別言明——領土權利或特別利益之保障及防護。約有下列三類：

（一）聲明締約國在接近本國有主權，保護或佔領之地方之中國領土部分有特別利益，並約定互相維繫，藉以確保該地方之和平及安全；

（二）聲明維繫中國之獨立及完全維持外國商業之門戶開放，並互相扶助以防衛締約國在該地之特別利益；

（三）甲締約國因接壤足以創造特別關係故，承認乙締約國在中國有特別利益。

上述三類無一不與中國生死利益有關。中國任何部分和平及秩序之確保，乃中國自身最有關係之事件。中國獨立與領土完全之維持，牽涉中國之最高權。至承認接壤以創特別利益於中國更顯然無效，因在中國領土內之特別利益非經中國許可不能創設，且中國常爭執接壤主義之當否也。

總之，中國政府對於所有處理遠東包含中國一般情勢之協定，有受接洽之同等權利，……雖一種協定表而上止關係外國之行動，但如有關中國，中國政府對之便不能漠然因繼續締結此項條約之行動，足以影響中國政府及民族之行動自由與發展也。』

巴爾福對於中國的提議首先表示反對，他說：

一、「中國提議之原則過於廣汎，超出國際法以上；

二、如釋成國際語，不啻謂不商諸德國，法比兩國便不能締結防禦同盟；

三、救藥之方法卽依照國際聯盟規約所定辦法實行公佈各種條約；

四、路特第一決議如爲有效之實行，便可保護中國。

許士附和巴爾福的意見，他說『如將中國提議之原則加入決議，並表示不得侵害中國主權及行政完全，中國所希冀者完全得達，本委員會對於締約權之自由亦無需爲學理的討論矣。』　日本代表埴原利用風頭，打了幾句反對限制締約權的官話。後來英代表蓋德士建議於路特四大決議之後加入下列一條：

『不得相互間，或單獨或共同與他國間，締結條約，協定，手續或了解，致妨害以上所聲明之原則。』

埴原仍不滿意，他說（一）此條足以減損該決議之効力；（二）參加決議之國家受該約之拘束，而中國則可以自由締結條約；（三）締約國主權將受限制；（四）聯盟規約第十八條公佈辦法亦足以達成此項目的。　但他恐怕蓋德士的決議通過大會，所以建議將中國加入，並主張離開路特決議另立一決議。　法意荷各國代表都贊成許士和蓋德士的意見；蓋氏的決議經討論修正後，遂通過如左：

下列之到會各國，即美利堅合衆國，比利時，英帝國，中國，法蘭西，意大利，日本，荷蘭，及葡萄牙，聲明其意思不得相互間，或單獨或共同與他國間，締結任何條約，協定，手續或了解，致違反或妨害十一月二十一日本委員會所通過決議之原則。

中國的提議完全是數十年精神苦痛所鑄成的，本談不到限制他國的締約權。　進一步說我們是要保持我們的主權和榮譽權，你們的締約權的自由不能侵入我們主權和榮譽權的範圍猶之乎自己自由不得侵害他人自由一樣。不過都是道德上的問題，全靠自己奮鬬外國表面承認我們的要求，秘密締結侵略的條約，我們是毫無辦法的。巴爾福曾說『此事造因於各國自身政策者甚少而造因於中國缺乏政策者實多；此非各國强大之結果，乃中國柔弱之結果也』——可見各國的用心了！至於提議的自身也有三大缺點：（一）無限制外國締約權的意思自己未預先表明（二）無禁止秘約條約的能力（三）不遡及既往的條約。

不遡及既往的原理在華盛頓會議裏眞可謂獨占上風了！中國所提矯正以往錯誤的議案，固然被這種原理打敗，卽許士門戶開放決議第四條（見第一節第三段）也被他鬧得不能成立。一月十九日遠東問題總委員會討論到『中國成約之地位』一項，顧代表爲打破各國在不遡及既往原理下維持原狀的陰謀起見又根據十大原則第四條發表左列的意見：

一、各國在中國之權利主張應一律公佈，因（一）秘密條約足啓國際之猜疑；（二）不公佈各國之權利主張，則中國無由履行義務及決定經濟政策與預算政策（三）

各國不熟習條約之內容及範圍，不敢冒險投資。

二、有疑點之成約應由大會決定其効力。

三、成約効力決定以後，應使與大會所通過之原則相脗合，以免未來之爭議。

許士完全贊成顧氏公佈成約的主張，但對於効力的審查則為免除麻煩起見，不以為然。所以一月二十日許士所提（一）將中國與外國間現有條約之尙有効力且信賴者，及將來所締結之條約悉開示秘書長，（二）將中國與外國國民間之契約超過華幣一百萬元以上且為各國政府所信賴者，力求完全開示秘書長兩大決議都不提効力問題。日本代表幣原一面歡迎不審查效力，一面還對於公佈一層設法支吾。他所持的理由不是說日本政府無權强迫國民發表，便是說日本政府不盡知國民和中國所結的契約。現在帝國主義的國家早將政治經濟打成一起，國旗所至商業隨之，以外交勢力作國際貿易後盾的日本，斷不會不知國民和中國所結的契約。至命令國民發表一層，更是日本當局辦得到的；一九二〇年秋日本外務省不知因何事故，忽將大倉喜八郎和張作霖所結興發公司（以大倉資本開墾張氏在蒙古所有荒田之公司，後曾恢復）的契約取銷，取銷都辦得到，發表更容易辦了！日本所以藉詞推諉的，不過要掩蔽日人和中國賣國官僚的秘約罷了！ 後來許士根據巴爾福的建議，提出第三決議，使中國同負公佈的義務，日本又主張令中國單獨負責。 許士知道日本要利用中國中央政府不完全了解軍閥官僚賣國契約的短處，力言非大家共同負責不可。 二十一日繼續討論，日本態度稍變，但主張照巴爾福的建議原案第二條『各種契約……之爲各該國政府所信賴者』一語抹殺。 這種主張是恐怕不發表的私人契約，將來無法拿外交勢力出來維繫。 幸而大家贊成了，日本纔表示承認許士的決議， 中國此時曾提出修正案，主張將各國銀行團及鐵路團之契約一律公佈，但因爲組織銀行團的國家反對，未能成功。 許士的提案經大家稍加修正，遂完全通過（見第一節第三段）。

一月二十三日，顧公使又將成約的効力和限制提出大會，要求各國考量中國十大原則的第六七兩條，並主張設立機關處理因成約而起的爭議。 恩德五說：『中國既有主權的政府，即應由中國自由解決其一切契約；倘將中國與他國間之契約，提交國際團體以決定其法律上之効力及文句上之便宜，自鄙人視之，中國主權將受損失。』

恩氏這段議論不曾自己承認華盛頓會議毫無誠意；後來日本代表竟套恩氏的論調

對付二十一條問題！更可笑的便是恩氏竟忘了前幾天許士所提門戶開放決議也有設立審查部的主張，中國這次不過將以前的保留重新提出罷了！恩氏還說：「吾人應從事大會結束事宜，大會所爲者已足多矣……吾甚望中國代表能助成大會之早日結束也。」顧公使雖反對恩氏的意見，堅持設立解紛機關的主張，但許士又出來仿巴黎和會美代表令中國向國際聯盟提議山東案的故智說：「中國爲海牙仲裁裁判永久法庭之一員……殊不必設立重複之機關。」於是中國的主張完全失敗！

中立權在他國本不成問題，因爲在國際法上已經各國公認了。但中國經過俄日及德日兩次戰爭，中立權已蕩然無存；這固然是中國軟弱易欺所致，而野心國狡然思逞也是一種有力的原因。十二月七日王寵惠因此特將十大原則的第八條提出，並說明如後：

「中國代表團所提之建議甚爲明瞭。自實質上言之，不過十一月二十一日本委員會所通過四大決議第一條之推論。本問題除中國此項權利以前未被尊重外，本無須討論。俄日戰爭，陸戰完全執行於中國領土。大戰中青島之役，交戰國軍隊亦由膠州租借地一百五十哩地方登陸。

此等事變非特爲非攻擊的交戰國對於攻擊的交戰國不平之原因，抑亦爲非攻擊的交戰國對於中國不平之原因。 抑有進者此等事變使全世界戰時忽視對於中立國之尊重。 謹贅數言，以供本委員會之參考。」

中國提議經日本代表加入中立義務一段，當場通過如左：

中國以外諸國約定對於將來中國不參加之戰爭完全尊重中國之中立權，中國聲明爲中立國時遵守中立義務。

二、中國鐵路問題

對於中國鐵路問題，首先注意的是英國；巴爾福於路特決議通過後二日，曾說：「門戶開放之決議，隱示容認新銀行團，俾現有一切讓與權歸公共投資使鐵路上商人旅客受平等之待遇，並以公斷處理一切不平之事件。」 這雖是英國當時打擊中國代表的一種手段，然而英國對於中國鐵路的心理卻表現無遺。 一月十九日英代表蓋德士於討論中國鐵路問題之際，復提出左列決議：

中國政府聲明中國境內所有鐵路不得實行或許可各種不正當之差別待遇。 如關於運費及方便不得以乘客之國籍或乘客來去之國家或貨物之原產地或所有人，或貨物來去之國家，或在中國鐵路運輸前後搭載此等乘客或貨物之輪船或他種運輸機關之國籍或所有人，爲理由，直接間接爲差別之待遇。

中國以外各國應注意上列聲明，或對於上述鐵路有因讓與權特別協定或其他原因處於或其國民處於管理之地位者，並應爲同樣之聲明。

因此項聲明而生之問題，得由當事國於審查部成立時交由該部考量及報告。

英國這種提議注重在南滿鐵路，民國八年上海英商聯合會年會時，奉天代表朱可富 Drakeford 曾因該路待遇不公提出請願政府的議案。　當時因爲英日同盟和日本國勢的關係，英政府並沒向日本交涉。　這次乘機提議原爲一償宿願，然爲維持日本面子起見，却用含混的語氣將無辜的中國一併混入。　中國產業幼稚正在實行鐵路政策從事獎勵國貨的時期，無端加上條約的限制實在危險！　討論的時候，施公使曾聲明：

一、中國素抱平等待遇外國商人之政策，故鐵路運費向無差別。

二、中國保留區分運率之權利。

這雖有少許的救藥，但未將中國正式除外，前途仍有可慮之點。　在代表團的意見以爲這樣辦理，中國人在南滿路也可得平等的待遇，而不知日本商品全假充軍用品儘先輸送，中國商人是永遠夢想不到平等二字的！

第五次公開會議席上，施公使批評門戶開放決議，曾說『不得妨礙中國政府與人民之密接關係』，我想將來鐵路問題若有爭議，或可依據此項聲明去爭持。

在蓋德士提案那天，許士也提出統一中國鐵路的議案，表面上是帮助中國統一國內鐵路，實際是給新銀行團創造共同投資的機會。而且注意之點只在將來，並不問舊有的讓與權。許士原案經施公使修正二字（將原來『協作』二字改爲『輔助』），通過如後：

到會各國於賸合現有合法權利之最高程度上，存誌希望，將來中國內國鐵路發展之實行，應使中國政府得以統一鐵路爲中國管理之制度，而附以該制度利益上所必需之外國財政及技術輔助。

東省鐵路問題，曾於一月十八日由許士提議特別組織小委員會，詳細討論。小委員會他國代表的建議，大致如下：

一、財政——向外部銀行團借款，由到會各國各派代表一名在哈爾濱組織財政委員會監督之。此項委員會用以代替原有之聯合技術部，並担任一般財政之管理。

二、路政—路政歸東省鐵路公司辦理，財政委員會除財政外不加干涉。

三、護路—路警由中國擔任，財政委員會應支給薪水並管轄之。

中國代表嚴鶴齡因爲第一第三兩項辦法完全以國際共管爲目的，表示不能承認，其所持之意見約略如左：

一、中國在該路有特別利益，因（一）該路在中國境內；（二）中國曾交付華俄道勝銀行庫平銀五百萬兩作築路費；（三）該公司許於路成時交付中國庫平銀五百萬兩，但迄今猶未交付。

二、中國因俄國無正式政府，故暫行擔任一切責任，並無他意。

三、一九一九年關於聯合技術部之協定係臨時性質，一俟外國屯駐西比利亞之軍隊撤退，應卽取銷。

四、第一條所陳管理財政之辦法，與現有之組織及經營不合，中國礙難同意。

五、以前俄國路警並無法律上之根據，第三條共管路警辦法亦難贊成。

六、中國深欲與友邦商榷該路技術上及財政上各項事宜，但不能妨害已經承認之政治利益。

他國代表的建議和中國代表的意見均於一月二十三日報告總委員會。許士因爲各方意見紛歧又交付起草小委員會作第二度的研究。這次研究雖發生許多爭執，但不出於主張合法權利的中國代表，却出於懷抱侵略政策的日本代表！埴原說東省鐵路雖爲中國法律上的公司，但並不是中國的財產；又說大會止能討論事實，並無決定該路事務的合法權利。第二次小委員會議，法代表卡莫雷曾聯合顧維鈞提出左列的調和辦法：

一、另組技術委員會以代舊有之聯合技術部，此項委員會須帮同東省鐵路及烏蘇里鐵路督辦及董事會辦理借款及監督支出之事。

二、中國供給充分路警，保護東省鐵路，由該路支薪。

埴原仍持反對態度，謂此事止能由原訂技術部協定之各國商議。主席路特請中日法三國代表起草決議，日代表仍不肯將烏蘇里鐵路加入，且主張委員會改由選任以代選舉。因此第二段討論也無結果，二月二日遂以下列決議及保留提出總委員會：

決議—爲有利益關係者保持東省鐵路，應對於鐵路與從業及使用人員爲較佳之保護；應對於各項人員爲更注意之選擇，冀得有効之服役；並應對於經費爲經濟的使用，以免耗費財產。

此事應經由正當外交軌道，卽行處理之。

保留—除中國外諸國於承認關於東省鐵路之決議時，保留此後對於中國責任追問已否向東省鐵路公司外國股東債券持有人及債權人履行各種義務—諸國認爲係由該路建築契約，及中國在該契約下行使所生之義務，並諸國認爲係由中國政府於營業性質上行使佔有權及行政權所生之義務，—之權利。

決議，保留都一致通過。　日本企圖拿南滿路爲媒介，從墊款及聯運上把持該路的陰謀，此後仍要努力進行；美國拿國際共管代替日本單獨控制的計畫將來或再提起。中國當局再不極力整頓路政，主權路權都要危險！　在決議及保留未付表決以前，顧維鈞曾發表一篇辯述書，大旨是：

一、東省鐵路爲通歐亞交通之孔道，除烏蘇里鐵路亦同樣辦理外，不宜脫離技術部單獨處理。

二、中國領土權與鐵路利益不能加以侵害。

三、中法兩國代表已製成調和各方面之決議，嗣因他國代表欲為不利於中國之修正，故遭失敗。

四、華俄道勝銀行代表全體股東及股份，此事曾經法國正式認可。

五、中國臨時所負之責任，乃舊俄政府與道勝銀行之關係。

六、鐵路便宜之缺欠多半是造因於俄國政變所生之困難，非原於中國之無決定辦法。

七、中國曾應付該路之危險時期，所為甚多，橫斷西比利亞，因俄國革命屢屢中斷。

第十節 西比利亞問題

一、日本對西比利亞之野心

俄國十一月（一九一七年）革命以後，日本欲再實驗已用於二十一條的機會主義，侵略平原沃野的西比利亞；故特通牒協約各國，謂為使西比利亞免於德國及共產黨之危險起見，有使日本軍隊出動的必要。日本通牒中雖自言無領土的野心及久據的意思，但卻附有三條件：（一）日軍單獨出動；（二）承認日本在華特殊利益及二十一條；(三)日本得在西比利亞獲得礦業林業及漁業的獨占讓與權。英法兩國在大戰方酣的時期，不能開罪日本，日本因於一九一八年一月承認日本要求。美國要破壞日本陰謀，起初抱一猛烈反對的態度，嗣因消極反對不收効力，乃變爲積極的共同出兵，以不得營求讓與權爲條件。一九一八年八月二日日本發表出兵宣言，以援助捷克斯拉夫軍隊各事爲目的，一俟目的完成，卽行撤兵。當時美英法三國曾與日本約定每國出兵數目至多不過七千五百名，然日本竟出兵數萬！

『商業隨國旗而行，』日本軍旅所到的地方，無不有日本商人的足跡。日本商品全冒充軍用品無稅輸入西比利亞，他國商品呢，日本軍事當局則百方阻撓之。於是西比利亞商業乃歸日本商人獨占矣！日本參謀部人員復因襲兩重外交政策，漸次和舊黨霍爾瓦特，謝米諾夫，克爾恰克及羅沙諾夫輩勾結，以實行其秘密政治活動。駐兵一年，耗去國幣一萬萬元，國民怨聲載道；但日本軍閥仍施展陰謀，不肯撤手。一九二〇年羅沙諾夫政府倒台，協約國原定出兵目的業已達到，美英法各國軍隊遂陸續撤退。美國雖依照出兵宣言，要求日本一同撤兵；但日本於同年三月三十一日發表聲明，竟藉口『因領土接壤之關係，遠東政情非特爲帝國在留西比利亞臣民生命財產之脅威，抑爲滿洲及朝鮮安甯之障害』駐兵不去。因此惹起俄人反感，釀成廟街事件。可憐日本軍閥不但無悔禍之意，而且藉端佔據廟街，庫頁島北半及附近地方，以逞其領土的野心！

從此以後，日本極力在西比利亞發揮單腕政策，一心要將赤塔政府推翻，另建親日的政府。若非赤塔政府根基安固一些，日本和謝米諾夫的協作早達到推倒的目的了！一九二〇年十一月遠東共和國成立，日本將反對手段變爲懷柔政策，故有慶祝委員團的派遣。後來又因爲遠東共和國不受支配，乃阻止海參威和東海濱省歸併該政府管轄，並極力擴充佔領區域。同時還和法國交涉，欲共同援助藍格爾，使藍氏派兵西比利亞將遠東共和國推倒。一九二一年三月法日秘約成立，法國允許日本控制西比利亞及東省鐵路，日本承認支持法國對俄的政策。一月以後，又有法國幫助藍格爾軍隊出動的消息。歐美外交界因此大譁，法日兩國的計畫遂受一打擊。

日本一面從法國方面勾結藍格爾，一面又幫助柯柏爾 Kappel 推翻海參威政府，另建聽日本指揮的莫克洛夫 Merkuloff 政府。海參威這時實質上已變成日本的保護國，聽說街名都更換了！一九二一年六月，日本會企圖將謝米諾夫，柯柏爾及莫克洛夫的軍隊組織一系歸謝氏統帶;但因爲莫氏反對謝氏的緣故,莫有弄成。然而日本野心勃勃照舊向各方面進行;七月間日本答覆五月三十一日的美國通牒,仍是不注意出兵宣言的。

二、日本在大會中的聲明

華盛頓會議由美國正式發起以後,日本恐怕西比利亞問題提出大會,受美國的責難。所以特拿商議通商及撤兵的名義,於八月下旬邀請赤塔代表開大連會議,會議中日本秘密要求礦業林業及漁獵的優先權和庫頁島北半的割讓,赤塔方面則堅持撤兵爲先決問題。雙方爭持到大會開會後二月有奇還無結果。日本不慌不忙心中早有把握;如果赤塔承認便可以早酬所願,不然也可以敷衍美國。

華盛頓會議議事程序,西比利亞問題的子目和中國一樣。但因爲日本秘密活動和美國急於大會成功的緣故,只敷衍了兩回便含糊了事!一九二二年一月二十一日,日本外相內田康哉在衆議院發表西比利亞方針;隔了兩日——二十三日——日本代表幣原便本着他的方針在遠東問題總委員會裏爲左列聲明:

「日本出兵西比利亞,係一九一八年協同美國共同實行者。其最初之目的,不過因捷克斯拉夫軍隊自歐俄歸國，道出西比利亞，有與德國指揮下軍隊衝突之危險，欲一施援手耳。……一九二〇年一月美國決定中止在西比利亞之軍事行動而下令撤兵。……捷克斯拉夫軍隊最後一批，於一九二〇年九月自海參崴登輪返國；自此之後日本遂亟欲覓一極早機會自西比利亞撤兵。……日本在貝加爾及阿穆爾各省之軍隊早已撤退。現尙未撤兵之地方不過東海濱省之南部海參崴及尼克爾斯克 Nikolsk 附近耳。

但應有區別者，卽撤兵問題之於日本，非若其他協約各國之簡單也。第一、布爾扎維政治以前日本僑民在西比利亞爲合法及有保障之經營者爲數甚夥，且歷受歡迎。……自該地各種實際情形觀察，此等僑民除希冀其本國保護其生命財產外，殊無他法。以前已撤兵之地方曾陷於無秩序之狀態，日本僑民不得不從速撤退以求自身之安全。……貝加爾及阿穆爾各省日僑既蒙此重大困難與損害，如再自任有大多數日人投有大多數日資之海參崴撤兵，其損害不更增多乎！此外尙有一重困難致日本不得自東海濱省撤兵者。因地理接近之故，海參崴及尼克爾斯克附近地方之一般形勢，實足影響朝鮮國境之安全。抑有進者，卽此等地方素以朝鮮人反抗日本之根據地著稱是也。敵性之朝鮮人與俄國不法分子結合，曾於一九二〇年企圖自中國領土之間島侵入朝鮮。……因斯之故，日本不能不先爲預防，然後實行自西比利亞撤兵。……

日本政府深盼俄國遠東領土上早日重建有秩序而安固之當局。……日本曾準備提供周旋以促進東部西比利亞各政黨之調和；但曾注意自檢，從不扶助一系反對他系。……日本雖與謝米諾夫聯合若干時，但無意干涉俄國內政。……日本現正嚴重考量可以實行完全自東海濱省撤兵之方法，……爲實行此種目的起見，數月前日本代表遂與赤塔政府代表在大連開始交涉。大連交涉並無爲日本尋求獨占性的權利或利益之意。……倘能締圓滿之條件，日本政府當開始自東海濱省完全撤兵。

庫頁俄屬數地之佔據，其性質及原因與東海濱省之駐兵迥異。歷史僅供給少許事實，與一九二〇年之廟街事件相類；廟街之變，七百日人無論男女老幼，甚至正式承認之領事及其家屬隨員，悉被殘害或慘殺。有榮譽之民族遭此欺凌，鮮有不爲所動者。……丁此情形，日本惟有佔據肇事之庫頁俄屬數地以爲報復，靜待有責任當局之建設，藉謀相當之滿足。日本政府之心理，決無利用俄國無希望之現狀，以實行自私的策畫之意……庫頁俄屬之軍事佔領，不過一種臨時辦法，一俟與有秩序之俄國政府，將該問題圓滿解決自當中止也。最後日本代表受政府之委任，謹聲明尊重俄國領土完全，信守不干涉該國內政之原則，及各國在俄屬各部工商業機會均等之原則，乃日本之既定政策」

日本這種『言行一致』的聲明發表後，歐美新聞界頗多不滿的表示。日本大多數新聞紙也攻擊政府，說西比利亞繼續駐兵，內糜國家之公帑，外招各國之猜疑。而赤塔政府外交總長楊遜 Yanson 後來通牒日本外務省，也說：『日本代表幣原在華盛頓會議所聲明之政策，適與日政府在遠東俄國所實施者成一反比』。當時一般人以爲美國代表必有抗議，那知大謬不然！

三、美國宣言與法國態度

幣原發表聲明的翌日，許士在遠東問題總委員會宣言如左：

『美國代表團曾拜聆幣原男之陳述書，並注意其代表日本政府所爲關於撤退日本在西比利亞東海濱省及庫頁俄屬駐軍之確言。美國代表團更注意日本任委代表所述尊重俄國領土完全，信守不干涉該國內政之原則及各國在俄屬各部工商業機會均等之原則，乃日本既定政策之快語。 此等確言應視爲謂日本不得因在西比利亞之軍事行動而侵害俄國國民之權利，或謀取不公允之商業利益，或歸併西比利亞之漁場以爲己用，或從事單獨開發庫頁島或東海濱省之富源。

日本出兵西比利亞原係協同美國共同實行者，此節幣原男已指明矣。 但吾人應牢記者，卽兩國政府曾對於世人確言其尊重俄國領土完全及禁止干涉俄國內政之決意是也。……美國政府於一九一八年七月公布其目的與政策。 出兵之目的曾言明，係(一)援助捷克斯拉夫以便其集合軍旅；(二)堅定俄國人民欲接納輔助之自治或自衛上的努力；(三)拱衛海參崴之軍械庫。……日本政府以同樣之目的於一九一八年八月二日所發之聲明中表明其地位。……

美國於一九二〇年春自西比利亞撤兵，因美國認爲原定出兵目的業已完成，或在西比利亞無繼續軍事行動之必要也。 美國自此取銷爲出兵國之一員，但仍爲東部西比利亞情勢之深切觀察人，且曾與日本政府交換關於此事件之外交文書。……

……美國非不顧念日本直接暴露於西比利亞之布爾扎維主義，及該地現狀爲日本政府所創造之問題；但強烈之信念每油然而生，卽兩國政府共同出兵時對於世人之確言有待日本自俄國國境完全撤兵是也，——雖不於捷克斯拉夫軍隊離去後立卽撤退，亦應於相當期間內撤退。關於爲報復廟街日人之慘劇而佔據庫頁島，美國對於事變之特別性質亦不無所感；但因共同出兵之初，兩國政府所經歷之情形，廟街慘變實爲偶然，則不能不歟 日本認爲有佔據俄國領土以謀與將來俄國政府爲相當處置之必要也。

美國政府之一般地位曾於一九二一年五月三十一日致日本之公文中表明。其中有云：

『因日本政府所爲之措置，使派兵西比利亞時所訂之有定了解發生問題之故，美國政府應開誠解釋其地位，並謹告日本政府曰：美國政府現在及將來均難承認，因現在佔領及管理所生之權利或名義爲有効，美國政府礙難容認日本政府所執行之手段之足以妨害現有條約權利及俄國政治與領土完全者。』……………………

余建議本會採決左之決議：

「決議—日本及美國代表團所爲關於西比利亞駐兵之陳述，應於下次公開會議報告大會，以便記入會議錄內。」

美國這樣滑稽的決議，不消說無討論便一致通過了！法國於表示贊成時，曾聲明對於日本將來撤兵與不干涉俄國內政特別滿意。法日對俄的協作從那裏都看得出來。

第七章　華盛頓會議之總評

一、大會之結局

華盛頓會議共開會十二來復，於一九二二年二月六日正式閉幕。當日除將海軍條約，潛航艇毒瓦斯條約，四國協約附約，九國條約及中國關稅條約當衆簽字外，並由美總統哈定致閉會詞，其詞有云：

『（上略）本會已得一眞正之大成功。……余自信可言者，卽今日具信念而以國家榮譽保持之者，必於人類進化上開一新且美之紀元是也。……於世界輿論之曙光下，不損及主權，不戕及國本，不傷及國輝，而能謀得一致之解決，則今日之閉幕固因所成就者留一喜象也。……此言固非謂自限制軍備中求和平乃新思潮，亦非謂本會在解決戰爭規定國際關係之良心上爲新觀念。自確認戰爭之最大罪惡上言之，此非新會議固矣。海牙會議其一例也，維也納會議，柏林會議，凡爾賽會議又一例也。海牙會議因一强國之反對歸於失敗，而此强國不肯協作之惡性遂產生國際有名之最大慘劇。維也納及柏林會議欲於戰爭之非正義上樹和平，竟播將來衝突之種子。……本會於戰爭之苦楚未除，戰爭之恐怖尙近之際召集，竟制勝於厭戰望和之雙方；此則本會之幸也。……諸君之成功殊爲高尙，因未播衝突之種子，無可以歟仄之反動，更無訴諸武力之憤懣也。……諸君之協定無秘密之設計，無攻守之同盟，更無牽累之葛藤，不過以理性爲共同之了解，藉謀各國政府及國民間之新關係，和平之新安全，成功與納福之新機會耳。……民族之自私已爲大好空氣所消弭。……此誠可感，此誠莊嚴，愁雲慘霧尙未消滅，過重負担尙未輕減，刧後奮鬭已歸失望之世界，乃有此可喜之紀念，非特屬諸吾人，且亦來自全世界人類之心房也。」

美總統這篇閉會詞，將華盛頓會議誇獎到十二分了！要說華盛頓會議比海牙維也納，柏林，巴黎會議稍好一點，（因爲助强凌弱的緣故）我們斷不敢否認；若拿哈定的話形容華盛頓會議實在有點過火。不過他處在一國及一黨首領的地位，不得不說句幾外交話或感情話，我們也只好視作裝飾品罷了！要切切實實的估量大會的成功和失敗，我們應當抛開一切主觀的成見，純用客觀的方法去觀察；如此方能得一嚴正的判斷或最後的結論。

要用客觀方法觀察一切，理當概述大會的結局，作爲出發點。大會共製出條約五件（山東耶浦條約在外），決議文十二件，可以表示如左：

	議事程序	結局	條約或決議	副產物
限制軍備問題	一、海上軍備之限制	英美日三國約定廢棄主力艦六十八艘；英美法意日五國海軍比率定爲十，十，六，三•五，三•五；除特別規定者外，十年內不得建造新主力艦，限制主力艦每艘噸位，礮數及礮徑。規定飛機母艦噸位比率限制每艘噸位，礮數及礮徑。補助戰艦無限制。潛航艇無限制。太平洋防備維持現狀。	五國海軍條約	五國海軍會議
	二、管理新式戰鬭器之條規	禁止潛航艇自由攻擊商船；停止潛航艇破壞商業。禁止使用毒瓦斯。飛機噸位及使用無限制。創設審議會研究新戰規。	五國潛航艇毒瓦斯條約 關於創設審議會之決議兩件	新戰規審議會
	三、陸上軍備之限制	無限制		
太平洋問題		美英法日約定互相尊重太平洋島領島屬之權利。	四國協約	

太平洋及遠東			
中國			
一、原則	路特四大原則。 尊重中國中立權。 將來不准締結違反路特決議之條約。	九國協約	
二、領土完全	各國約定尊重中國領土完全。 不准將來扶助本國國民創設勢力範圍。 租借地除威海衛外未允取銷。 山東問題在會外合商解決。	九國條約 山東條約	中日聯合委員會
三、行政完全	各國約定尊重中國主權。 關稅僅允值百抽五，未許自主。 勸告中國裁兵。 領事裁判權未取銷。 外國軍警未允撤退。 外國郵電未允全數撤退。 中國聲明無意更動郵務會辦。	九國條約 九國關稅條約 勸告中國裁兵決議 領事裁判權決議 外國軍警決議 外國郵局決議 外國無線電台決議	修正稅則委員會 改正關稅特別會議
四、門戶開放	不溯既往之全國門戶開放。	九國條約 設立審查部決議	門戶開放審查部

二、大會失敗之觀察—自中國見地

東問題				
問題	五、讓與權專占權或經濟優先權	禁止將來營求有礙機會均等原則之專占權或經濟優先權。舊有之讓與權專占權或經濟優先權不動。	九國條約	
	六、鐵路發展及東省鐵路	希望中國鐵路統一，得以外力助成之。	統一鐵路決議	
		東省路須爲較佳之便宜。	東省鐵路決議兩件	
	七、特殊的鐵路運率	禁止運率之差別待遇。	九國條約	門戶開放審查部
	八、現有各種成約之地位	各國與中國條約須公布之。各國國民與中國契約須就所知者公布之。二十一條及其他不平等條約均未取銷。	中國成約決議	
	西比利亞問題	日本未允撤兵		
	委任統治諸島	日本尊重美國在耶浦之既得利益。日本承認平等待遇美國人民。	美日耶浦條約	
	太平洋電氣交通	美國分得耶浦瓜覺間之海底電線	美日耶浦條約	

華盛頓會議的結果，若從中國人的見地觀察，大概總免不了「失敗」兩個字！ 因為中國參與大會，純粹拿和平主義作標鵠，所有關於挽回國權的提案都是和平主義的呼聲，中國提案若沒有圓滿解決，便不能確立和平主義，而以和平相號召的大會，也遂無成功之可言。 從上段的簡表逐條分析，中國人的高尚希望——和平的希望——絲毫也未實現。 九國條約咧！關稅條約咧！十種決議咧！ 個個都拿空名或虛利來敷衍中國的面子，而隱隱以外國將來活動的互相了解為唯一目標。 特別利益，租地及其他種種非法的設施，不但沒有廢掉，而且經有勢力的國家默認，變為合法的永佔！ 軍國主義的國家此後當然在被承認的範圍內，積極的實行經濟上之侵略，以填補政治上之野心。 影響所及，不但中國國計民生大吃其苦，恐怕現在拿門戶開放四字自衛的也漸漸的受人擯斥。 中國現在秩序未復，固無可如何，但將來如遇意外的強度激刺，雖欲以五千年忍耐精神來維繫和平，有時怕也不得不出於抵抗的義戰。 高唱機會均等的國家若不能維持住「均等」二字，當然也不肯干休。 巴爾幹的前車不遠，列強因戰後一時的困難，雖相安無事，將來經濟競爭結果，必發生衝突，致於流血。 中國國民決不像外國政治家那樣，把歷史看得太短；中國提出正本清源的計畫，實在為

防止將來那一日 所以說和平計畫的失敗卽是大會和平目的的失敗！

中國代表團在開會時演說曾表示滿意大會的結果，而背地裏也說中國總算得些利益。在代表團的意見以爲山東鐵路已可買回，關稅已實行值百抽五，其他也有不少零碎的便宜，比較在巴黎和會以戰勝國而遭排斥總算好的多。這種講斤論兩的估量，忘掉了國民全體想望和平的大目的，固然失於一偏。卽拋開和平單說實利，也令人懷疑。第一、大會所弄的結果和代表團十二月二十五日所發表的最小限度要求（關稅自主，鐵路自營，取銷租借地，外國郵電及軍警等）是否相合？第二、所增加的關稅和可買回的鐵路及其瑣屑權利是否被盜的物品？被盜的物品若返還原主是否算做得利？第三、假令取回被盜的物品算是得利，所得的是否敵得住所失的？恐怕大家不但說大會所弄的結果和中國代表團最小限度要求不合，而且說已失的東西收回來只算沒有損失，不能算是得利！若再進一步考察：山東經濟命脈仍在日人掌握裏，將來雖自謀發展也不易將日人所生的根子拔了出去。至於東三省呢！日本得着美國及其他諸強的默認，更要採取積極的手段從事剝削。現在東三省已經是一個貧血的青年，長此繼續下去，非變成癆病鬼不可！另外像全國工商業的門戶開放，將本國經濟和外國經濟拉成一行，也有許多危險。假令已失的衣服收回了若干件，現在又失去珠寶若干顆，得失相權，自然不算是便宜！而美國親政府派報章還說『中國處處獲益，一無所失』呢！馬克爾說得好：『既曰尊重中國主權，獨立及行政完全矣，乃復爲中國效勞，訂定中國之關稅。除一港口一鐵路之販賣及對於郵局問題之可疑的讓步外，中國妙手空空了無所得。門戶爲各國之商業利益開放矣，各國皆受同等之待遇，繳納極低之關稅。一切讓與爲中國謀者甚微，而自爲謀者實多也。』紐約國家雜誌主筆衛拉德 Villard 論得更透徹：『日本政府將運用新條約所得之遠東陸海軍優勢，自經濟及政治上宰制中國……海軍協定不過美國捐棄中國而已。』

但是，無論中國收回主權的主張怎樣失敗，如果眞正實現了世界永久的和平，我們不但毫無可惜，而且要大聲疾呼去慶祝大會的成功。只是因爲中國自由未恢復的緣故，世界和平不但不能實現，而且愈趨愈遠。我們實在沒法給華盛頓會議上頌詞了！不但我們這樣，卽是美國眞正熱心和平的人，拋開民族自私心，也要說大會失敗——至少也要說遠東問題完全失敗啊！

三　大會成功之觀察——自美英日各國見地

但是,以前已經說過:華盛頓會議的召集,並不是眞要對於世界和平有所貢獻,不過英美各懷私心,要在外交舞台上確立各自的帝國主義罷了。至於日本,一面要減輕海軍競爭的苦痛,一面要保持既得的贓品,處心積慮,更無和平可言。所以他們觀察大會並不依據和平主義,而完全以得失爲標準。於是他們眼中的大會,遂變成一個大獲全勝的驕兒。請分析言之:

一、美國　第一章所述美國召集大會的五大目的,完全達到,共和黨買好人民鞏固勢力的心願,從此算得償了!英美關係在大會開會以前,因爲商務及海軍的競爭有許多支離破碎的地方;大會結局,英美誤解已煙消霧散,將來拿同等的海軍力協作於遠東及太平洋舞台,自然可以睥睨一切!美日關係會後和會前比較,更有霄壤之別;世人以前囑目的美日戰爭,因爲美國拿中國送禮的緣故,已竟減少許多的可能。世界事功雜誌 World's Work 記者韓瑞柯 B. Hendrick 說:『相互間之猜疑及誤解一掃而空。日本對於美國企圖侵略東方之恐怖既已消除,美國亦因日本誠意於和平正義上樹立對華新政策之故,認爲滿意。』紐約世界報主筆栗潑門 Wolter Lippman

說：「華盛頓會議結果美國人民第一次了解美國雖欲與日本戰，亦絕無戰爭之可言。」紐約時報記者載維斯 E. Davis 說：「四國協約消弭美日間之一切衝突。」美國人的心理可見一般了。海軍限制，雖僅將主力艦辦妥但每年平均已經可以減少經費一萬萬美元，對於國民希望和平及減輕負担的面子總算過得去。英日同盟一俟各國批准四國協約卽行取銷，美國國際獨立的局面已經打開，共和黨反對參加國際聯盟越法振振有詞。門戶開放實行中國全國不設例外，美國財政和商業可以向東方大事活動了。耶浦問題依照美國意見圓滿解決，商業和軍事利益都已到手。共和黨從此地位穩固，再不愁民主黨的反對。本年十一月國會選舉，一九二四年總統選舉，一定要自頌功德的。但美國人民素來同情中俄兩國的悲運，這次美國政府對於中俄兩國毫無誠意，美國將來在遠東的體面能否照舊不變，實在是一個大問題哩！

二、英國　英國的成功在海軍問題上，是英美比率的平等，在太平洋問題上，卽是四國協約的告成。英國海軍上霸權，因爲美國厲行大海軍主義早已危險。若無限制軍備的舉動，英國雖努力建造四大胡德艦，三年後也保不住海上女王的資格，五，五，三比率成立，將來十五年內，英美海軍可處於同等的地位；英國在大西洋的勢力仍舊不動，同時還節省國帑，從事國內經濟的恢復。四國協約實現英國兩面作好人的政策，日本將來對於英國在東方的地位及勢力斷不敢侵蝕，美國在遠東的活動且可和英國攜手。至於英美間數年的猜忌也化爲清風明月，滿切斯特保護報記者倪文蓀曰（W. Nevinson）說英美戰爭已變爲不可能的事情，英國何等歡喜！另外還有一事也使英國人快活的便是英國國際地位愈法穩固，此後可以在歐洲牽制法國；日本讀賣新聞說英國所得居第一位，不爲無因呀！

三、日本 國民新聞，讀賣新聞及其他反對派報紙評論日本在華盛頓的結果，都說毫無所得。日本畢竟毫無所得嗎？恐怕三尺童子也不承認這話！第一、日本和美國繼續海軍競爭，『實行擴張海軍計畫，必頻於財政上之困難，甚或陷國家於破產』——尾崎行雄的話——，現在主力艦限制成立，日本每年可省造艦經費八九千萬元，不必再和美國拚命競賽過時的主力艦了。補助艦和潛航艇可以乘機擴充，恐怕十五年海軍條約滿期，日本海軍勢力除主力艦外要和英美不相上下。第二、日本在中國所得的贓品已得美國的默許，將來一面單獨經營租借地和有特別利益的地方，一面會同英法美三國開發中國全部的富源。馬柯爾會說：『日本去開放之門戶甚近，其利益仍在他國以上』，日本極端贊成門戶開放，物質精神兩方面都有利益。第三、四國協約造成日本東亞領袖國的資格，『事實上已成爲黃族人之盟主』—倪文蓀的話—將來對華實行侵略，他國斷難干涉。第四、太平洋防備保持現狀，日本可以維持在東部太平洋的優越地位，美日間一旦有事，日本可於三十小時內進攻非律濱。第五，美日戰爭的危險漸歸消滅，日本此後可以不必仇視美國了。東京日日新聞三月一日社論有云：『華盛頓會議使日美兩國得有較佳之了解，至少亦掃除美國人民以前所有之誤會。目前兩國關係與大會以前較，在在皆有可觀，此不容諱言者。此和平之狀態能延續若干時日吾人殊不敢斷言，但自兩國最大犧牲上觀之—尤關於太平洋和平之維持者—其必維繫甚久殆無疑意。因華盛頓會議中美國已確保不於政治上及經濟上干涉日本故也』。這實在是日本人沾沾自喜的良心話。無怪時事新報（東京）一面贊揚大會的成功和日本代表的成績，一面指責反對派報紙說『日本出席外交會議之代表，其功績從未得國人之相當稱道也』。

綜觀英美日三國在大會所得的利益，並不相上下，英美報章說日本所得最多，日本新聞說英美所得最多，其實都不謂少。法國的經濟政策未得實行，且因陸軍問題，主力艦，補助艦及潛航艇問題，惹起英美反感，似乎吃虧，但能在四國協約上佔一席，也可補其所失。意大利打算裁減陸軍未能如願，但也不算是失敗；其他比，荷，葡三國更無成功或失敗可言了！

第八章　中國失敗之原因

中國和平主義的失敗，從以上七章所說的事實上看去，多半歸咎左列的原因：

一、倡議國並無眞正爲世界謀和平的誠意，不過假借和平正義的招牌，給本國圖謀經濟的利益，替本黨鞏固政治上的勢力，臨事遂不惜犧牲中國保全本身利益。

二、與遠東問題最有關係之二三國家互相聯合以保持他們的帝國主義，絕未覺悟戰爭的罪惡或注意人類望和的呼聲。

三、各國對於中國，仍抱一弱肉强食優勝劣敗的理想，故極力賣弄陰謀及秘密外交以遂其自私心。

但是，這不過是外部的原因。「物必先腐也而後蟲生之」，我們自己在外交上在內政上若處處美滿，我們的和平主義也決不至大敗特敗。現在痛定思痛，實在有不能不歸咎內部原因的地方。且隨便舉出兩條，作爲大家自省的資料：

一、外交上之原因

(一)事前無充分預備　華盛頓會議於七月上旬發起，距開會時足足四個月。這四個月裏，美英日各國都作極切實的接洽和極充分的預備，惟中國一味在表面上虛張聲勢，毫不知往實際上用力。北京政府雖設立太平洋會議籌備處，只不過給一部分人加點津貼，眞正有價值的事情恐怕一點未作。全權代表全向駐外公使裏頭選擇，多半不十分了解本國實際的情形和對外關係的全體。小代表則一味瞻徇情面，帝制派也要，親日派也要，軍閥派也要，官僚派也要。胡拉拉來了一百三十六人，除去偵探消息游覽名勝的人物外，眞正作事的並沒有多少人。聽說開會前三天文件箱子尚未打開，然而比陸總長丟失文件箱子還好的多了呢！第一次提案，夜裏起草，全權代表未曾令小代表知道，無非因爲流品太雜，容易走漏消息，然因此竟惹起一場風波。其他各種議案，事前也沒有十分預備，多半是修正巴黎和會的舊案而成的。山東問題鬧了數年，日本在膠濟路的實際情形，日人在山東所經營各種事業的實況，簡直沒有人徹底知道。東三省日人種種陰謀，種種設備，除了向外國學者著書裏搜集材料外，也不十分淸楚。日本所駐軍警的數目確有多少，日本郵局怎樣情形，並沒有切實的調查，切實的統計。再看英美日各國代表團的組織，何等緻密，何等完善；各種問題事前皆草有計畫書，臨時還有專門委員擔任研究。美國代表團的莫克莫銳，衞廉姆 E. T. Williams 等，英國代表團的朱爾典，欒樸森等都是熟習東方情形的人；日本代表團也有『支那通』——卽通中國事者——若干。中國代表裏邊，不但熟習美英日各國情形的太少，卽眞知本國一切實際狀況的人也不多。這固是國家人材上一個大問題，然而當局不知延攬人材也是一種毛病。因此臨時急抱佛脚，各事都無條理，外面一有風波，更是天旋地轉不知何去何從了！

(二)臨事無一定方針　北京政府對於華盛頓會議的方針如何，到現在我們也捉摸不着。國民希望實現傳統的和平主義外交，當局用何方針使這種主義實現，只有天地鬼神知道。第一次十大原則的提案，世人都知道是頭一天晚上受許士的通知，臨時和美國顧問草成的；其文字之消極，在第六章第一節裏已經說過。吾人最抱憾的便是重要事實提案並未附帶上去或同時提出。在代表團的意思，只是照美國的議事程序和許士的暗示辦理一切，卻忘了美國當局的自私心並不弱於他國。路特四大決議提出，中國十大原則已無形打銷，這時節留美各團體代表已料定美國要斷送中國，曾主張中國自己主持一切，不再依靠美國代表。但代表團仍大夢悠悠，照許士的意思行事。許士叫中國先提較易的議案，後提辦難的議案，中國代表便將山東及二十一條提開,討論關稅自主領事裁判權各問題。中國代表全不想許士這種手段純粹愚弄中國,其用心只在從小問題上給中國點小便宜,將大問題置諸不理。山東問題許士一面拿提出不能獲勝威嚇中國,一方面和巴爾福拿周旋的美名圈套中國。中國代表不知利用許士的短處據理力爭,反受許士的擺佈到會外直接談判。談判的時節,也是隨時應付,並沒有一定的方針,一定的計畫,始終山東經濟命脈失掉了自己還不覺得。二十一條問題,國內團體電催留美同人呼號,代表團始終沒有提出的決心,後來許士叫中國提,代表團纔把他提出。像這樣全聽外國支配毫無自主的外交,怎能有成就呢!

(三)無負全責的領袖人材　中國這次代表團原來打算仿巴黎和會成例,以顏惠慶總長作全權總代表。後來顏總長因為經費無着不肯來美,代表團遂陷於無頭政治的狀態。第一天開會致答詞時大家謙遜未遑,很給外人以不良的印象。後來雖公推施肇基作領袖,但仍沒有擔負完全責任的人。遇事大家都不肯堅持己見以免事後被排,而在外國當公使的更不肯得罪駐在國當局。全國國民的公意如何,五千年民族精神何在,簡直無人過問。何者為最重要的案件,何者為次要的案件何者應先提，何者應後提，更沒有人主持。 在會場裏常常應付他人，並沒有深沉的眼光去利用機會。 會外差不多沒有什麼佈置或運籌，有時反不如不通英語第一次辦外交的海軍軍人。 一旦少有便宜便沾沾自喜，認爲中國這樣已經很好；對於大問題都望望然不敢嘗試。 這雖是國家缺乏領袖人材的結果，也是個人良心上一個大問題。 俄國外交委員齊吉林 Tchichirin 在健諾亞會議獨當一面，資本主義的國家雖施展陰謀，却不能把他怎樣。 俄國混沌現狀和中國大致相同，各國向中國營求商機，向俄國也是營求商機。 齊吉林會利用英法的衝突和喬治的心理，中國却不知利用美日間的異議和許士的心理。 俄國代表能發揮布爾扎維的精神，中國代表却不能發揮中國文化上的和平精神。 杜威博士三月一日在新共和國上發表美華教育一文，痛論美國在中國教育的失當，說除了造就外國化的人物外毫無功效，即是有感中國代表的人格而發的。 這和巴黎和會後國內所說「一東式外交家有策畫而無良心，西式外交家長於交際而短於腕力」一樣，此後大家注意吧！

(四)無組織完備的國民外交 巴黎會議時代，中國只有學生團體在巴黎擔任宣傳的工夫；學生的經驗本不充裕，學生的財力本甚缺乏，所以當時很感受心餘力絀的苦痛。

華盛頓會議，商教聯合會特派余日章，蔣夢麟兩先生以國民代表的資格到美監督代表影響與論比較巴黎會議實在好得多了！留美學生雖因爲國內政黨的煽惑弄成兩派，然宣傳的工夫也比巴黎時代進步。但是若和日本國民外交的組織相比，我們尙有不及的地方。日本衆議院議員這次來美擔任宣傳的不下六七人；澁澤榮一所引導的實業團更拿門戶開放的招牌，力謀與美國商業界及實業界接近。此外當川駐美的宣傳大將河上淸（英名K. K. Kawakami）等更極力在新聞雜誌上作文章替本國政府辯護，（河上氏在大會時期所作的文章，現已輯印成書，叫做日本新太平洋政策）而五十一名新聞記者也都在新聞會議上及報紙上作種種的宣傳。中國學生除了打電報或在自己的出版物發表意見外，能在美國報章雜誌作文章的很不多見。新聞記者十數人多半向本國代表團打聽消息，能在新聞會議和報紙上替本國說話的更是寥如晨星。美國新聞界熟習東方情形的本來很少，這樣大好的機會竟讓日本得去，實在有些可惜！而代表團的重要人物還攉殘本國記者的讜論，或自己僱人替自己宣傳呢！

二 內政上之原因

上段評論外交，很有不滿意代表團的地方；但平心論之，代表團的領袖人物也並不是不打算給本國爭回些權利，不過在主觀上他們眼光有時欠遠大，而在客觀上他們也很感受內政混亂的影響。關於後一點，我們要原諒代表諸君，方不失之苛責。

內政影響此次外交最大之點，便是全國七零八落，沒有統一的政府。廣東政府爭派代表，隱隱含有要求列强承認的目的，後來被美國當局揭穿，不克如願，乃取旁觀的態度，拒絕和北京政府一致對外。北京政府固然不好，但打倒北京政府應當憑藉國民的公意，斷不可依賴外力，致以愛國者遺誤國本。這次廣東政府首先要在爭派代表的手段上達到列强承認的目的，已給世人許多不良的印象；後來還不肯仿照巴黎先例合派代表，愈法給外國以口實。遠東問題總委員會某次會議，法國因此曾質問中國代表的資格！中國代表是東道主的美國請來的，斷沒有什麼問題，然法國以賓客的地位來相詰問者，也不過要打擊中國罷了。中國代表雖依據法理，答以『代表列强所承認的政府，』但事實上實難乎爲情！

軍閥專制影響這次外交也很顯著。北京政府被武人勒索，得一貧如洗，十一月一日僅因芝加哥大陸商業信託儲蓄銀行欠款五百五十萬元到期未付，竟被該行宣告抗債不還。　中國國債每人平均不過五元，英法國債每人平均約一千八百元，美國國債每人平均五百二十元，日本國債每人平均二十八元，互相比較，斷不能因此區區便說破產。但軍閥專制，政治失軌，遂使人看輕。　這一件傷心事實發生在大會開會前十一天，所產生的惡果自不堪言喻。　開會以後，中國提議增加國稅，日本不說督軍無法，多增無益，便說中央雖允裁釐督軍未必遵行；中國要求撤退客軍，日本便說中國軍隊不但不能保護僑民，而且糜亂地方；中國要求裁撤外國無線電台，日本便說京津一帶交通杜絕，不能不提供私人便宜；各國討論到東省鐵路問題，也異口同聲說軍隊橫行不能充實護路。　外國外交家利用中國現在混沌的狀況，去掩飾自國的侵略政策，固令人傷心，但本國沒有專橫的軍閥，外人又何從藉口呢？

政治腐敗，不消說也發生許多不良的結果。　大會進行期中，今天發生交通銀行的風潮，明天發生軍閥倒閣駭聞，後天又發生殺美國教士的張敬堯入京消息，各國代表聽了，愈法藉口中國內亂不肯讓步。　關稅增加聽說有實抽百六的希望，只因為官僚乘機在美運動借款的緣故，歸於失敗。　山東問題受梁士詒的影響也很利害，借款一層雖被國民攻破，結局條件卻比未和梁氏接洽以前嚴厲了許多。取銷領事裁判權問題，也因爲中國司法制度不修明，不肯卽時答應。此外如要求取銷二十一條本來可以拿國會未批准作理由，但因爲中國數年來沒有國會，竟致不敢主張。

綜觀以上所述各種情形，外國處處藉口中國內亂以逞其野心，而在表面上還說：「中國非自己帮助自己不可，我們現在若將一切權利還返中國，中國並沒有接收的能力，」呢！代表在會場裏親聽這樣話如何過得去！所以外交失敗，軍閥官僚同負其責，不可盡怨代表無魄力，無手腕。

第九章　今後遠東之國際政局

一、門戶開放與新銀行團

華盛頓會議對於遠東問題的解決，雖無貢獻，但其結果確使遠東情勢發生極大的變化。受此變化直接影響的便是我們中國。

中國在國際政治上素來佔一『大商場』和『大原料場』的地位。八十年來列強都努力運用帝國主義的辣腕，無非要侵奪或佔據這世界第一的商場及原料場罷了！大戰五年，歐美各國無暇東顧，此大商場及原料場幾歸日本獨占。戰爭結局，英美各國爲圖謀國內經濟恢復及安插贍餘資本起見，都要向中國顯顯貿易及投資的手段。以前取消極態度的美國，既改變態度，組織新銀團阻止單獨投資。這次華盛頓會議又將中國工商業機會均等主義大加整頓，要各國在華自由貿易。將來列强共同對待中國的公式，第一是全國門戶開放，第二便是新銀團共同開發。

門戶開放的註脚，卽是『有飯大家吃，』我在討論遠東問題的時候已經說過了！美國共和黨從來和資本家一鼻孔出氣，這次代民主黨組織政府，更極力發揮保護主義的政策，以取好於大腹的資本家。去歲付德奈和馬坎勃所提新關稅案 Fordney-

McCumber Bill如果通過實予英日意各國商人以大不利。(發稿時新關稅案已通過了) 而船舶津貼案更企圖爭持太平洋的航權給商業作先鋒。 美國政府現在的經濟政策只是重商主義所說阻止外貨輸入,獎勵國貨輸出! 歐洲戰後民生凋敝,購買力很是有限。 美國除向遠東市場—中國—開拓外,並無他道。 現在中國門戶既已完全開放,美國商人及資本家是一定要努力奮鬥的。

英國是以商業立國,大戰以後,一心要恢復戰前的市場,藉以恢復國內的經濟。 新西蘭,坎拿大,南非及澳大利亞各自治領,雖已訂有優待英貨的條件,但同宗的顧客畢竟不得自由剝削。 於是乃向苦於賠償的德意志和苦於飢荒的俄羅斯兩方面進行。

賠償問題英國力持和解態度,無非因爲德國多一層破壞英國便少一層商機。 健諾亞會議,喬治極力容納俄國的主張,也只是要向俄國開闢市場。 但法國既因利害關係和英國極端衝突,將來海牙會議和賠償會議英國雖萬分努力也難有滿意的結果。(發稿時兩會議均無好結果) 華盛頓會議既將中國門戶開放整理起來,眼光銳利的英國,看看歐事這樣,美國關稅政策那樣,自然要利用原來勢力乘着新生機會,向中國發展貿易了!

日本對於門戶開放，因爲要用作和緩美國反感，和保持既得勢力的工具，曾在大會裏積極表示贊成。一九二一年十一月十六日紐約時報登載日本對於遠東問題的方針十三條，第五條即是『滿洲及西比利亞之門戶開放，與列國平等。』中國提出十大原則後三日，加藤在遠東問題總委員會上致答詞，也聲明『日本無條件無保留贊成中國門戶開放及機會均等之原則。』此外澁澤等的實業團和南滿鐵道會社社長早川千吉郎也都向美國商人表明嚴守門戶開放的原則，甚至南滿會社在美國所登廣告也高標機會均等四個大字！果然美國爲其所欺，竟許其一面保持既得利益，一面高談門戶開放了。此後英美日三國在華爭競商業，日本既要在有特別利益的地方保持上風，還要在其他地方奪取優勢。日本利用中國原料的低廉，中日間運費的經濟，本國工價的節省，英美兩國不但打不破他原在東三省及山東的商業優勢，即在門戶大開的中國本部，也弄不過日本。將來美國關稅案及船舶津貼案通過，日本在美所失的恐怕也要取償於中國呀！

列强在本國厲行保護政策，在中國却力主自由貿易。中國產業這樣的幼稚，關稅這樣的不自由，將來的國計民生實在是一件極困難的問題。西比利亞呢？各國已看做中國第二，商業自由競爭主義自然也要行於該地。根深蒂固的日本仍是不吃虧的。

對華貿易，列强雖要保持自由競爭主義；對華投資，他們却要採取國際協作的原則。美國自從脫退舊銀行團後，對於投資本是採自由主義，一九一九年因爲國內賸餘資本太多，歐洲局面不佳無法放款，和日本勾結中國軍閥的緣故，纔變更方針發起新銀行團。日本資本缺乏，局勢孤立，既得着一部分的特權，遂變爲新銀團的一員。華盛頓會議中，日本支持新銀行團和贊成門戶開放一樣的熱心，也無非自知弄美國不過，不如早早贊成，得點交換，造點感情！日本十三條方針第九條曾主張：『中國承認美英法日四國銀行團所參加之新借款團，以便交涉及辦理對華借款事業，並贊助中國以中國資本之協作建設大規模之公共事務；但爲保持外債之正當使用，及免除或因腐敗而生之浪費起見，應由借款團管理及監督之。』後來放棄高徐，順濟兩路借款權，及南滿東蒙借款權，也都聲明提供爲新借款團共公之活動。至於英美兩國，一個曲解門戶開放（見第六章，第九節，第三段）一個提倡統一鐵路，其用心也都在給新銀團謀利益。中國若承認這以共同開發中國富源爲目的之新銀行團，不但有外國監督財政的可能，而且有默認日本特別利益的危險。齊吉林在健諾亞會議反對各國組織借款團時曾聲明不得拿中國，墨西哥，古巴，土爾其待俄國。中國熱心承認新銀團的人們請細味齊氏的話！

二、日本之新侵略政策

日本在華盛頓會議既拿贊成門戶開放及其他條件買得美國歡心，保住既得贓品。將來日本對華外交的視線，除了根據門戶開放及新銀行團和他國競爭貿易及共同投資外，當然要注射在已經列强默認日本有特別利益的地方。換言之，卽是要改變以前的鯨吞主義，從經濟侵略上在山東，東三省及東蒙各地實行蠶食的政治野心。方吾草此文時，美報盛傳加藤內閣已決定從漢口及西比利亞撤兵。這種消息在美國不熟習東方情形的人觀察，或誤認爲加藤尊重華盛頓會議決議的精神；若在我們稍知日本當局心理的看來，不啻是日本新侵略政策實行的先聲！日本果有心從中國撤兵，何不將北京及東三省駐兵一同撤去；日本果有心從西比利亞撤兵，爲何還要在庫頁島北半遲疑？現在日本要撤退不必要的軍隊，不過是要緩和世人的疑慮，和節省無益的軍費，（日本在西比利亞所耗軍費已達五萬六千萬元）罷了！

日本對於中國及西比利亞既處心積慮，欲於不傷他國感情及利益的範圍內，集中侵略於一定地方，則將來日本的政策確有研究的價值。據我個人推測，日本此後對於山東東三省及東蒙的手段恐不外以下三種：

(一)移殖住民　日本掩飾自己的侵略政策，常借口「人口過臃」四個大字！其實日本人口過臃，純係侵略政治家獎勵人口，打算利用自然的壓迫，向海外發展及征服的結果。最近日本禁止提倡生育限制的珊格 Mrs. Sanger 夫人講演，和日人請願議會褒獎多生育的婦女，即是一種明證。若再比較中日兩國人口的統計：日本每方哩不過三百九十二人，中國江蘇省每方哩八百七十五人，浙江省每方哩六百人，山東省每方哩五百五十人，河南省四百五十四人，日本拿人口過臃解嘲，實毫無理由的。但日本既厲行獎勵人口的政策，自然要利用出生率的增加，向海外移民或殖民。從前日本移民，多趨向北美，檀香山，澳洲各地；現在美國既絕對排日，澳洲也盛唱白澳主義。日本明知抵抗英美不過，故於大會進行中，從移民問題上向美國表示讓步，作爲交換在華權利的代價。將來移民，除南美巴西，阿根廷及墨西哥已結有優待條件，照舊進行外，日本必特別注意東三省或東蒙。日本在奉天及大連已經設立東洋拓殖會社支店兩所（該社資本金五千萬元，每年受政府津貼二十五萬元，專辦募集移民及供給移民資金各項事業。日本僑居東三省的人民，據民國八年末調查，共四萬一千零五十三戶，十六萬六千四百七十二人，內有該社擔任移殖者不下五千餘戶）將來必更令該社努力向東三省移民，從農業經營上爲土地的佔據；聽說最近該社已決定發行社債一千萬元了！留美日僑去年曾由在米日本人會派員赴東三省及東蒙調查經濟狀況，今春歸美後大事提倡向東三省活動。最近金山新世界報還組織滿蒙觀光團，日本國內資本家更計畫設立一百萬元之公司，將來旅美日人因遭排斥的緣故，必陸續轉赴東三省。東三省物產豐富，土地肥沃，每方哩人口平均不過三十七人，日本憑藉舊有的强固勢力，實行這樣集中的侵略，東三省怎樣消受，中國怎樣消受！我想我們要救東三省，除了政治及經濟極力發展而外，非自己也樹立一種移民政策不可。日本既兩次放逐中國匠人及小販出境，中國也當放逐在東三省勾結無賴，販運嗎啡的日人，並禁止這種人將來入國。日人初到東三省，大多數是窮措大，作下等的事業，中國如實行這種政策，定能取締日人不少！再清季入關以後，曾將山西，直隸及山東的農民移入東三省不少，提倡生育限制的朋友們——我對於正當的生育限制並不反對——不妨分些精神去提倡自動的移居。這不但是抵制日本移民的好方法，而且也是解決中國人口問題的善策呢！

（二）獎勵工業　南滿鐵道株式會社拿四萬四千萬元的資本，（已收足三萬八千萬元，外有政府鐵路財產股一萬萬元）學步東印度公司，努力開發東三省；主要鐵路既歸其經營，鎖鑰工業（如煤鐵等）也歸其掌握。一般日本企業家遂憑藉南滿會社的勢力在東三省大興工業。據民國八年末調查，日本在東三省的主要工廠已有一百七十五所，一千萬元開辦的滿蒙毛織物會社還不在內呢！日本在東省的工業勢力既已如此雄厚，大會結局，日本因爲中國關稅增加的緣故，必更在東三省獎勵工業。一方面可以免除關稅，一方面可以利用勞銀低廉的中國勞工，眞是用中國原料賺中國錢了！不但東三省這樣，山東及他處日本也要實行同樣的政策，富士，大日本，東洋三紡績會社陸續在中國設立分廠，卽是一種見端。但最苦的仍是東三省；日本在東三省倡辦工業不但妨礙中國工業的發展，而且擾亂中國的金融。因爲他們興辦工業多半利用朝鮮銀行的低利資金，該行在東三省發行的變相不換紙幣（名曰換給日本銀行券，但因日本不准現金出口的緣故，雖換得日本銀行券，也不能換得現金）到九年末已有六千四百十萬零二千元，再因通融資金而增發這樣紙幣，豈不愈法危險金融市場麽？

（三）合辦事業　中日合辦的公司很少精密的統計；據我所知，最大的當屬奉天鞍山振興公司（鐵鑛），奉天本溪湖煤鐵公司吉林豐材採木公司及奉天鴨綠江採木公司等。這種合辦公司的實權，都被日本人把持，中國重要職員不但不能和日人分庭抗禮，甚且還有秘密斷送國權的。日本人近來在奉天省勾結無賴紳董合辦鑛業，即因爲這個緣故。山東鑛業既許日人合辦，若中國職員不知要好，恐怕也難免再蹈東省覆轍。日人和華人合辦事業除了操縱實權外，還有兩種利益：（一）易得中國官廳之許可；（二）易於敷衍英美的觀聽。華盛頓會議以後，不消說日本除了獎勵自辦工業，當然要運動不能自辦的合辦事業了。

日本新聞界自從大會結局後，屢屢提倡變更對華政策。現在日本政府拿換湯不換藥的手段對付中國，不但於世界全局和平及遠東一部和平有碍，即對於本國人民的希望也名不副實。日本人民的生計因軍閥財閥對外野心的結果，已陷於極端的恐慌。據讀賣新聞調查及作者個人經驗，東京物價高出美國一倍以上，工價還不及美國一半。日本當局再倒行逆施，眞是對於國民大背德了！

三、英美攜手與日法聯合

國際間經過一次會議，每因爲相爭相忌的結果，產生同盟協商或他種國際聯合。巴黎和會既於巴幹爾小協商以外產出法比，法波及法捷（捷克斯拉夫）相互間的軍事秘約（據滿切斯特保護報戴爾 Dell 通訊），華盛頓會議也促成英美攜手和日法的聯合。將來遠東國際政局恐不免一返戰前德俄英日互相對抗的形勢，和平前途實在慘淡得很啊！

英美攜手，在第四章結尾已微微提過。此事從四國協約交涉的秘密經過觀察，從英法關係及美日關係觀察，都不能使人無疑。而最令人見信的便是英美要人的言論和輿論的態度。三月二十日美上院議員波拉發表紐約名律師克拉瓦斯二月十七日在外交關係協會演說的速記錄，其中有云：

「英美在太平洋之艦隊足以控制日本。以余觀之，吾人已離去以巨資及迷惑創造世界最大艦隊之必要，而代以與英國協作之了解及基礎，此項了解及基礎足使兩國在太平洋上管領極大之艦隊以控制日本，並令其嚴守各項義務……

美國各代表已為余言之。巴爾福亦同此意見，余尤知之，想英國代表團必均同此懷抱也。大會結果決非一種形式的協定，實係一種了解。英美間已造成此等同情的基礎，雙方對於將來之一切危急，必有極密切之協作也。」

當時恩德五及洛基都極力否認他們和克氏有這樣的談話；許士也致書恩德五，聲明「關於四國協約及其他事件，美國與英國間並無何等秘密之了解或協定。」而克氏自己也拍電洛基否認他和美國代表的談話。但克氏一面否認他和美國代表的談話，一面卻將速記錄改為「余之意見係根據有責任方面之消息」，這不啻再度表示英美間確有秘密的了解。波拉於二十一日在上院宣讀外交關係協會速記錄的影本，證明克氏否認的不確；同時新聞界也說除了說「克氏說錯了」別無他法。美國人心中是已承認這種秘密了解的存在了！

至於英國方面，也有許多暗示。巴爾福在第四次公開大會演說，曾說：「在條約文字之上，尚有較多較切之事物足使各國聯合；」克雷伯爵 Viscount Grey 於一九二一年十二月十四日也聲明：「該約雖關係太平洋之島屬，但其精神上之結果必超越條約上之文字。」外交上雖歌功頌德的言論，也不容隨便發表，英國有責任人說這樣話決不可輕輕看過，況且外交上實例又很多呢！　此外英國新聞界對日論調翻然大變，也不能使人無疑。　倫敦泰晤士報從來以親日著名，二十年來因同盟的關係無日不倡親日政策。　四月四日該報因東京特派員一封長電，忽發表關於日本國防的論文，指摘日本要在中國實行單腕政策。　該報主人北巖更在他所屬的日郵報 Daily Mail，每夕新聞 Evening News，星期捷報 Sunday Dispatch 及美國，澳洲，新西蘭各地有勢力報紙上披露藐視日本的論文。　因是曾惹起朝日新聞對於太晤士報的剖白（該二報關係甚深，雙方曾結有交換電信的契約）和日本各報對於北巖的攻擊（謂北巖遊日不過數日，忽變爲赫師德第二）　除了北巖系的報紙，還有鼎鼎大名的滿切斯特保護報，西寺公報，及晨郵報 Morning Post 等也大唱親美排日的文字，英國輿論大概已有英美協作一致的傾向了！　最近直奉戰爭，英美共採極積的態度，未嘗不是這種秘密了解第一次試驗啊！

日法聯合導源於兩國對俄政策的關進。　據赤塔代表本年一月一日在華盛頓發表的秘密文書，兩國已有的了解大致如左：

一九二二年三月十二日法日俄（舊黨）三國秘約——（一）日本完全控制西比利

亞，(二)日本監督俄國行政軍事及警察；(三)日本有獨占一切讓與權及認可他國讓與權之權利；(四)東省鐵路仍歸俄國管理，但得以日人監督之，日本更有買收該路之權；(五)日本有駐兵之權；(六)日本擔任運送藍格爾軍隊於東方，並供給軍械軍需；(七)日本資助一切反對布黨之團體。

一九二一年九月二日法國致日本公文——(一)法國尊重日本在西比利亞及中國之利益，並支持日本在華盛頓會議之努力；(二)日本須考慮法國在東省鐵路之利益，並支持法國在華盛頓會議之政策。

一九二一年日本覆法國公文——(一)法國所提問題日本樂予調處；(二)法日兩國在華盛頓會議相互一致。

法日兩國代表對於赤塔代表所發表的秘密文書，雖曾發表聲明指為贋造，但英美輿論界都不肯信！紐約世界報說：『國際集會中從未見有此等影響重大之案件，法日當局之指為贋造，乃屬不得已之舉。若果虛偽者，則此作偽者亦大膽矣』。 波羅提謨太陽報Boltimore Sun說：『就日法兩國在大會中之地位觀之，卽令人疑其結有秘約。秘密文書公佈以後益使人深信弗疑。』 滿切斯特保護報說：『此項文件之必爲日法兩國代表所否認，乃屬吾人意中之事，蓋美人對於兩國在西比利亞排擠美國之憤懣，實無法使之消弭也。若再就兩國大會內各項協作觀察：（一）日本聲明西比利亞政策，法國表示『完全信任日本』；（二）白里安聲明不能裁減陸軍，加藤表示軍備當視國情爲轉移；（三）法國爭持潛航艇，日本隱隱給法國作後盾；（四）許士提議設立門戶開放審查部，法國首先起來替日本反對；（五）日本不肯撤退駐華軍警，法國便主張交領事裁判權委員會調查報告，——這更足證明兩國的秘密聯合了！

日法兩國在會前會內既有這樣深功的聯合，英美攜手以後，因爲環境的激刺，必更協力抵抗。今春霞飛往日本答禮時，英美報章曾載法日謀訂永久秘約的消息。同時，讀賣新聞還著論宣傳同盟，竟至說：『英美對於國際事務之跋扈，實爲極顯著之事實，而美國關於國際政治之行動，更趨於武斷專橫……英法間之友交益趨冷淡，兩國相互間愈陷於孤立之狀態……今日能阻止英美在太平洋之專斷者，舍日本莫屬，而能助成日本者厥爲法國。故日法交誼之增進，關係之協調，誠爲當務之急云。』至於日本政客學者赴法宣傳同盟的更接踵於道。徵之健諾亞會議日本之暗助法國，可知將來法日對於遠東問題，必要聯合起來去抵制英美啊！

第十章　中國今後之自處

一、外交上自主與自助

中國外交當局向來有一種成見，似乎認定了『弱國無外交，』或『外交乃饋礮之發言！』試一𢌞溯民國十年來的外交史，較小的事件姑不具論，卽拿對日交涉，對德宣戰，巴黎和會各種重大問題說，簡直無一絲一毫的自主。甚至對俄問題也前門懼狼，後門怕虎，左看日本，右看歐洲，不能有自動的主張，弄來弄去，竟陷於不可問的境地。這回華盛頓會議，以前已竟說過，也是無一定的政策及方針，遇事只看美國代表的眼色行事。結果不但不能實現四萬萬人民和平希望的少許，而且被人利用作了互相交換權利利益的代價。從此以後若再不知覺悟，趕緊的實行外交上自主和自助，恐怕不久便將中國完全斷送了！

我提出『外交自主與自助』這個問題，一般主張『親』字政策——親任某國——的政治家或外交家或笑我書生之見。但我詳考以往親字政策的成績，除了一二私人從中漁利外，簡直有損無益。安福派力主親日，也不過締結幾件賣國條約，對於國家有何挽救？固然安福派心地不正，不免影響親字政策的有効實行；但親字政策提倡者忘了國際道德的卑下和列强自私心的澎漲，也是一種缺點。普通中國官場，大官和小官交接小官總是吃虧；國際間强國和弱國交往何嘗不如此！中國要打算在外交上實行親字政策，非勢均力敵互負一種義務不可。不然一味依附强國，想着不費勁白占便宜，終不免巴黎和會及華盛頓會議的結果。中國近數年來很有聯俄的傾向；若因爲同情心或和平計畫去聯合，企圖互相依重，未嘗不可，若用利用心或希望心去聯合却萬萬不可！赤俄侵略庫倫，忘了資本國加諸自身的苦痛，赤塔代表在美宣言不欲中國贖回東省鐵路，他們對於中國也不見有十分誠意罷！所以我認定除了自助別無他法，而『天亦止助自助者！』

『武力爲外交後盾』，談到外交自主及自助，總要聯想到這個問題。中國現在陸軍雖多，並沒有戰鬬力，海軍除了供內爭使用外，也都是陳列館的古物。武力既不充實，那能有自主外交可言呢！這話在二十年前或有一部分眞理，若在今日輿論勢力——社會力——發達的時代却不盡然。墨西哥因爲美國企圖把持油田控制經濟，堅持抵抗不肯屈服，其結果不過不得美國的承認。美國當局處在世界及本國輿論監督之下，斷不敢仿羅斯福對待山德明溝的故智，藉口門羅主義去替他靖難。山東問題也只仗着本國輿論和世界輿論，纔未斷送於巴黎和會。這次沒得好結果，也只因爲政府和代表不知利用輿論勢力的緣故。總而言之，輿論勢力在文明世界實在非常偉大，栗僕門在他近著公意（Puhlic Opinion）一書已竟替我們證明了。同胞呀！不要輕視這種無形的鎗礮，要知中國內爭上的興亡也很受輿論的支配呢！

但是中國將來自主自助的外交要打算以輿論作後盾，便不可不打破以往專制的外交去樹立民治的外交。現代民治潮流已浸浸入外交的領域，數年前英國學者笛更生 G. L. Dickinson 藍因 Norman Angell Lane（藍氏著書嘗署名爲 Norman Angell）及美國學者栗僕門曾有民治外交的運動，最近芮恩施於其秘密外交（Secret Diplomacy）一書裏也鼓吹外交公開。但現在除了瑞士遇有期限在二十五年以上的條約舉行三萬人的國民總投票外，其餘各國外交政策都由外交當局獨裁，並不經國會同意。英國下院對於內政方針幾乎事事都在公開大會內辯論，但外交方針的辯論却不多見。美國憲法雖規定國際條約須經上院三分之二批准，但行政首領可以締結行政員協定（也叫做士紳協約），不經上院批准，効力和條約相同。這皆因各國當局對於外交仍舊看做是圖謀私利的一種手段，而不認爲增進和平的一種媒介。

所以他們都拿『國際交涉與商業交易同，非秘密進行不能擁護應得之利益』或『外交事務非由專家處理不爲功，國民對外不能徹底了解，最易僨事』作理由反對外交公開。中國現在及將來的外交當然拋開私利主義，拿和平主義爲背景，斷不會發生他們所說的困難。所以將來一切外交事件都當詳細向國民公佈，窺察民意的傾向，再定最後的方針。制定正式憲法時應當授權衆議院，由該院組織外交委員會會同外交總長依據民意議定外交的方針。如是才能有民治的外交，如是才能得輿論的後盾！

輿論勢力而外，尚有經濟勢力也可用作外交上極有力的後盾。現在國際貿易已經使世界各國在經濟上互相倚恃不能自立。歐戰結局德意志破壞了，然英國在德國的商業已破壞了——這是極明顯的一個例子。中國十年來常用排貨手段抵制侵略主義的國家，雖因爲手段消極範圍太小未得最後的結果，然已經使敵人驚心不少。從此以後，大家應當用積極的手段，將排斥劣貨改爲提倡國貨及製造國貨，使某國對華的貿易日見減少，如是方能支持本國的正義外交。但是這非具有印度非協同運動主義者的精神，徹底的向民間運動不可，紙面空談是無用的！

二 內政改革之緩急

上面對於中國將來的外交拉拉雜雜說了許多話，好像我也是一個主張從外交上救國的人！其實我對於外交的議論不過是一種治標的意見，我的根本希望仍在於自動的內政改革。數年來國人因爲國外強隣逼視國內軍閥專橫的緣故，一遇着國際會議便迷信公理和正義四個大字，發生許多主觀的希望。有的希望强國代打抱不平，將中國被侵害的全行索回！有的希望各國監督中國裁兵促成統一！這些希望完全犯了兩種毛病；一種是忘了外國自私自利的政策和假仁假義的招牌；一種是小看自己民族的能力和精神。我們希望美國帮忙，美國能替我們犧牲生命財產去主張公理麼？我們希望各國强迫軍閥裁兵南北統一，我們自己竟沒有奮鬭精神和自決的能力麼？快快醒罷，只有自己能帮助自己，只有自己能解決自己的問題！要打算自己帮助自己及自己解決自己的問題，非亟亟的改革內政不可！這不但是自謀國內安定自免外交危亡的好方法，也是貢獻遠東和平促進世界和平的好手段。加藤在答覆中國十大原則的時候，開口便說「日本代表團以爲中國現在之困難原於內國情勢者並不較對外關係爲少」。巴爾福在第六次公開大會上說：「中國應審度世事之變遷，自謀改革。」 另外歐美及日本的新聞雜誌也都說中國前途應由中國自己決定，大會不能解決，應由中國人自己解決的問題。 這固然是帝國主義國家自己掩飾及自己解嘲的話，但從理論上講，眞是中國人的藥石哩！ 美使蘇門說得好：「各事應由中國自謀之。 外國並不能援助中國，縱能之，亦有召致干涉之危險也。」

內政改革既是當務之急，我們怎樣去改革內政呢！ 中國現在討論改革內政的，大概可以分作急進漸進兩大派。 急進派主張用革命手段以武力爲能力，內的破壞然後再謀建設；漸進派主張遵循進化的途程，用精神的力量，徐圖改造。 兩派之中又各分兩系，一系要從社會下手，一系要從政治下手。 各派各系的主張，都有所根據的理由，若一一討論，決非本文篇幅所能作到，而且也超出本書的範圍。 在煞尾要特別提出討論的，是一個極簡單極顯著的「人的問題」。

五四運動以後，中國青年的心理非常興奮，悲觀論一天少似一天，救國呼聲一天高似一天，——這實在是國家一種極可喜的現象！ 但仔細考察數年來救國運動的成績，却不免令人失望。 提倡革命的人呢，多半在書齋作文章，並不到政治上或社會上切切實實的去運動；主張「到民間去」的先生大部分也只是搖筆弄舌，說幾句票死話，能和老百姓耳鬢撕磨分甘共苦的實不多見！　提倡革命數年，還不及滿清末葉民國初元，連一個捨命擲炸彈的都沒用幾時可以希望革命成功？『到民間去』的學說也倡了好久，社會一般人民生活的實況還不曉得有一二位高興了隨便到貧民家裏去玩玩，回頭還嫌氣味不好，抱怨嘔氣。　這種虛誇浮燥的現象多半是個人主義畸形發達的結果。　每個人都把自己慾望之滿足看得太重，似乎不肯替國家替他人犧牲自己。　甚至以救國運動領袖自負的人還假借團體名義圖謀自身的利祿功名。　這樣如何能改革內政，如何能拯救祖國？

此後要切實改革內政，非大家洗心改面，矯正以前虛浮的毛病，極力遏止不正當的慾望的澎漲不可。　我說這話，並不是要大家禁慾，因爲慾望是社會進化的原動力，沒有慾望便須另換一個世界。　我的意思，是遏止不能在中國今日滿足的洋式物質慾，及墮落人格及生命的慾望。　如能將慾望訓練到極正當的進步，然後再拿社會的利益作爲本身的利益，認爲服務人羣是人生無上的快樂，大家自然可以免去虛浮自私的毛病，以犧牲的精神往前奮鬭了。　這時節你主張革命也罷，主張社會服務也罷，你既然能身體力行，總能殊途同歸。　咳！內政改革事情多得很呢！　一個人能專心致志作一件好事情，便於國家有莫大的利益。切不要個個人都要當領袖，不肯和他人協作。可愛的青年姊妹兄弟呀！國事危急了！快快把自己救出罪惡的地獄然後再協力救國罷！快快覺悟！快快振拔！

附錄一

美日間兩大問題之解決

移民問題及耶浦問題

美日兩國數年來外交上的爭議，除了遠東問題以外，要算移民問題和耶浦問題了。移民問題，美國前任駐日大使毛禮士 Mouris 和日本駐美大使幣原交涉許久，並無正式的解決。華盛頓會議開幕後，幣原稱病不出席，暗地裏移民問題終久必有的讓步，交換在華的利益，竟弄成一種自動的絕對禁止移民的協定。這種協定日本爲維持國家體面起見，大概不能發表了。幣原春天回國的時候，曾對舊金山新世界（日文報）記者略有表示；秋後太平洋沿岸還要開日本領事會議研究禁止移民的方法，美日間這件事情算是告一段落。

耶浦問題，美國因爲太平洋上軍事及商業的關係，再三爭持，不肯讓步。華盛頓會議中也因爲幣原的活動，竟拿中國問題作和解條件，使美國躊躇滿志。美日耶浦條約於一九二二年二月十一日正式簽字，大致如左：

一、美國承認日本在太平洋赤道以北前德國島嶼之委任統治。

二、美國國民享受委任統治規約第三，四，五各條日本所有之利益；美國教士有傳教，置產，旅行，居住，及設立學校之權；美國既得之財產權不得妨害。

三、關於現有及將有之耶浦瓜囊海線上陸及經營各事，美國及其國民在耶浦之地位，與日本及其臣民平等；無線電亦然。

四、美國及其國民享有：（一）無限制之居住權，與日本臣民同等之建築，居住及購買動產不動產各項權利；（二）各項權利不必特別經過許可或認可之權；（三）與日本及其臣民同，得自由使用海電之權；（四）海電之運用及通信不受檢查之權；（五）人及財產自由出入之權；（六）海電運用費財產稅人及船舶稅，港灣使用及上陸稅之豁免權；（七）警察法一律之權。

The United States of America, Belgium, the British Empire, China, France, Italy, Japan, the Netherlands and Portugal.

Desiring to provide a procedure for dealing with questions that may arise in connection with the execution of the provisions of Articles 3 and 5 of the treaty to be signed at Washington on Feb. 6, 1922, with reference to their general policy, designed to stabilize conditions in the Far East, to safeguard the rights and interests of China, and to promote intercourse between China and the other powers upon the basis of equality of opportunity.

Resolve, That there shall be established in China a board of reference to which any questions arising in connection with the execution of the aforesaid articles may be refered for investigation and report.

The special conference, provided in Article 2 of the treaty to be signed at Washington Feb. 6, 1922, with reference to the Chinese customs tariff shall formulate for the approval of the powers concerned a detailed plan for the constitution of the board.

DECLARATIOM BY CHINA

The Chinese declaration regarding alienation of territory, also added to the Far Eastern treaty, was stated thus:

China upon her part is prepared to give an undertaking not to alienate or lease any portion of her territory or littoral to any power.

and renders desirable discussion of such application, there shall be full and frank communicaton between the contracting powers concerned.

Article 8—Powers not signatory to the present treaty which have governments recognized by the signatory powers and which have treaty relations with China shall be invited to adhere to the present treaty. To this end the Government of the United States will make the necessary communications to non-signatory powers and will inform the contracting powers of the replies received. Adherence by any power shall become effective on receipt of notice thereof by the Government of the United States.

Article 9—The present treaty shall be ratified by the contracting powers in accordance with their respective constitutional methods and shall take effect on the date of the deposit of all the ratification, which shall take place at Washington as soon as possible. The Government of the United States will transmit to the other contracting powers a certified copy of the procès-verbal of the deposit of ratifications.

The present treaty, of which the English and French texts are both authentic, shall remain deposited in the archives of the Government of the United States, and duly certified copies thereof shall be transmitted by that Government to the other contracting powers.

In Faith Whereof the above-named plenipotentiaries have signed the present treaty. Done at the City of Washington the sixth day of February, one thousand nine hundred and twenty-two.

THE SUPPLEMENTARY RESOLUTION

The supplementary resolution adopted by the conference at this same session read thus:

China undertakes to be guided by the principles stated in the foregoing stipulations of this article in dealing with applications for economic rights and privileges from Governments and nationals of all foreign countries, whether parties to the present treaty or not.

Article 4—The contracting powers agree not to support any agreements by their respective nationals with each other designed to create spheres of influence or to provide for the enjoyment of mutually exclusive opportunities in designated parts of Chinese territory.

Article 5—China agrees that, throughout the whole of the railways in China, she will not exercise or permit unfair discriminations of any kind. In particular there shall be no discrimination whatever, direct or indirect, in respect of charges or of facilities on the ground of the nationality of passengers or the countries from which or to which they are proceeding, or the origin or ownership of goods or the country from which or to which they are proceeding, or the nationality or ownership of the ship or other means of conveying such passengers or goods before or after their transport on the Chinese railways.

The contracting powers, other than China, assume a corresponding obligation in respect of any of the aforesaid railways over which they or their nationals are in a position to exercise any control in virtue of any concession, special agreement or otherwise.

Article 6—The contracting parties, other than China, agree fully to respect China's rights as a neutral in time of war to which China is not a party; and China declares that when she is a neutral she will observe the obligations of neutrality.

Article 7—The contracting powers agree that, whenever a situation arises which, in the opinion of any one of them, involves the application of the stipulations of the present treaty, of friendly States, and from countenancing action inimical to the security of such States.

Article 2—The contracting powers agree not to enter into any treaty, agreement, arrangement or understanding, either with one another or individually or collectively with any power or powers, which would infringe or impair the principles stated in Article 1.

Article 3—With a view to applying more effectually the principles of the open door, or equality of opportunity, in China for the trade and industry of all nations, the contracting powers, other than China, agree not to seek or to support their respective nations in seeking:

(A)—Any arrangement which might purport to establish in favor of their interests any general superiority of rights with respect to commercial or economic development in any designated region in China;

(B)—Any such monopody or preference as would deprive the nationals of any other power of the right of undertaking any legitimate trade or industry in China, or of participating with the Chinese government, or with any local authority, in any category of public enterprise, or which by reason of its scope, duration or geographical extent is calculated to frustrate the practical application of the principle of equal opportunity.

It is understood that the foregoing stipulations of this article are not to be so construed as to prohibit the acquisition of such properties or rights as may be necessary to the conduct of a particular commercial, industrial or financial undertaking or to the encouragement of invention and research.

附錄三

九國條約原文

The United States of America, Belgium, the British Empire, China, France, Italy, Japan, the Netherlands and Portugal.

Desiring to adopt a policy designed to stabilize conditions in the Far East, to safeguard the rights and interests of China, and to promote intercourse between China and the other powers upon the basis of equality of opportunity;

Have resolved to conclude a treaty for that purpose, and to that end have appointed as their respective plenipotentiaries [here follow the names of the plenipotentiaries], who, having communicated to each other their full powers, found to be in good and due form, have agreed as follows:

Article 1—The contracting powers, other than China, agree:

1. To respect the sovereignty, the independence, and the territorial and administrative integrity of China.

2. The provide the fullest and most unembarrassed opportunity to China to develop and maintain for herself an effective and stable Government.

3. To use their influence for the purpose of effectually establishing and maintaining the principle of equal opportunity for the commerce and industry of all nations throughout the territory of China.

4. To refrain from taking advantage of conditions in China in order to seek special rights or privileges which would abridge the rights of subjects or citizens

agreements between the United States of America and the mandatory powers, respectively, in relation to the mandated islands.

2. That the controversies to which the second paragraph of Article 1 refers shall not be taken to embrace questions which according to principles of international law lie exclusively within the domestic jurisdiction of the respective powers.

Washington, D. C., Dec. 13, 1921.

ANNEX TO FOUR POWER TREATY

The United States of America, the British Empire, France and Japan have, through their respective plenipotentiaries, agreed upon the following stipulations supplementary to the quadruple treaty signed at Washington on Dec. 13, 1921:

The term "insular possessions and insular dominions" used in the aforesaid treaty shall, in its application to Japan, include only Karafuto (or the southern portion of the Island of Saghalin), Formosa and the Pescadores and islands under the mandate of Japan.

The present agreement shall have the some force and effect as the said treaty, to which it is supplementary.

The provision of Article IV. of the aforesaid treaty of Dec. 13, 1921, relating to ratification, shall be applicable to the present agreement, which, in French and English, shall remain deposited in the archives of the Government of the United States, and duly certified copies thereof shall be transmitted by that Government to each of the other contracting powers.

In faith whereof the respective plenipotentiaries have signed the present agreement. Done at the City of Washington, Feb. 6, 1922.

period it shall continue to be in force, subject to the right of any of the high contracting parties to terminate it upon twelve months' notice.

Article 4—This treaty shall be ratified as soon as possible in accordance with the constitutional methods of the high contracting parties, and shall take effect on the deposit of ratifications, which shall take place at Washington, and thereupon the agreement between Great Britain and Japan which was concluded at London on July 13, 1911, shall terminate.

The Government of the United States will transmit to all the signatory powers a certified copy of the procès-verbal of the deposit of ratifications.

The present treaty, in French and in English, shall be deposited in the archives of the Government of the United States, and duly certified copies thereof will be transmitted by that Government to each of the signatory powers.

In faith whereof the above-named plenipotentiaries have signed the present treaty.

Done at the City of Washington, the thirteenth day of December, one thousand nine hundred and twenty-one.

THE RESERVATIONS

Following is the text of the reservation note, prepared by the American delegates and accepted by the other powers:

In signing the treaty this day between the United States of America, the British Empire, France and Japan, it is declared to be the understanding and intent of the signatory powers:

1. That the treaty shall apply to the mandated islands in the Pacific Ocean, provided, however, that the making of the treaty shall not be deemed to be an assent on the part of the United States of America to the mandates and shall not preclude

附錄二

四國協約原文

The United States of America, the British Empire, France and Japan, with a view to the preservation of the general peace and the maintenance of their rights in relation to their insular possessions and insular dominions in the region of the Pacific Ocean, have determined to conclude a treaty to this effect and have appointed as their plenipotentiaries [here follows list of delegates], *who, having communicated their full powers, found in good and due form, have agreed as follows:*

Article 1—The high contracting parties agree as between themselves to respect their rights in relation to their insular possessions and insular dominions in the region of the Pacific Ocean.

If there should develop between any of the high contracting parties a controversy arising out of any Pacific question and involving their said rights which is not satisfactorily settled by diplomacy and is likely to affect the harmonious accord now happily subsisting between them, they shall invite the other high contracting parties to a joint conference to which the whole subject will be referred for consideration and adjustment.

Article 2—If the said rights are threatened by the aggressive action of any other power, the high contracting parties shall communicate with one another fully and frankly in order to arrive at an understanding as to the most efficient measures to be taken, jointly or separately, to meet the exigencies of the particular situation.

Article 3—This treaty shall remain in force for ten years from the time it shall take effect, and after the expiration of said

再版附錄

一 魯案第一部細目協定

中日兩國政府爲欲按照中華民國十一年二月四日（即大正一年二月四日）在華盛頓簽字之解决山東懸案條約第二條協定細目，任命該條約所定之聯合委員如左：

中華民國政府任命：

督辦魯案善後事宜　王正廷

外交部參事　唐在章

督辦魯案善後事宜

公署參議　徐東藩

兩湖巡閱使署顧問　陳　幹

日本政府任命：

特命全權公使　小幡　酉吉

民政長官　秋山雅之介

青島守備軍

大使館參事官　出淵　勝次

附錄 魯案第一部細目協定

以上兩國委員在北京會議協定條項如左：

第一章 膠州德國舊租借地之交還

第一條 日本國因按照解決山東懸案條約第一條之規定，將膠州德國舊租借地交還中國，定於中華民國十一年十二月十日（卽大正十一年十二月十日）正午移交一切行政權。移交以後，凡行政上一切權力及責任均歸中國政府。

但照各種約章成案應屬日本領事官者，不在此限。

第二條 關於解決山東懸案條約第三條及第四條所定之行政及公產（包括碼頭港灣在內）之移交，暨交付該移交所必需之文書等事，應令中日兩國有權商訂執行詳細辦法之接收委員任之。

第三條 前條所定中日兩國委員應自移交行政權於中國之日起一個月以內將接收事務辦理完竣。

第四條 中國政府承認青島日本裁判所民刑事訴訟事件之裁判，並訴訟行爲，不動產證明公證拒絕證書作成，又私署證書確定日期之效力。

第二章 日本軍隊之撤退

第五條 駐青島日本軍隊（包括憲兵）應自本協完第一條所定之日起二十日以內撤盡。

第三章 租地

第六條 中國政府對於解決山東懸案條約批准交換前日本官憲所許可出租之地，租期滿了後，以同一條件准其續租三十年。

前項所定三十年期滿時仍得續租但其續租條件應按照膠澳商埠租地規則辦理同條約批准交換前日本官憲許可出租之地在許可條件所定期限內未着手築造或工作者不在前兩項之例。

同條約批准交換後日本官憲之出租許可一律取消但限於中華民國十一年十二月十日以前已經着手築造成工作者，按照膠澳商埠租地規則出租時，與以優先的考慮。

第四章　公產

第七條　接照解決山東懸案條約第七條協定，應歸日本保留之財產如左：

甲　日本領事館所需者：

一　舞鶴町二七號（房產及地基）（附圖青第一號）；

二　舞鶴町二八號及佐賀町二六號（同）（附圖青第二號），（同）（附圖青第二號）；

三　佐賀町二四號及久留米町三四號（同）（附圖青第三號）；

四　萬年町二十號及同二二號（同）（附圖青第四五號）；

五　濱松町一五號一七號及一八號（同）（附圖青第六號）；

六　馬關町一七號及同一八號（同），（附圖青等七號）；

七　佐賀町十一號（同），（附圖青第八號）；

八　霞關通北方高地（地基一萬五千日坪），（附圖青第九號）。

乙　日本人居留民團所必需者：

一　靜崗町一〇號日本人會（房屋地基等）（附圖靑第十號），

二　葉櫻町二二號化學試驗所（同），（附圖靑第十一號）；

三　萬年町十五號靑島病院（同），（同十二號）；

四　有明町中學校（同），（同十三號）；

五　三笠町，高等女學校（同）（同十四號）；

六　花笑町第一小學校（同）（同十五號）；

七　若鶴山靑島神社（同）（同十六號）；

八　旭町忠魂碑（同）（同十七號）；

九　膠州町靑島齋場（同），（同十八號）；

十　巽町火葬場（同）（同十九號）；

十一　旭山墓塊（同），（同二十號）。

前兩項保留財產之土地，以附圖堺址爲限。

第八條　第四條所定以外膠州德國舊租借地內之一切公產，應卽移交中國政府。

第九條　膠濟鐵路沿線公產照該鐵路沿線撤兵協定應歸日本政府保留或使用之財產，俟開埠地方決定時另由兩國政府協定。

第五章　郵電

第十條　日本政府允將青島佐世保間海底電線之一半無償交與中國。該線在青島之一端由中國政府運用，其在佐世保之一端由日本政府運用。

第十一條　關於上項海底電線辦理事項由中日兩國政府另行協定之。

第十二條　中國政府聲明在外國公司所有電信之特許權獨占期滿後，按照本國獨立精神準備自由取銷。無論何國政府或何種公司及私人均不准有包辦獨占權。

第十三條　中國政府允于接收青島及濟南無線電台後在左列區間辦理一般公衆電報：

一　青島無線電報局與海船間；

二　青島無線電報局與濟南無線電報局間（以同局存在時爲限）。

第十四條　中國政府允於左開各報局收發日本文字電報：

一　青島海底電報局；

二　青島無線電報局；

三　青島四方及滄口各電報局。

前項所定四方及滄口各電報局如發日本文字電報時，應特收費用；但收費數目另由中日兩國主務官廳協定之。

第十五條　中國政府允於接收膠濟鐵路（包支線）後，將在該鐵路沿線重要車站之電報局公開收發公衆電報。

第十六條 中國政府允於接收青島濟南間軍用電話設備後，自行公開，並對於用戶予以相當之便利。

⑥ 第六章 鹽業

第十七條 中日兩國政府按照解決山東懸案條約第廿條，協訂膠州灣沿岸產鹽輸出日本之條件如左：

一 日本自民國十二年起（卽大正十二年）往後十五年間每年在最高額三萬萬五千萬斤最低額一萬萬斤之範圍以內購買青島鹽。

但前項期限滿後更行協議。

二 中國政府對於日本所購之青島鹽允照大正十年一月日本政府所定之鹽質檢定規則施行品質（顏色在內）之檢定，但將來有變更之必要，更行協定。

三 交鹽地點爲門司及其他日本主務官廳指定地點之倉庫，但輸入門司以外地點時，應給予他項輸入鹽同樣之運費差額（輸入地點與門司之差）。

關於日本購買青島鹽及其他事項應由中日兩國主務官廳協定。

第七章 公產及鹽業之償價

第十八條 中國政府按照解決山東懸案條約第六條，對於移交公產償價，及照同約第二十五條購回膠州灣沿岸從事鹽業之日本人及公司之利益之償價，允將日金一千六百萬元交付日本政府。

前項金額內日金二百萬圓應於公產及鹽業移交後一個月以內支付現金。

第十九條 中國政府爲支付前項金額日金一千四百萬元，允於公產及鹽業移交完竣時，以國庫劵交付日本

政府

第二十條　前條國庫券之條件如左：

一　國庫券票面總額日金一千四百萬元。

二　本國庫券之利率定爲年利六厘。

三　本國庫券之償還期限定爲十五年，最初一年不付本，自第二年起每年還本二次，每次日金五十萬元，於付息之同日時償還。

但不論何時經三個月前通知，得將本國庫券之全部或一部償淸。

四　本國庫券之擔保除以關餘鹽餘款項充當外，中國政府應再加致慮，選定別項確實擔保品，從速與駐京日本公使協定。

五　以前項所定之擔保用付本國庫券之本息，儻有不敷時，中國政府允以他種財源支付。

中國政府將來整理中國外債時，應將本國庫債先歸入整理案內辦理。

六　本國庫券之利息由國庫交付之日起算，每半年支付一次。

七　本國庫券還本付息地點定爲日本東京，指定橫濱正金銀行經理還本付息事務，但因日本政府之便利，欲變更付款地點或經理銀行時，應與中國政府協議。

八　中國政府對於本國庫券及息票並本國庫券本息之收付，免附一切稅捐。

九　本國庫券交付後，得因日本政府之便，將一部或全部自由讓授他人。

十　本國庫劵稱爲青島公產及鹽業償價日金國庫劵。

十一　本國庫劵附帶每年半年付息票並載明記號電碼，交付年月日，中國政府代表之署名，鈐章，數額，利率，償還期限，担保中國政府之付款保證，本息之支付方法，經理銀行等，證劵所有者行使權利之必要條項。

十二　本國庫劵之印刷費用歸中國政府負擔。

十三　在本國庫劵之正式證劵未製成以前，中國政府以臨時證劵交付。

第八章　礦山

第二十一條　中日兩國政府爲設立解決山東懸案條約第廿二條所定公司起見，令中日兩國資本團選出之創立委員，辦理設立公司之事務。

第二十二條　按照中國政府特許狀所組織之公司成立時，日本政府應將淄川坊子及金嶺鎮各鑛山移歸該公司接辦。

第二十三條　前條所列之公司爲中日合資公司，其資本由中日兩國人各承受其半，公司增加資本時亦同。

第二十四條　前條公司應付日本政務廳償價總額爲日金五百萬圓。

第二十五條　前條償價支付之細目，公司成立後由日本政府與該公司商定。

第九章　膠海關

第二十六條　中國政府允將青島現行保稅區域制度繼續辦理。

第二十七條　中國政府允將一九〇五年膠海關修正協定第三條兩項規定所包之貨物，依善意在一九二二

年二月四日以前訂購者以由該期日起四年內進口爲限免除進口稅

第二十八條　中國政府允於中華民國十一年十二月　日以後對於膠州德國舊租借地之製造工廠與中國他處商埠之製造工廠同樣待遇。但上開期日後卽使變更現行章程，凡根據一九零七年四月十七日協定已輸入該工廠之一切原料及其製造品，以能向膠海關提出必要憑證者爲限，得仍適用該協定辦理。

本協定用中日兩國文字每種作成二分，由兩國委員署名蓋印，雙方保存中日文各一部爲證。

山東懸案細目協定附件

第一　日本軍隊之撤退

中國政府在駐青島之日本軍隊並青島及膠濟鐵路線日本官憲之撤退歸還以前，對於其滯留撤退歸還應與以必要之便宜及優例。

關於前項之便宜及優例，應由本協定第二條所定中日兩國委員間協定之。

第二　既得權

外國人既得權利應按照解决山東懸案條約附約及協定條件所定之條項，由青島中國地方官與日本領事官談適當淸厘之法。

第三　土地

中國政府允於本協定第六條第四項但書規定之租地手續未了以前，准其維持現狀。

第四　農場

中國政府得以公正之補償收回德國舊租地日本人經營之國武農場及其他之大農場；關於前項收買細目由膠澳商埠局與日本領事官協定之。

第五　公產

一　日本政府聲明應按照本協定第七條所定在旭山允保有一萬四十坪之墓地（附圖青島第二〇號），將從來之墓地移交中國政府。

二　就青島神社及忠魂碑之用地雖照附圖畫定之境界，惟中國政府聲明保存現在鐵線柵內之森林不予解除，且前項森林地帶如因祭典等有必要時得准其自由使用。

三　中國政府聲明青島測候所接收後照左之方針經營之：

甲　暫時日本職員不受中國政府報酬為該中國測候所經營維持照舊職務，該測候所與日本測候所交換報告之電報，中國政府務竭力與以方便。

乙　將來中國測候所職員養成後與舊職員交代時，更定與日本測候所報告連絡之辦法。

四　中國政府按照本協定第八條關於接收左列財產聲明如下：

一　旭町兵營之所用房屋及用地無償租與商科大學使用。

二　青島學院現在租用之房屋及用地繼續無償租與使用。

三　現在租與海事協會之官地繼續無償租與使用。

四　青島市場小港共同卸貨場調馬所，（舞鶴町）裝蹄所（佐賀町），競馬場，並該場房屋應歸膠澳商埠局公平辦理。

五　現租於國際俱樂部（靜岡町一號），俱樂部（旭町練場內）及網球俱樂部（旅順町），用地及房屋由膠澳商埠局監督使其無償經營。

六　現在租與各宗教慈善團體之土地當輕減其租價。

七　現在租與青島新報社及（靜岡町）濟南日報支社（靜岡町）之房屋及土地准與相當便利。青島新報社之宿舍（舞鶴町）以本協定簽字後一年爲限準前項繼續租與。

八　李村農事試驗場及膠澳各公學堂及台西鎭避病院當然維持且擴張之。

九　旭町練兵場及堪山村打靶場由膠澳商埠局維持經營之，中外人民得照商埠局管理公產規則使用之。

十　領港事務所（姬路町青島棧橋旁）由膠澳商埠局維持經營之。

以上各項除膠澳商埠局自行經營者外，其組織或公約呈明膠澳商埠局認可，並須遵守商埠局一般規則。

第六　發電所，屠宰場及洗衣廠

中國政府承認關於經營電燈事業（以供給電力爲附帶事業），屠宰場洗衣廠之公司組織作爲中國之特許公司，由中國及外國人（包含日本在內）共同出資經營，且按出資之多寡日本人得爲社員（包含董事在內）。

組織上項公司時，對於洗衣廠應考慮現在出租經營中日本人之契約。

第七 電話

一 中國政府允於收回德國舊租借地內之電話營業後六個月間在該電話局酌用通曉日語之司機生以便與用日語之用戶接線。

二 中國政府允於收回前項電話營業後，令該電話局編制通行叫號上之一般用語，以圖用戶之便利。

第八 鹽業

一 關於青島鹽輸出本協定案第十七條一項所載之購買量數，如因中日兩國國內之生產狀況，或鹽之需要而有難於授受上列最高或最低量數之事情時；可不拘上開之協定量數，其該年購買量數臨機協定之。

二 日本專賣局所購買之青島鹽以該專局所必要之品質爲限。但輸入日本專賣局所不要之粗惡鹽時，關於減價及其他辦法由中日主務官廳協定。

三 關於購買價額，及工業用自己輸入鹽由中日各主務官廳協定之。

四 經理輸出人之選定，由中國主務官廳指定後與日本主務官廳協定。

五 中國政府許可自由輸出青島鹽於朝鮮。

六 青島鹽業交付時，關於鹽業者現所有或所持營業剩餘之原鹽，及加工鹽，乃至已結契約之鹽之輸出，以民國十二年三月二十一日爲止，得以現在同樣之條件而任意輸出之。

第九 礦山

一 公司股票限於中日各國人得以轉讓。

用股票充担保時亦同。

二　公司置左開職員：

理事九名

監察二名

理事中國人五名，日本人四名，監察中日各一名，由中日兩國股東中選任董事會之組織，由中日兩國資本團代表者協定。

三　公司得延聘膠濟鐵路之當事者二名乃至三名爲公司諮議（相談役）。

四　公司之資本股票股東會及其他事項均照公司定章辦理。

五　公司應付日本政府之償價五百萬圓不取利息，應俟公司得八厘以上之分紅時，交付日本政府以超過紅利之半額。

六　公司就礦區稅礦山稅海關稅，及其他一切稅捐應與其他中國礦山經營者同受最低率及優良之待遇。

七　中國政府爲輸送該公司之煤炭及礦石，就特別運費車輛分配暨設置煤炭礦石貯藏場擴張線路等項當使與其他地方之各礦山公司受同等之優遇，及其詳細辦法當令該礦山公司與膠濟鐵路間協定之。

八　膠濟鐵路所需之煤該公司當按照成本廉價供給。

九　中國政府保障將來在青島碼頭允許建設山東各礦山專用碼頭，該碼頭之建設地點，及其他細目臨時由膠澳商埠局與公司間協定之。

十　除以上各項所揭者外，就與鐵路及碼頭聯絡該公司得與中國其他採礦公司受最優之待遇。

十一　就坊子及淄川之包工契約應照現狀移交公司，將來由公司及該包工者間協定之。

十二　舊礦公司所屬財產而他部局使用者之處分，由公司及各部局協議之。

十三　公司存立期間決定時，如當期間滿了之際，公司仍行繼續存在，則前開各項依然適用。

第十　膠海關

一　中國政府聲明在本協定第七條所定保稅區域，於本協定簽字時，膠海關對於各種貨物所與之優例，待遇照許允許。

二　中國政府對於膠澳日本商人準用日本文字與膠海關接洽事務。

三　中國政府允令總稅務司於膠海關選用必需職員時，在海關任用規則範圍內，考量膠澳商務上之需要，並對於現有職員之更動務以最少程度爲限。

四　膠海關舊有財產與膠澳一般公產分離，令總務司與日本駐青島官憲決定之。

二　第一部細目協定了解事項

一　司法事項。

山東懸案細目協定第四條之規定，以不妨礙解決山東懸案條約第二十四條及本協定附件第二項爲限。

二　租地

(一)日本政府聲明將來膠澳商埠租地規則得援中國將來自闢商埠最惠之優待。

三　公產

(一)附屬於公產之備品什器及貯藏品之處理並補償除德國遺留品外其補償應由本協定第二條所定之中日兩國委員協定之。

(二)中國政府聲明現在日本官憲施工中之青島第一碼頭擴張工程，當按預定計畫繼續完成之。

(三)日本政府承諾下表所列浚渫船小輪船及其他船舶均移交中國政府但卽墨丸於中國接收後應仍無償供領港事務之用：

甲　輪船

港務所所屬　卽墨丸，青島丸，三水丸，

水上憲兵分隊所屬　嶗山丸。

港灣事務所所屬　若鶴丸，黃島丸，千代丸，浮山丸，山東丸，九水丸。

埠頭事務所所屬　相生丸，孤山丸，一水丸，二水丸。

乙　雜船

港務所所屬　殺鼠船　一隻，圍平船　一隻，小型傳馬船　二隻，小撥船(戎克)　一隻，

其他雜船　七隻。

港灣事務所所屬　三十五噸起重機船　一隻，普利斯特爾式浚渫船小公號　一隻，同大公號

一隻，足場船 二隻，來多船 三隻，傳馬船 五隻，戎克船 三隻，端艇 九隻，小型運貨船 一隻，泥受船 十一隻。

碼頭事務所所屬 二十二噸起重機船 一隻，雜船 四隻，發動機艇 一隻。

㈣中國政府聲明在公產償價未還清以前，不以青島碼頭爲外債擔保，妨以該碼頭（倉庫在內）爲外債擔保時，須先與日本協議。

㈤中國政府聲明因青島各日本學校敎員宿舍用而讓與或出租之房屋，將來當以特別廉價之條件從速實行之。

㈥中日兩國政府對於中日關係當事人間經營靑島發電所設立新公司之交涉及組織因四方發電所設立者之參加，認爲關於四方發電所中日間之異論事實上已經解決。

㈦膠濟鐵路沿線公產決定由日本政府保留者如下左開（甲）（乙）兩項，左開（丙）至（癸）之財產，應於開埠地決定時，照協定第九條由中日兩國政府協議保留或補償經事項。

甲 濟南守備隊官舍 九所

乙 濟南分隊長官舍 一所

丙 坊子將校集會所及同附屬家屋 二所

丁 維縣憲兵分遣所廳舍及官舍 二所

戊 坊子憲兵分隊下士及上等兵宿舍 五所

己　張店憲兵分店廳舍及官舍　三所

庚　淄川炭坑憲兵派出所廳及官舍　三所

辛　博山憲兵分遣所廳舍及官舍　二所

壬　博山分遣隊兵舍　一所

癸　周村憲兵派出所廳舍及官舍　一所

本協定第十八條所規定中國政府應付日本政府之公產償價，並不包含上開財產之價額。

(八)前項所開財產照本協定第九條所定中日兩國政府商議決定處分以前繼續由日本政府保管之。

(九)膠經鐵路沿線日本政府所建設之數處小學校及醫院應於開埠地決定時，由中日兩國政府商議使用方法。

四　郵電

(一)本協定第十二條所載獨占權未收回以前，中日兩國政府應以左開各項爲大體之議案，從速協定靑佐海底電線之運用辦法，但至遲須於六個月以內辦竣：

甲　前開海底電線靑島一端之運用，中國政府暫時委託日本政府代辦。

乙　代辦前項事務之電報房（下文簡稱電報房），不直接收發及投送公衆電報，此項事務概歸中國靑島電報局辦理。

前項商議未確定前，仍准繼續使用。

丙 電報房所需之土地房屋（局員宿舍在內），機器線料等物，及由該報房至青佐海底電線登陸地點之接線，均歸中國供給所有電報局並接線之經常費均歸中國支付。

丁 電報房職員額數及薪金由中日雙方協定，其主任及技師由日本委派，賬務員由中國委派，其電報生宜多用中國人員。

戊 中日兩國政府擔任各將其所有前項海底電線之一半維持保全。

己 前項海底電線經轉中國各處與日本各處往來國際通用文字之尋常電報，海線費每字定爲五十生丁，中日兩國各得其半，其他各項報價另定之。

㈡前項中日兩國間之青佐海底電線協定未成立前，暫由日本代爲保有及運用，並應維持現狀。

㈢青島無線電報局與大連無線電報局間之通信聯絡，應由中日兩國主務官廳協定。

㈣中日兩國政府約定將中華民國六年三月二十六日所訂「現屬日本管理膠州灣租借地及山東鐵路之中日兩國郵電事務處理辦法，七年十月十日所訂前項辦法之細則及附帶文書」，以膠濟鐵路（包支線）移交中國政府之日廢止。

三 魯案第二部細目協定

中日兩國政府爲欲按照中華民國十一年二月四日，（即大正十一年二月四日），在華盛頓簽字之解決山東懸案條約，協定移交鐵路及價值細目，任命該條約所定之鐵路聯合委員如左：

中華民國政府任命督辦魯案善後事宜王正廷。交通次長勞之常。交通部參事陸夢熊。交通部技監顏德慶。日本國政府任命特命全權公使小幡酉吉。青島守備軍民政長官秋山雅之介。鐵路技師大村卓一以上兩國委員。在北京會議協定各項如左：

第一章　膠濟鐵路之移交

第一條　日本國因按照解決山東懸案條約第十四條之規定，將膠濟鐵路及其支線並一切附屬財產，定於中華民國十二年一月一日（卽大正十二年一月一日）正午移交中國。

第二條　前條鐵路財產之移交，應由中日兩國派定之接收委員任之；並應自移交之日起一個月以內，將接收事務辦理完竣。

第三條　移交第一條鐵路財產時，應將該路所有一切文書，契單，賬冊，圖表等項於上開期間內移交。

第二章　膠濟鐵路償價

第四條　中國政府按照山東懸案條約第十五條，允償還日本政府鐵路財產價值日金四千萬元。

第五條　前條金額，以國庫劵支付日本政府。該國庫劵票面總額與前條所開之數目相同。

第六條　本國庫劵稱爲膠濟鐵路國庫劵。

第七條　本國庫劵之種類分爲十萬元及百萬元二種，按所需數目製成之。

第八條　本國庫劵之利率定爲年息六釐。

第九條　本國庫劵以膠濟鐵路財產及進款爲擔保，此項財產及進款不得再供內債或其他外債之擔保。但中國政府如爲償還本國庫券而募集內債經中日兩國政府協定時不在此限。

第十條　以本鐵路進款用付本國庫券之本息，如不敷時。中國政府允以他種進款支付。

第十一條　本國庫券利息自本國庫券交付之日起算，每半年支付一次。

第十二條　中國政府對於本國庫券及利息票，並本國庫券本息之收付，免除一切稅捐。

第十三條　本國庫券交付後。得由日本政府之便，將全部或一部份自由讓授他人。

第十四條　支付本國庫券本息之地點。定爲日本東京，並指定橫濱正金銀行經理。但日本政府爲便利起見，欲變更經理銀行及地點（限於中日兩國境內）時，須先由兩國政府協定之，關於匯款及經理支付本息之銀行方法，如係還本款項，中國政府得自由選定銀行匯付其付息款項。雖以由橫濱正金銀行青島分行或濟南分行匯付爲原則，倘他家銀行匯價較正金銀行低廉時。亦得由其他銀行匯付。

第十五條　在本國庫券本息還清以前，本鐵路進款中。應存入橫濱正金銀行之青島分行或濟南分行，但由本鐵路進款中將每月份應付利息之數。按月積存該銀行時，其餘進款可由該鐵路局長之選擇存入其他殷實之各銀行。提用本鐵路進款時須經中日兩會計處長會同副署。

第十六條　本國庫券附帶每年息票載明記號號碼，交付年月日，中國政府代表之署名鈐章，數額，利率，償還期限，擔保中國政府之付款保證，本息之支付方法，經理銀行等證券所有者行使權利之必要條項。

第十七條　本國庫券之印刷費用，歸中國政府負擔。

第十八條　在本國庫券之正式證券未製成以前，中國政府以臨時證券交付。

本協定用中日兩國文字每種作成二份，由兩國委員署名蓋印，雙方保存中日文各一部爲證。中華民國十一年十二月五日，大正十二月五日王正廷，小幡酉吉，勞之常，陸夢熊，顏德慶，秋山雅之介，大村卓一。

四 第二部協定了解事項

一照本協定第一條應行移交之鐵路財產，包括現在鐵道部所屬之一切財產，(即由民政部，陸軍部，遞信省部及其他移管之地皮築造物房屋等均在內)但有特別規定者不在此限。

二民國十二年三月中應交之川崎造船所定造之機關車價已包括在鐵路償價之內。

三照本協定第十四條第二項，因經由他銀行匯款而有無故延遲及不能在支付地實行交款情事，以後必經由橫濱正金銀行分行，有同樣延遲及不能實行交款情事，以後應當經由他銀行匯付。

四日本主管鐵路之當局所訂合同契約將來應行繼續與否及其他相關問題應由雙方移交接收委員會解決。

五膠濟鐵路日本管理期內所有一切金錢上債權債務，於移交之日尚未淸了者，均由日本方面負責淸理。上項所述之金錢上之債權債務及訂約人之保證金押款租金等之處理方法由中日兩國移交接收委員協定之。

六鐵路移交期內收支之處理，及業務經管之方法，由中日兩國移交接收委員協定之。

七(一)中國政府聲明對於膠濟鐵路現用職員，中國希望留用者，應於移交事務開始之日起一個月以內，並於各職員在職辦理移交事務中從速決定。

(二)中國政府對於因前項選擇結果而離職之職員，中國政府於其離職時一律給與一個月薪俸。

㈢鐵路聯合委員會協定以鐵路移交後即須實行之更換職員，詳細辦法由中日兩國移交接收委員會訂定之。

五　魯案未決問題換文

㈠王委員長致小幡委員長照會為照會事。查解決山東懸案條約附屬協定條件第六項所規定之損害賠償問題，曾於八月十日第一部第十三次會議，經本委員長提議組織分委員會討論辦法，旋於九月四日第二十次會議時，經貴委員長提出答覆，並經彼此辯論，對於敝委員會即時組織此項分委員會之主張未蒙贊成，以為此項問題調查解決頗需時日，按約應組織特別聯合委員會處理，以免阻碍會議進行，並謂若依提議趣旨另行組織明訂於該協定條件之聯合委員會，則不妨徵求日本政府意見云云。旋由外交部與貴委員長彼此磋商，仍未議定辦法，現在細目協定將告圓滿解決，敝委員會本前次提案精神，希望本聯合委員會一致據約建議於兩國政府，從速指派相當人數之官長組織專任解決此項問題之聯合委員會，以了此多年之懸案，而增進兩國之親睦。將來議定應賠中國款項，即以中國應付日本償價之庫券扣付，相應照會貴委員長，希即查照，須至照會者。右照會魯案聯合委員會日本委員長小幡酉吉。中華民國十一年十一月一日。魯案聯合委員會中國委員長王正廷。

小幡委員長覆王委員長照會（譯文）為照覆事。關於締結條約時中日兩國委員協定條件第六項所定要求事，接准來照，備悉一切。查此案迭經在本委員會一再說明，該問題並非本委員應有之職務，徵之該協定條件規定，毫無疑義，而本國政府所見亦全屬相同。故本委員等主張此時本委員會無商定此案之權，如貴國政府離開本委員會提議依據該協定條件規定另行商議，本國政府自無異議，相應照覆，即希查照，須至照會者右照會魯案聯合委員會中國委員長王正廷。大正十一年十二月一日。魯案聯合委員會日本委員長小幡酉吉。

㈡王委員長致小幡委員照會為照會事，查魯案中日聯合委員會中國委員對於現在外人在膠澳舊租借地區因賣買或其他形式而取得之土地權，除農業地由中國給價贖回外，允於德國租借膠澳之年限以內給與無償租用，作為買收價格，期滿應由中國政府收回。如繼續租用，須按商埠局章程辦理。以上辦法中國委員認為極其公平妥善，如日本委員仍持永租權主張，惟於將本問題作為懸案留待中日兩國政府另行解決，相應照會貴委員長，希即查照，須至照會者。中華民國十一年十二月一日。

小幡委員長覆王委員長照會（譯文）為照會事，關於現在外人在德膠澳舊租借地內因具領賣買並填築而取得之土地所有權問題，迭經在本委員會一再討論，不幸彼此意見不能一致。貴國委員拒絕將此項土地權作為既得權而維持現狀，僅允於德國租借年限以內無償租用，對於期滿後之租用則須按照商埠章程辦理。倘本委員等仍是固持主張，將本問題作為懸案，留待中日兩國政府別求解決，而本委員等亦曾聲明為擁護外人合法取得之既得權利，並參酌貴國與外國間成約，對於此項土地權，如其他外國人同意，將此作為無償永代租借權，日本亦可同意。且確信本委員之主張依照條約之規定，並現近貴國政府與駐華外交團問題成為問題之天津漢口等特別區之規定，毫無不當。今貴國委員既固持己見無已，惟有允將本問題留待將來歸由中日兩國政府之外交機關商議，相應照覆，即希查照，須至照會者。大正十一年十二月一日。

正誤表

頁	行	誤	正
一	六	和羅馬	和希臘及羅馬
十一	五	軍備	海上軍備
四九	十四	付來德	拉付來德
五十	三	付來德	拉付來德
五一	四	付來德	拉付來德
一二一	三	負擔	號稱負擔
二七二	九	九龍	九龍拓展
二九九	八	西比利亞	西比利亞鐵路
三一五	一	和平計畫	中國和平計畫
三三七	八	鯨吞主義	武力鯨吞主義
附錄一	六	移民問題	拿移民問題

敬啟

『民國專題史』叢書，乃民國時期出版的著名學者、專家在某一專題領域的學術成果。所收圖書絶大部分著作權已進入公有領域，但仍有極少圖書著作權還在保護期内，需按相關要求支付著作權人或繼承人報酬。因未能全部聯系到相關著作權人，請見到此説明者及時與河南人民出版社聯系。

聯系人 楊光
聯系電話 0371-65788063
2016年3月28日